高等职业教育"十三五"规划教材（物流管理专业）

公路运输实务

付丽茹　编著

中国水利水电出版社
www.waterpub.com.cn
·北京·

内 容 提 要

本书对公路运输的基本理论、方案设计、作业流程、成本控制等进行了系统的阐述。具体包括公路运输认知、公路运输方案设计与优化、整车运输业务操作、零担运输业务操作、城市配送业务操作、特种货物运输业务操作、公路运输经营模式创新等内容。

本书内容全面、结构严谨，注重运输方案优化的情境设计和项目教学，紧密结合国内公路运输业的运作特点和先进模式，将现代运输管理思想和方法与现代运输设计实践进行了充分融合。本书可以作为技术应用型高等院校本科、高职物流及相关专业的教学用书，也可以作为相关行业的物流培训和自学用书。

图书在版编目（CIP）数据

公路运输实务 / 付丽茹编著. -- 北京 ：中国水利水电出版社，2019.4
高等职业教育"十三五"规划教材. 物流管理专业
ISBN 978-7-5170-7588-2

Ⅰ. ①公… Ⅱ. ①付… Ⅲ. ①公路运输－高等职业教育－教材 Ⅳ. ①U4

中国版本图书馆CIP数据核字(2019)第069167号

策划编辑：周益丹　　责任编辑：高　辉　　加工编辑：武兴华　　封面设计：李　佳

书　名	高等职业教育"十三五"规划教材（物流管理专业） **公路运输实务**　GONGLU YUNSHU SHIWU
作　者	付丽茹　编著
出版发行	中国水利水电出版社 （北京市海淀区玉渊潭南路1号D座　100038） 网址：www.waterpub.com.cn E-mail: mchannel@263.net（万水） 　　　　sales@waterpub.com.cn 电话：（010）68367658（营销中心）、82562819（万水）
经　售	全国各地新华书店和相关出版物销售网点
排　版	北京万水电子信息有限公司
印　刷	三河市铭浩彩色印装有限公司
规　格	184mm×260mm　16开本　15.5印张　378千字
版　次	2019年4月第1版　2019年4月第1次印刷
印　数	0001—2000册
定　价	39.00元

凡购买我社图书，如有缺页、倒页、脱页的，本社营销中心负责调换
版权所有·侵权必究

序

职业教育是国民教育体系和人力资源开发的重要组成部分，在培养多样化人才、传承技术技能、促进就业创业、服务经济结构调整和产业转型升级中，发挥着不可替代的重要作用。习近平总书记在十九大报告中指出，要建设知识型、技能型、创新型劳动者大军。孙春兰副总理在出席职业教育有关活动时也强调，要办好新时代职业教育，培养高素质技术技能人才。

《北京职业教育改革发展行动计划（2018－2020年）》明确提出改进人才培养模式，推进"工学结合、校企合作"育人模式改革，广泛开展"有趣、有用、有效"的课堂教学，形成以小班化、模块化、项目式、案例式、混合式教学和探究性、合作性学习为主要特色的人才培养模式。国家和北京市教委的部署为做好职业教育的工作指明了方向，提供了根本遵循。

北京财贸职业学院坚持以立德树人为根本，以服务发展为宗旨，以就业为导向，充分利用地处北京城市副中心、京冀多校区办学的区位优势，主动适应首都经济社会发展的需求，为首都现代服务业发展提供人才支撑和智力服务。学院被首都商界誉为"黄埔军校"和"经理摇篮"。

为更好地服务于我国职业教育的发展，在培养高素质高技能型人才的过程中，学院物流教学团队联合企业合作开发了本系列物流教材，此系列教材得到基于"胡格模式"的物流核心课程开发研究项目支持。本着以学生为中心，以提升学生沟通、协作、表达、动手等非专业能力为重点，坚持素质教育在课堂，坚持教为学服务的教学理念，创新设计教学内容，不但选取包含经济、环境、法律和伦理等内容，而且内容形式案例化、多元化、综合化，并且给出了教学方法的建议。

本系列教材共8本，包含《仓储作业管理》《公路运输实务》《采购与供应链管理实务》《空运综合方案设计》《仓储规划与运作》《物流管理信息系统》《国际货运代理海运操作实务》《运输作业设计与操作》，具有以下特点：

1. "立德树人"理念贯穿全书

《高等职业教育创新发展行动计划（2015－2018年）》明确提出"加强文化素质教育，坚持知识学习、技能培养与品德修养相统一，培育学生诚实守信、崇尚科学、追求真理的思想观念"。为此，在教材编写的过程中，选取任务时将技能培养与非专业能力结合，与"爱心、诚信、责任、创新"等素养教育相结合，促进职业技能培养与职业精神养成相融合。

2. "工学结合"理念融进工作任务

教材中的工作任务选取以促进学生综合职业能力提升为目标，合理设计教学任务，对接国家职业标准和行业操作标准，着重提升学生专业能力、方法能力及社会能力，促进学生职业生涯的可持续发展。

3. "以学生为中心"理念融入教学过程

课堂是教育的主战场，是培养学生适应终身发展和社会发展需要的必备品格和关键能力的核心环节。本着"以人为本，以学为本"的理念，给出教学方法建议，最大程度地调动学生学习的自主性，实现以学习者为中心，打造"三有"课堂。

本系列教材部分内容基于教育部现代物流学徒制的教学模式，与北京安信捷达物流有限公司合作开发。

本系列教材是物流教学团队学习和研究的成果，因能力有限和对职业教育理解的局限性，其他如典型任务的确定、代表案例的选取等方面仍需要进一步的研究，特别是教材内容如何与"三有"课堂紧密结合更需深入研究，也希望各位专家老师给出中肯的建议。

编写组于北京通州
2018 年 11 月

前　言

为适应快速发展的公路货运行业对高职高专物流管理专业学生的需要，以高等职业教育人才培养目标和物流管理专业课程教学的基本要求为依据，以培养物流基层管理者所需掌握的综合职业能力为目标，以公路运输的基本业务与实践操作为主线，编著了本书。

运输是物流的基本职能，公路运输是实现货物空间转移的主要途径，"公路运输实务"课程是物流专业学生所必须掌握的必修课。通过本课程的学习，学生可以掌握公路运输的基本业务流程与管理技能，为学习其他专业课程打下基础。

为充分体现高职教育的教学特点，在内容选取方面，编者依据学生认知能力的变化和知识学习的递进规律，注重从企业实践中提炼典型工作任务，基于工作过程和实践操作设计了公路运输认知、公路运输方案设计与优化、整车运输业务操作、零担运输业务操作、城市配送业务操作、特种货物运输业务操作、公路运输经营模式创新等教学项目。在内容设计方面，根据物流企业的实际工作过程和核心技能要求，每个单元将教学内容分解为具体工作任务，重新编排，将内容按照流程进行设计，彰显"工学结合"的特点，适度拓展学生的专业视野。

本书除了适用于高职高专院校物流管理和交通运输专业的师生进行学习外，也适用于从事物流工作的人员进行自学和非物流专业的师生了解公路运输知识、作业流程和创新发展趋势。

本书由北京财贸职业学院的付丽茹负责编著，撰写分工如下：付丽茹负责单元一、单元五、单元七的编著；解进强负责单元二、单元六的编著；岳宝新、付丽茹共同完成单元三的编著；董皓玥负责单元四的编著；付丽茹、解进强共同完成附录的编著。全书由付丽茹修改和统稿。

在编写的过程中，编者参阅了大量来自同行专家的相关资料，在此，特向相关作者表示衷心的感谢。同时，编者也得到了合作企业的大力支持和帮助，也在此一并表示感谢。

由于编者水平有限，书中难免有不妥和疏漏之处，敬请读者批评、指正。

编　者

2018 年 11 月

目 录

序
前言

单元一 公路运输认知 1
项目一 认识运输 2
- 任务1 认识运输的功能 2
- 任务2 理解运输的原则 3
项目二 识别公路运输方式 4
- 任务1 识别公路运输的特征 4
- 任务2 公路运输的类别分析 5
项目三 公路运输的设施设备 7
- 任务1 公路等级划分 7
- 任务2 公路的附属设施 8
- 任务3 公路运输站场 9
- 任务4 公路运输车辆 11
项目四 公路运输路线概况 15
- 任务1 全国公路运输干线 15
- 任务2 北京市公路运输路线 22
- 任务3 京津冀综合运输大通道布局 25
项目五 北京市物流基地布局 28
- 任务1 北京市三地一港 28
- 任务2 "三环、五带、多中心"的物流节点布局 29
- 任务3 北京市公路货运枢纽 31
单元小结 32
思考题 32

单元二 公路运输方案设计与优化 34
项目一 选择承运人 36
- 任务1 运输任务识别 37
- 任务2 承运人分析 37
- 任务3 选择决策 40
- 任务4 选择后评价 41
项目二 运输路线选择 45
- 任务1 确定运输路线类型 46
- 任务2 运输路线的确定 46
项目三 运行路线优化 51

- 任务1 路线优化的原则和影响因素 51
- 任务2 扫描法 52
- 任务3 节约里程法 53
项目四 运输成本控制 56
- 任务1 分析公路运输成本的构成 56
- 任务2 分析公路运输成本的影响因素 57
- 任务3 核算运输成本 59
- 任务4 控制运输成本 63
单元小结 70
思考题 70

单元三 整车运输业务操作 72
项目一 受理托运 74
- 任务1 整车运输的条件分析 74
- 任务2 接受货运委托 76
- 任务3 计算运费 78
- 任务4 货物托运 85
项目二 接收货物 85
- 任务1 签订委托协议书及合同 85
- 任务2 核实货物 88
- 任务3 装货及寄送装车通知 88
- 任务4 送交有关单证 89
项目三 运输调度 90
- 任务1 货物到达 90
- 任务2 请车、拨车和装车 90
- 任务3 加固施封 91
- 任务4 编制和使用运输标志 91
- 任务5 寄送合同资料 92
- 任务6 办理货物发出后事项 92
项目四 在途管理 92
- 任务1 建立收货客户档案 93
- 任务2 途中信息反馈 94
- 任务3 跟踪记录与异常处理 94
项目五 交货与结算 95

  任务1 交货要求…………………96
  任务2 检验交接…………………96
  任务3 运费结算…………………98
 单元小结……………………………………100
 思考题………………………………………101
单元四 零担运输业务操作……………103
 项目一 受理托运………………………108
  任务1 客户发货，送货上门……109
  任务2 理货核对，司磅量方……110
  任务3 检查包装，挂贴标签……111
  任务4 录单记账，开票计费……113
 项目二 集货配载………………………115
  任务1 理货备货，集货配货……116
  任务2 配载货物…………………116
  任务3 编制装车清单……………117
 项目三 运输调度………………………118
  任务1 调度车辆…………………118
  任务2 装车起运…………………119
  任务3 中转换装…………………121
 项目四 跟踪管理………………………122
  任务1 运行管理…………………122
  任务2 安全管理…………………123
  任务3 变更管理…………………123
  任务4 信息管理…………………124
 项目五 交付与结算……………………125
  任务1 到站卸货…………………125
  任务2 收票交货…………………126
  任务3 运费结算…………………126
 单元小结……………………………………134
 思考题………………………………………134
单元五 城市配送业务操作……………139
 项目一 拣货………………………………141
  任务1 认识拣货信息……………142
  任务2 识别拣货方法……………144
  任务3 分析拣货策略……………145
 项目二 发货………………………………147
  任务1 备货………………………147
  任务2 复核………………………147
  任务3 交接………………………148
 项目三 路线规划………………………148
  任务1 确定送货方式……………149
  任务2 直送式配送的线路规划…149
  任务3 分送式配送的线路规划…150
 项目四 积载发运………………………150
  任务1 制作积载图…………………150
  任务2 车辆积载的原则……………151
  任务3 运输工具的检查……………151
 项目五 追踪回单………………………153
  任务1 货物跟踪…………………153
  任务2 货运回单…………………154
 单元小结……………………………………154
 思考题………………………………………155
单元六 特种货物运输业务操作………156
 项目一 鲜活易腐货物运输业务操作…157
  任务1 鲜活易腐货物的分类……158
  任务2 鲜活易腐货物的保藏……158
  任务3 鲜活易腐货物的承运……161
  任务4 鲜活易腐货物的装车……161
  任务5 车辆运行和到达交接……164
 项目二 危险品货物运输业务操作…166
  任务1 危险品货物运输准备……166
  任务2 危险品货物的包装……167
  任务3 危险品货物车辆选择……169
  任务4 危险品货物的运送……170
  任务5 危险品货物的接收……171
 项目三 大件货物运输业务操作……181
  任务1 办理托运…………………182
  任务2 理货装载…………………185
  任务3 考察运输路线，制订运输方案……186
  任务4 组织货物运送……………186
 单元小结……………………………………190
 思考题………………………………………190
单元七 公路运输经营模式创新………193
 项目一 货运平台模式……………………194
  任务1 货运网络平台的发展……194
  任务2 专线整合平台……………195
  任务3 公路港物流平台……………197
 项目二 货运加盟模式……………………199

任务1　特许经营模式·················199
　　任务2　事业合伙人制度·············200
　项目三　"互联网+物流"模式···········201
　　任务1　众包物流······················201
　　任务2　货运App······················203
　单元小结·····································205
　思考题·······································205
参考文献··································207
附录一　汽车货物运输规则·········208
　第一章　总则······························208
　第二章　运输基本条件··················208
　　第一节　承运人、托运人与运输车辆···208
　　第二节　运输类别······················209
　　第三节　货物种类······················209
　　第四节　货物保险与货物保价运输······209
　第三章　运输合同的订立、履行、变更
　　　　　和解除·························210
　　第一节　合同的订立··················210
　　第二节　货物托运······················211
　　第三节　货物受理······················212
　　第四节　合同的变更和解除·········212
　第四章　搬运装卸与交接················213
　第五章　运输责任的划分················214
　第六章　运输费用·························215
　第七章　货运事故和违约处理·········216
　第八章　附则······························217
附录二　汽车运价规则···············218
　第一章　总则······························218
　第二章　旅客运价·························218
　　第一节　计价标准······················218
　　第二节　计价规定······················219
　　第三节　旅客运费（票价）计算···219
　第三章　货物运价·························220
　　第一节　计价标准······················220
　　第二节　计价类别······················221
　　第三节　计价规定······················221
　第四章　附则······························221
附录三　北京市道路运输条例······222
　第一章　总则······························222
　第二章　道路运输服务··················222
　　第一节　一般规定······················222
　　第二节　客运······························223
　　第三节　货运······························224
　　第四节　相关业务······················225
　第三章　道路运输安全··················226
　第四章　监督检查·························227
　第五章　法律责任·························228
　第六章　附则······························230
附录四　教学方法总结···············231

单元一　公路运输认知

通过本单元的学习，学生应能够理解公路货物运输的特征，熟悉公路货物运输的设施设备，熟悉北京市主要公路运输路线分布情况，掌握北京市物流基地的布局。

（1）运输的原则。
（2）公路运输的特征。
（3）公路运输的分类。
（4）公路等级的划分。

技能点

（1）能够识别常见的公路运输车辆。
（2）能够绘制北京市国道和高速公路分布简图。
（3）能够在地图上标出北京市物流基地和公路货运枢纽的位置。

公路运输是我国货物运输的主要实现方式，也是北京市生产生活必需品的主要运输方式。我国高速公路和等级公路的不断建设和完善，公路运输工具的升级换代，各地物流网点的合理空间布局，使得公路运输的运能和运力也逐渐提高。

本单元主要包括认识运输、识别公路运输方式、公路运输的设施设备、公路运输路线概况和北京市物流基地布局等项目任务。

案例导入

干线运输发展告急　传统货运谋集约化

1. 传统公路货运市场面临困境

据统计，2013年，全国公路货运经营业户745万户，其中，个体运输户占90%以上，而拥有5辆车以上的企业数量仅占2.2%，全国户均拥有营运货车数仅为1.8辆，这组数据集中显示了公路货运行业小、散、乱、弱的局面，个体户之间高度同质化的竞争造成公路货运行业生存现状恶化，传统的公路货运市场秩序和发展模式面临严峻的挑战。

在当前，公路货运行业整体运力过剩，从而造成公路货运市场供需结构失衡，运输成本无法向运输价格进行有效转移。国药集团医药物流有限公司运输业务事业部副总经理韩雪峰说："1999年，我刚进入公路货运行业的时候，从上海发北京，价格是1.2元/千克；到2014年，我离开公路运输行业的时候，价格是0.7元/千克。更有甚者，专线运输企业350元/吨照收。从1999年到2014年的15年时间里，人力、油价等成本翻了好几倍，但运价不升反降。"

不合理的公路货运秩序和运营模式造成公路货运诚信体系和标准化体系建设缺失，公路货运市场信息不对称现象长期存在，导致公路货运行业效率低下、成本高企。

2. 集约化发展的主要途径

（1）互联网+物流。互联网等新兴技术加速了行业的整合和发展，并促使新兴业态不断涌现，社会资本高度关注并加快进入公路货运市场。平台型企业有更多的资源和空间支撑自身，在竞标货源时，平台型企业往往能给出在传统企业看来并不赚钱的竞标价位。

（2）深耕固有业务。在当前严峻的行业形势下，依然有不少传统物流企业生存得很好，运输服务的多样化和市场细分也为中小企业留下发展空间，区域化、短途化、专业化的发展模式值得关注。

（3）品牌化运营模式。从上海发北京，普货运价是0.7元/千克，但以德邦、佳吉为代表的品牌企业价格普遍在2元/千克。在当前竞争激烈的公路货运市场，品牌企业依然能够维持较高的运价。提供良好的服务，保持品牌溢价效应，将是未来公路货运的发展趋势。

（4）大力发展甩挂运输。甩挂运输是提升公路干线运输效率的有效手段，近几年来，在政府部门的大力推动下，在全国范围内形成了几个较大的甩挂运输联盟。

（资料来源：袁孝尚.干线运输发展告急　传统货运谋集约化[N].现代物流报，2015-5-15，有删减）

项目一　认识运输

物流是"物"的物理性运动，这种运动不但改变了物的时间状态，而且改变了物的空间状态。运输承担了改变空间状态的主要任务，是改变空间状态的主要手段。物流包括储存、运输、配送、包装、装卸、流通加工和信息处理七个方面的内容，运输是物流的重要组成部分。

任务1　认识运输的功能

运输是指运用适当的工具使人和物品产生位置移动。而物流运输是指物的载运及输送，它是在不同地域范围间，对物进行空间位移，以改变物的空间位置为目的的活动。运输虽然不产生新的物质产品，但却能实现物品在空间上的转移或时间上的转移，创造空间价值。任何物品，不论是原材料、零部件、还是在制品、半成品或产成品，由其生产地至消费地的空间位移，都是依靠运输来完成的，离开了运输就不可能实现"物的流通"。所以说，运输是物流过程中最主要的组成部分，也是物流活动中的最核心环节。

运输的主要功能就是将物品从原产地转移到指定地点，运输的主要目的就是要以最少的时间和费用完成物品的运输任务。同时，物品转移所采用的方式必须能满足客户的要求，物品损耗必须降低到最低水平。

运输能够为物品创造空间效用，使物品潜在的使用价值成为可以满足社会消费需求的现实价值。通过位置移动，运输使物品增值，物品最终流入顾客手中，运输成本构成了产品价格的一部分。运输的成本一般要占到物流成本的 35%～50%，对许多物品来说，运输成本要占到物品价格的 4%～10%，也就是说，运输成本占总成本的比重比其他物流活动都大。运输成本的降低可以取得以较低的物流成本提供优质服务的效果。

运输有时也可对物品进行临时储存，因此，对物品的储存也是运输的功能之一。如果转移中的物品需要储存，而短时间内物品又将重新转移的话，卸货和装货的成本也许会超过储存在运输工具中的费用，这时，将运输工具暂时作为储存工具是可行的。另外，在仓库空间有限的情况下，利用运输工具储存也不失为一种可行的选择。尽管用运输工具储存物品可能是昂贵的，但如果需要考虑装卸成本、储存能力的限制等因素的话，从成本或完成任务的角度来看，用运输工具储存往往是合理的，有时甚至是必要的。

任务 2　理解运输的原则

随着物流的高速发展，多品种、小批量、多批次的运输成为现代物流的重要特征，人们对物品运输的质量要求也越来越高，组织运输工作应该贯彻"准确、及时、经济、安全"的基本原则。

1. 准确性原则

准确是要防止发生物品短缺、错放等意外事故，保证把物品准确无误地运达到目的地。商业部门经营的特点是品种繁多、规格不一。一件物品从企业交货一直到消费者手中，要经过不少环节，稍有疏忽就容易发生偏差。运输中出现短缺会使客户蒙受经济损失。运输的某些物品有时会出现溢余的现象，也应该将其作为差错并予注意防止。

在运输过程中，个别部门采取多货不报以溢补缺的办法，这种做法隐瞒了事故，使查询的工作难以进行，从而造成更大的差错，必须坚决制止。运输的物品不仅要件数准确，还要保证规格准确。由于同一物品的规格不同，价值也相差甚大，发生了差错就可能造成严重的损失。我国幅员辽阔，如果发运物品的目的地发生了偏差，就会造成无法估量的损失。

2. 及时性原则

及时是要求按照客户规定的时间把物品运往目的地。缩短运输时间的主要手段是实现运输现代化。除选择现代化运输工具外，关键是做好物品在不同运输工具之间的衔接工作。如果衔接不好，就往往会发生有了货而没有运输工具，或有了运输工具却又没有货的现象；也容易产生由于短途运输和长途运输没有衔接好，造成运输工具等候物品的现象。这些都将延长物品待运时间，影响物品的及时发运。此外，对于委托中转的物品，中转单位必须做到随来随转，及时地把物品转运出去。

3. 经济性原则

经济是以最经济合理的方法运输物品，降低运输的总体成本。由于运输费用在物流费用中占据相当大的比重，因此节省运输费用，是降低运输总成本、减少物流费用的最主要方法。节约运输费用的主要途径则是开展合理运输，即选择最经济合理的运输路线和运输方式，尽量减少运输环节，缩短运输里程，力求最少的费用把物品运达到目的地。

为降低运输成本，还必须努力提高运输设备和运输工具的利用率，避免重复与浪费，要加强对运输设备和运输工具的维修保养以增加使用年限，发挥最大劳动效率，做到用最少的劳动消耗取得最大的经济效益。

4. 安全性原则

安全是在运输过程中要保证物品的完整和安全。在市场经济活动中，各类物品都有其使用和利用价值。如果在运输中使物品失去了使用和利用价值，那么物品就会成为无用之物。同时，因物品的使用和利用价值是物品价值的物质承担者，物品的使用和利用价值受到损害，则物品自身的价值也必然会受到影响。

在物品运输中，防丢失和防火是保证安全的重点。有相当一部分的物品易燃，还有一部分是易燃危险品，因此必须十分注意防火安全。必须严格遵循防火制度，做好消防安全工作，不夹带危险品。

在运输途中，还要防止物品遭到水损，在车站、码头和仓库中存放的物品，都有遭受暴雨、洪水、台风侵袭的可能，要采取积极措施，加强检查以保证物品安全，避免发生事故。

在运输过程中会经常发生带来巨大损失的物品破损事故。造成破损的原因，一是在装卸时没有做到轻拿轻放，以致摔坏物品；二是在堆垛没有做到重不压轻，将重货压在轻货上，特别是压在易碎品上面，以致压坏物品；三是在装卸、堆垛时，对液体物品没有按照箭头朝上的标志进行堆放，造成渗漏或外流，从而污染其他物品。

项目二 识别公路运输方式

公路运输是一种不同于铁路、航空、水路运输的陆路运输方式，在整个运输领域中占有重要的地位。公路运输既是一种独立的运输方式，又是连接车站、港口和机场的重要手段，更是"门到门"运输不可或缺的一部分。

任务 1 识别公路运输的特征

公路运输是指利用公路设施、机动车辆等运输工具将货物从一个地点向另一地点运送，包括集货、分配、搬运、中转、装入、卸下、分散等一系列会产生空间位移的活动。它是一种主要使用汽车等车辆在公路上运送货物的运输方式，主要承担近距离、小批量的货物短途运输和水运、铁路运输等难以到达地区的长途、大批量的货物运输。

公路运输能提供灵活、多样的运输服务，通常用于对价高量小的货物实行门到门服务，其经济运输里程一般在 250 千米以内。现代公路运输主要指汽车运输，其具有下述特征。

1. 速度快

公路运输中途不需中转，不受线路和站点的限制，运送速度比较快。据国外资料统计，一般在中短途运输中，公路运输的运送速度平均比铁路运输快 4~6 倍，比水路运输快 10 倍。

2. 灵活方便

首先，公路运输可以选择不同的行车路线，灵活制定营运时间表，运输中的弹性极大，服务便利；公路运输既可以成为其他运输方式的衔接方式，又可以自成体系，机动灵活。其次，公路运输对货物批量的大小具有一定的适应性，既可以单车运输，又可以拖挂运输，汽车载货量可大可小，小者只有 0.25 吨，大者有几十吨、上百吨。

3. 直达性强

汽车除了可以沿公路网运行外，还可以深入工厂、矿山、车站、码头、农村、山区、城镇街道及居民区，空间活动领域大，可实现"门到门"直达输送，这一特点是其他任何运输工具所不具备的。

4. 经济效益高

公路建设期短，投资较低，周转快。据国外资料介绍，一般公路运输的投资每年可以周转一两次，而铁路运输三四年才周转一次。另外，运输企业不需要直接投资建设公路，所以其固定成本很低，经济效益相对较高。

5. 运能小，成本高

公路运输装载量小，不能像铁路、水路运输一样运载大量不同品种和大件的货物，汽车运输燃料消耗大，公路建设和维修费经常以税费的形式向承运人征收，这增加了运输成本。另外，公路运输对环境的污染也比其他运输方式严重得多。

综合上述特征，公路运输主要适用于中、小批量货物近距离的运输作业，具体如下：

（1）中短途运输。50千米范围内的短途运输和250千米范围内的中途运输。随着高速公路的兴建，公路运输从短途逐渐形成短、中、长途运输并举的局面，并将成为一个不可逆转的趋势，长途公路运输也很有市场。

（2）补充和衔接其他运输方式。补充和衔接其他运输方式，是指当将铁路、水路、航空等作为主要运输方式时，由汽车担负起点与集货场站之间、集货场站与终点之间的短途集散运输，完成其他运输方式无法完成的运输任务。

任务2 公路运输的类别分析

1. 按运输组织方式不同分类

由于货物货种繁多，批量大小不同，各种货物对装运车辆的要求也不同，需要公路货物运输企业以多种运输方式满足货物托运人的要求。我国公路运输主要有整车货物运输、零担货物运输、集装箱货物运输、包车货物运输、特种货物运输及联合运输等方式。

（1）整车货物运输。整车货物运输是指托运一批次货物在3吨以上或不足3吨，但其性质、体积、形状需要使用一辆运货汽车进行公路运输的方式。整车货物运输通常采用一车一张运输发票的方式进行运输，有时也可根据需要拼装另一托运人的货物。

整车运输有两种形式：一是整车直达，即按货车载重标准吨数和运输里程向托运单位收费；二是整车分卸，即起运站和运输方向相同，到达站不同的货物拼凑成整车，依到达站不同分别卸货。运输部门按货车载重标准吨数和到达站最远里程数向托运人收费。

（2）零担货物运输。零担货物运输是与整车货物运输相对而言的，凡托运人一次托运计费重量不足3吨的货物，称为零担货物。零担货物运输是一种公路运输企业为适应社会零星货物运输的需要，采用一车多票，集零为整，分线运送的货物运输营运方式。限于零担车厢的结构和装卸条件，按件托运的零担货物单件重量不超过200千克；单件体积一般不小于0.01立方米，不超过1.5立方米；货物最长部位不超过3.5米，最宽部位不超过1.5米，最高部位不超过1.3米。

公路零担货物具有数量小、批次多、包装不一、品种繁杂、到站分散的特点。经营零担运输需要库房、货棚、货场等设施以及与之配套的装卸、搬运、堆码的机械工具和苫垫设备；在受理运输过程中，验收、检斤、量方、仓储保管、配装发放、跨区跨省中转接驳、运费结算等方面，都有其独特的作业程序和要求，因而与整车货运相比，在经营管理上有更高的要求。

公路零担货物通常采用定期零担货运班车和不定期零担货物运输两种方式。

（3）集装箱货物运输。公路集装箱货物运输是指利用具有一定强度、刚度和规格的专供周转使用的集装箱大型装货容器装卸运输货物的运输方式，集装箱货物运输具有能减少货损、保证货物运输安全和提高装卸运输效率的优点，是公路运输现代化的重要标志。

集装箱货物分整箱货和拼箱货两种，整箱货是由发货人自行装箱，拼箱货是由集装箱货运站负责装箱。集装箱货源组织通常有三种方式。第一种是计划调拨运输，即由公路运输代理公司或配载中心统一受理由口岸进出口的集装箱货源，统一调拨运输计划。第二种是合同运输，即在计划调拨运输以外或有特殊要求的情况下可采用合同运输形式。第三种是临时托运，即临时托运的、小批量的、无特殊要求的运输。

（4）包车货物运输。包车运输又称行程租车运输，是指车辆出租人向承租人提供车辆，载运约定的货物，在约定的货运地点完成某一次或某几次行程的货物运输，由承租人支付运输费用的一种运输方式。包车运输最适合以下类型货物：不易计算货物运量、运距的；因货物性质、道路条件限制使车辆不能按正常速度行驶的；装卸次数频繁、时间过长的；托运人需自行确定车辆开停时间的。

（5）特种货物运输。公路运输的部分货物具有危险、长大、笨重、易腐、贵重等特点，它们对装卸、运送和保管等作业有其特殊要求，这类货物统称特殊货物，具体包括危险货物、超限超载货物和鲜活易腐货物。这些货物的运输，统称为特殊货物的运输。

（6）联合运输。联合运输简称联运，是一种使用同一运送凭证，由不同运输方式或不同运输企业进行有机衔接、合理安排运输计划、综合利用各种运输工具、充分发挥每种运输手段的优势以提高运输效率的运输方式。采用联合运输可以简化运输手续，加快运输速度，从而节省运费。

2. 按运输线路不同分类

按照运输线路分类，公路运输主要有干线运输、支线运输、城市内运输、厂内运输等方式。

（1）干线运输。干线运输是利用高速公路、国道等公路干线，进行的中长距离、大数量的运输，是进行远距离空间位置转移的重要运输形式。干线运输的速度较同种工具的其他线路而言，运输速度要快，运输成本也较低。

（2）支线运输。支线运输指与干线相接的分支线路上的运输，是利用较低级别公路完成的干线运输与收发货地点之间的补充性运输形式，路程较短，运输数量相对较小。

（3）城市内运输。城市内运输是指在某个城市区域内利用市内公路完成的生产、生活资料运输的形式。如北京市内利用高速路、国道、快速路、环路进行的产品运输配送。

（4）厂内运输。厂内运输是指在大型生产制造企业内部完成的原材料、半成品、产成品等在不同区域之间的运送转移，直接为生产过程服务的运输形式。中小企业内的这种运输称为"搬运"。从工具上讲，厂内运输一般使用汽车，而搬运则使用叉车、输送机等。

3. 按运输的作用分类

（1）集货运输。集货运输是将分散的产品汇集集中的运输形式，产品集中后才能用干线运输方式进行远距离及大批量运输，是干线运输的一种补充形式。

（2）配送运输。配送运输是将已按客户要求分配好的产品送到各个客户所在地的运输形式。一般是短距离、小批量的运输，是对干线运输的补充与完善。

4. 按运输途中是否换载分类

（1）直达运输。直达运输是在组织货物运输时，利用一种运输工具从起运站、起运港一直到目的站、目的港中途不经过换载，不入库储存的运输方式。如"门到门""一站式"运输服务。直达运输可避免中途换载所出现的运输速度减缓、产品损失增加、费用增加等一系列弊病，从而能缩短运输时间、加快车船周转、降低运输费用。

（2）中转运输。在组织货物运输时，在货物运往目的地的过程中，在途中的车站、港口、仓库进行转运换装的运输形式，称为中转运输。中转运输可以将干线、支线运输有效地衔接起来，可以化整为零或集零为整，从而方便客户，提高运输效率。

项目三 公路运输的设施设备

公路运输的设施设备主要指的是公路、公路附属设施、公路运输站场和公路运输车辆等。

任务 1 公路等级划分

1. 按功能和交通量对公路分级

根据功能和适应的交通量不同，可以将公路分为高速公路、一级公路、二级公路、三级公路、四级公路 5 个等级。2017 年末，全国公路总里程 477.35 万千米，全国四级及以上等级公路里程 433.86 万千米，占公路总里程的 90.9%。

（1）高速公路：能适应年平均昼夜小客车交通量为 25000 辆以上，专供汽车分道高速行驶并全部控制出入的公路。高速公路设计使用年限为 20 年，设计年平均昼夜交通量四车道为 25000～55000 辆、六车道为 45000～80000 辆、八车道为 60000～100000 辆。

（2）一级公路：设计使用年限为 20 年，设计年平均昼夜交通量为 15000～30000 辆。

（3）二级公路：设计使用年限为 15 年，设计年平均昼夜交通量为 3000～7500 辆。

（4）三级公路：设计使用年限为 10 年，设计年平均昼夜交通量为 1000～4000 辆。

（5）四级公路：设计使用年限为 10 年，设计年平均昼夜交通量为双车道 1500 辆以下，单车道 200 辆以下。

2. 按重要性和使用性质对公路分级

公路根据在政治、经济、国防上的重要性和使用性质划分为国家公路、省级公路、县级公路、乡级公路和专用公路 5 个行政等级。

（1）国家公路（国道）：具有全国性政治、经济意义的主要干线公路，包括重要的国际公路、国防公路，以及联结首都与各省、自治区首府和直辖市首府的公路，联结各大经济中心、港站枢纽、商品生产基地和战略要地的干线公路。1 字头国道是首都放射线。

（2）省级公路（省道）：连接各地市和重要地区以及不属于国道的干线公路。

（3）县级公路（县道）：连接县城和县内主要乡（镇）、物品生产和集散地的公路

（4）乡级公路（乡道）：主要为乡（镇）村经济、文化、行政服务的公路

（5）专用公路：专供厂矿、林区、农场、油田、旅游区、军事要地等与外部联系的公路。

3. 按路面面层类型对公路分级

公路按路面面层类型划分为高级、次高级、中级和低级公路。

（1）高级公路：沥青混凝土路面或水泥混凝土路面。

(2) 次高级公路：沥青贯入式路面或沥青碎石路面。

(3) 中级公路：沙石路面。

(4) 低级公路：泥结碎石或土路。

公路等级和路面面层类型对应情况见表 1-1。

表 1-1　公路等级和面层类型情况表

公路等级	路面等级	面层类型
高速公路	高级	沥青、混凝土
一级公路	高级	沥青、混凝土
二级公路	次高级	热拌沥青碎石混合料，沥青灌入式
三级公路	次高级	乳化沥青碎石混合料，沥青表面处理
四级公路	中级	水结碎石、泥结碎石
	低级	半整齐石块路面、土路

小贴士

中国公路零千米标志

为明确国家公路干线的起点，根据国务院的指示精神，交通运输部、北京市政府经研究决定，在天安门广场设立"中国公路零千米"标志。

中国公路零千米标志用黄铜铸成，以中国古代表征方向的青龙、白虎、朱雀、玄武和篆"东""西""南""北"四个铜字为主体图案，标志的中心则是一个车轮。标志中间的零点采用阿拉伯数字"0"作为元点，围绕零点配以"中国公路零千米点"中英文全称，准确传达了标志含义。标志外环用 64 个标志点代表传统文化中的 64 个方位，而标志中的放射线背景喻示着中国公路网络四通八达。

北京是中国的首都，在全国 70 条国道中，有 11 条是以北京为起点向全国辐射的，在国家规划的 7 条射线、9 条纵线、18 条横线、总长 8.5 万千米的高速公路网布局中，有 7 条是从北京向外辐射的，但这些国道在北京一直没有一个统一的标志性起点。在天安门广场设立中国公路"零千米"标志，不仅将为中国公路网络提供一个标志性的起点，还对展示中国的开放形象、弘扬传统文化具有积极意义。

任务 2　公路的附属设施

公路的主要组成部分有路基、路面、桥梁、涵洞、渡口码头、隧道、绿化、通信、照明等主要附属设施及其他沿线设施组成。2017 年末，全国公路桥梁 83.25 万座、5225.62 万延米，全国公路隧道 16229 处、1528.51 万米。

1. 路基

路基是按照路线位置和一定技术要求修筑的作为路面基础的带状构造物，它承受着本身的岩土自重和路面重力，以及由路面传递而来的行车荷载，是整个公路构造的重要组成部分。路基结构形式可以分为填方路基、挖方路基和半填半挖路基三种。

2. 路面

路面是将各种筑路材料分层铺筑在公路路基上，供车辆行驶的层状构造物。路面结构一般由面层、基层、底基层与垫层组成。其主要功能是承受和传递车轮荷载，会受到各种自然因素如风、霜、雨、雪、日照等的共同作用和影响。对路面的基本要求是具有足够的强度以及稳定性、平整度和粗糙度等，以保证车辆在路上安全、快速行驶。

3. 桥涵

桥涵是指公路跨越水域、沟谷和其他障碍物时修建的构造物。按照《公路工程技术标准》规定，单孔跨径小于5米或多孔跨径之和小于8米称为涵洞，大于这一规定值则称为桥梁。

4. 隧道

公路隧道通常是指建造在山岭、江河、海峡和城市地面下，供车辆通过的工程构造物。其按所处位置可分为山岭隧道、水底隧道和城市隧道三种。

5. 公路渡口

公路渡口是指以渡运方式供通行车辆跨越水域的基础设施。码头是公路渡口的组成部分，可分为永久性码头和临时性码头两种。

6. 交通工程及沿线设施

公路交通工程及沿线设施是保证公路功能、保障安全行驶的配套设施，是现代公路的重要标志。公路交通工程主要包括交通安全设施、监控系统、收费系统、通信系统四大类，沿线设施主要指与这些系统配套的服务设施、房屋建筑等。

任务3 公路运输站场

公路运输站场是公路货物的集散点，也是公路货运网络的节点，是实现货物"门到门"运输以及直接为车主和货主提供多种服务的场所。在公路货运市场中，货运站主要发挥集散货物、停放车辆、运行指挥和综合服务等重要作用。

根据公路货物运输市场的客观要求，对于较大规模的汽车货运站，还应具备运输生产组织管理、中转换装、通信信息、多式联运、运输代理和综合服务等功能，并尽快建成具有多功能、全方位服务的面向社会开放的公共型汽车货运站。

为了适应公路货运市场发展的新形势，汽车货运结构必须根据运输业务范围，进行合理分工和组织，向专业化方向发展，形成不同的货运网路，即形成由不同的货运业务受理站点、运载工具以及运行线路组成的循回运输系统。当前，我国汽车运输企业的货运站，主要分为整车货运站、零担货运站和集装箱货运站三类。

1. 整车货运站

整车货运站是以货运商务作业机构为代表的汽车货运站。这种机构在我国各地的名称不一，如营业所、运输站、运管办等。它是调查并组织货源，办理货运商务作业的场所。商务作业包括托运、承运、受理业务、结算运费等项工作。有的整车货运站也兼营零担货运。整车货运站的主要特点如下：

（1）它是汽车运输企业调查、组织货源、办理货运等商务作业的代表机构。

（2）因运量大、地点较固定，所以适于采用大吨位载货车和较高生产效率的装卸机械。

（3）一般不提供仓储设施，只提供运力，从发货单位的仓库装车，直接运送到收货单位的仓库卸车，负责运输过程的货物保管。

（4）承担汽车货运车辆的停放和保管。

2. 零担货运站

零担货运站是专门经营零担货物运输的汽车站。凡托运人一次性托运货物的计费重量为3吨及以下，或不满一整车装运的零散货物，称为零担货物。根据规定，按件托运的零担货物，单件体积一般不得小于0.01立方米（单件重量超过10千克的除外），不得大于1.5立方米；单件重量不得超过200千克；货物长度、宽度、高度分别不得超过3.5米、1.5米和1.3米。零担货运站的主要特点如下：

（1）建站条件要求较高。车站必须满足零担货运的工艺要求，合理地设置零担货运站房、仓库、货棚、装卸场、停车场以及有关的生产辅助设施，且各部分位置应符合方便货主、便于作业、适应需要、便于提供优质服务的要求。

（2）设备条件要求高。车站必须选择厢型车作为专用运输车辆，同时还应配置具有较高生产效率的站内运输机械和装卸设备。

（3）站务工作量大而复杂。其主要程序如下：受理托运、退运与变更、检货司磅；验收入库、开票收费、装车与卸车、货物交接、货物中转、到达与交付等环节。

（4）站务作业计划性差。零担货物一般由托运单位或个人自行运抵货运站点，也可由车站指派业务人员上门代理托运手续。因此，难以通过采用合同运输等方式将其纳入计划运输的轨道。

3. 集装箱货运站

集装箱货运站是以承担集装箱中转运输任务为主的货运站，又称集装箱公路中转站。其主要业务功能如下：

（1）集装箱货物的拆（掏）箱、装（拼）箱、仓储和接取、送达。

（2）港口、车站与货主间的集装箱"门到门"运输与中转运输。

（3）运输车辆、装卸机械与设备的检查、清洗、维修和保管。

（4）空、重集装箱的装卸、堆存和集装箱的检查、清洗、消毒、维修。

（5）为货主代办报关、报检等货运代理业务。

小贴士

汽车货运站的业务功能、站级划分和选址要求

交通部颁布的行业标准《汽车货运站（场）级别划分和建设要求》（JT/T 402—1999）对汽车货运站的业务功能、站级划分和选址要求有明确的界定。

1. 汽车货运站主要业务功能

（1）运输组织功能。

（2）中转和装卸储运功能。

（3）中介代理功能。
（4）通信信息功能。
（5）辅助服务功能。

汽车货运站站级划分的主要依据是年换算货物吞吐量。货物吞吐量是指报告期内货运站年发出与到达的货物数量，包括中转、收发量的总和。

依据年换算货物吞吐量可将汽车货运站分为如下四级：

年换算货物吞吐量在 $600×10^3$ 吨及以上者为一级站。

年换算货物吞吐量在 $300×10^3$～$600×10^3$ 吨者为二级站。

年换算货物吞吐量在 $150×10^3$～$300×10^3$ 吨者为三级站。

年换算货物吞吐量不足 $150×10^3$ 吨者为四级站。

汽车货运站选址原则首先应符合公路主枢纽总体布局规划和所在地区货运站（场）发展规划，若无上述规划，选址时则须遵循一定的原则和步骤。

2. 选址原则

（1）符合城镇总体布局规划。
（2）与综合运输网合理衔接，便于组织多式联运。
（3）靠近较大货源点，并适应服务区域内的货运需求。
（4）尽量利用现有设施，并留有发展余地。
（5）具备良好的给排水、电力、道路、通信等条件。
（6）具备良好的地质条件。

3. 选址步骤

（1）收集城镇、路网、国土等有关规划和运输统计、站区内水文地质等有关资料。
（2）确定汽车货运站的服务范围和功能。
（3）测算设计年度货运站的生产规模和占地面积。
（4）根据选址原则，提出若干货运站站址备选方案。
（5）对备选站址进行现场勘查。
（6）经方案比选，确定货运站站址。

任务 4　公路运输车辆

公路货物运输车辆简称货车，又称卡车，是指用来运输货物的汽车，也指可以牵引其他车辆的汽车。货车种类繁多，以下为比较常见的分类方式。

按照承载吨位不同，卡车可分为以下类型：微卡（总质量≤1.8 吨）、轻卡（1.8 吨<总质量≤6 吨）、中卡（6 吨<总质量≤14 吨）、重卡（总质量>14 吨）。总质量是车辆本身的自重加上车辆在运行时生产厂家允许装载的最大货物质量。

按照卡车的结构和功能不同，可以将公路运输车辆分为普通货运车辆、牵引运输车辆和专用运输车辆三大类。

1. 普通货运车辆

公路货物运输所承运的货物，大多数为普通货物，如食品、饮料、电器、服装、机械等，普通货物通常使用普通货运车辆来运输。根据车厢结构不同，普通货运车辆可分为低栏货车（平板货车）、高栏货车和厢式货车等类型。

低栏货车，又叫平板货车，有纯平板和低栏板两种，如图 1-1 所示。低栏货车的特点如下：三个方向的车栏可以打开，方便装卸作业，故常用于一些采用叉车吊机的货物；采用雨布包裹货物，以防止货物遭到雨淋和受到损坏；一般采用绳索或专门工具固定货物。其可以用于运输一些基础材料，如日化、化工、塑料等。

图 1-1　低栏货车

高栏车是一种介于低栏和厢式车之间的车型，如图 1-2 所示。其车厢四壁为彩钢，没有封闭的顶棚，相对于低栏，其更加封闭，但仍然需要帆布来防护。顶棚可以根据内装的货品多少进行升降，故此适用于大多数产品的运输，使用比较广泛。

图 1-2　高栏货车

厢式货车，主要用于全密封运输各种物品，特殊种类的厢式车还可以运输化学危险物品。厢式货车具有机动灵活、操作方便，工作高效、运输量大，可充分利用空间及安全、可靠等优点，广泛适用于运输各类普通货物，如图 1-3 所示。

图 1-3　厢式货车

2. 牵引挂车运输车辆

牵引挂车运输车辆通常分为前部和后部两部分，前面有驱动能力的车头叫牵引车，后面没有牵引驱动能力的车辆叫挂车。牵引车是集装箱运输的主要工具，它本身一般不具备载货平台，必须与挂车连接在一起使用。挂车本身没有发动机驱动，它是通过拖挂装置，由牵引车或其他车辆牵引，组成汽车列车后才能成为一个完整的运输工具。集装箱运输多采用牵引挂车的形式。

牵引车和挂车的连接方式有两种。第一种是挂车的前面一半搭在牵引车后段上面的牵引鞍座上，牵引车后面的桥承受挂车的一部分重量，这就是半挂车；第二种是挂车的前端连在牵引车的后端，牵引车只提供向前的拉力，拖着挂车走，但不承受挂车的向下重量，这就是全挂车。牵引车、半挂车和全挂车如图1-4至图1-6所示。

图1-4 牵引车　　　　　　　　　　　图1-5 半挂车

图1-6 全挂车

3. 专用运输车辆

普通货物运输车辆对货物品种适应性较强，但对特殊的货物，如鲜活货物、液体货物、粉粒状货物及易燃易爆、易腐蚀、有毒物品等，只有用专用汽车运输，才能满足物流对运输服务质量的要求，保证货物的物理状态、质量安全，同时缩短装卸时间、降低工人劳动强度，提高劳动生产率和企业的经济效益。

专用运输车辆主要包括液罐运输车、冷藏车、轿车专用运输车、自卸车等，如图1-7至图1-10所示。

图1-7　液罐运输车

图1-8　冷藏车

图1-9　轿车专用运输车

图1-10　自卸车

小贴士

美国道路货运的主流车型：厢式半挂车

美国公路货运车辆基本采用拖挂运输并以厢式半挂车（图1-11和图1-12）为主，厢式半挂车的保有量、销量占到所有挂车的70%左右。厢式半挂车就像一个流动的仓库，不仅免除了许多建筑仓库的费用，还减少了占地，节省了土地资源。同时，由于厢式半挂车可采用托盘运输，所以装卸效率非常高，深受市场青睐。

过去30年，厢式半挂车销售总量占挂车总量的70%左右，是美国公路货运的主力车型。未来5年内，厢式半挂车市场占有率预计达到69%，仍将是美国公路货运的主力车型。过去30年，干货厢式半挂车占厢式半挂车销售总量的72%左右，是厢式半挂车中最主要的货运车辆。未来5年内，干货厢式半挂车将占厢式半挂车销售总量的76.6%左右，呈上升趋势，其是厢式半挂车中最主要的货运车辆。厢式半挂车的长度由过去的48英尺（14.63米）演变到现在的53英尺（约16.15米），目前美国正在探讨将长度放大到60英尺（18.3米）的可能性。

由于不对牵引车只对半挂车的长度提出要求，因而牵引车就有了广阔的发展空间。在美国，牵引车是清一色的长头车。长头车的安全性、舒适性、风阻、经济性、价格均优于平头车。

图 1-11　5 轴汽车列车

图 1-12　双单列列车

项目四　公路运输路线概况

截至 2014 年底，我国公路总里程达到 446 万千米，公路密度为 46.50 千米/百平方千米，高速公路总里程为 11.2 万千米，居世界第一位。到 2015 年底，我国高速公路里程突破 12 万千米。

任务 1　全国公路运输干线

1. 国道

中国国道路线字母标识符采用汉语拼音"G"表示，编号由"G"加 3 位或 5 位数字顺序号组成，编号结构为"G***"或"G*** **"。

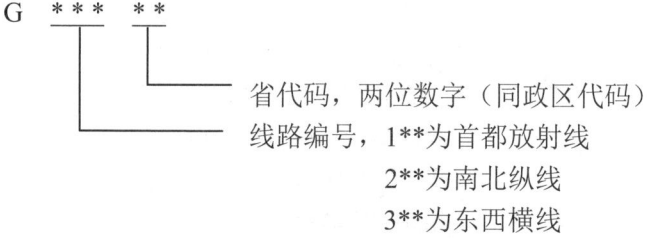

国道路线名称和编号见表 1-2 和表 1-3。

表 1-2　南北纵线

编号	起点—终点	全线里程
G201 线国道	鹤岗—旅顺口	1964km
G202 线国道	黑河—旅顺口	1818km
G203 线国道	明水—沈阳	720km
G204 线国道	烟台—上海	1031km
G205 线国道	山海关区—广州	3160km
G206 线国道	烟台—汕头	2375km
G207 线国道	锡林浩特—海安	3738km
G208 线国道	二连浩特—长治	990km

续表

编号	起点—终点	全线里程
G209 线国道	呼和浩特—北海	3435km
G210 线国道	包头—南宁	3097km
G211 线国道	银川—西安	691km
G212 线国道	兰州—重庆	1302km
G213 线国道	兰州—景洪	2796km
G214 线国道	西宁—磨憨	3542km
G215 线国道	红柳园—格尔木	641km
G216 线国道	阿勒泰—巴仑台	857km
G217 线国道	阿勒泰—库车	1117km
G218 线国道	伊宁—若羌	1067km
G219 线国道	叶城—拉孜	2342km
G220 线国道	滨州—郑州	585km
G221 线国道	哈尔滨—同江	668km
G222 线国道	哈尔滨—伊春	363km
G223 线国道	海口—三亚（东）	323km
G224 线国道	海口—三亚（中）	309km
G225 线国道	海口—三亚（西）	429km
G226 线国道	楚雄—墨江	288km
G227 线国道	西宁—张掖	347km

表 1-3 东西横线

编号	起点—终点	全线里程
G301 线国道	绥芬河—满洲里	1680km
G302 线国道	珲春—乌兰浩特	1028km
G303 线国道	集安—锡林浩特	1263km
G304 线国道	丹东—霍林郭勒	889km
G305 线国道	庄河—林西	815km
G306 线国道	绥中—克什克腾旗	497km
G307 线国道	歧口—银川	1351km
G308 线国道	青岛—石家庄	637km
G309 线国道	荣城—兰州	2208km
G310 线国道	连云港—天水	1613km
G311 线国道	徐州—西峡	748km
G312 线国道	上海—伊宁	4967km
G313 线国道	安西—若羌	调整后撤消
G314 线国道	乌鲁木齐—红旗拉甫	1948km
G315 线国道	西宁—喀什	3063km

续表

编号	起点—终点	全线里程
G316 线国道	福州—兰州	2915km
G317 线国道	成都—那曲	2043km
G318 线国道	上海—友谊桥	5476km
G319 线国道	厦门—成都	2984km
G320 线国道	上海—瑞丽	3695km
G321 线国道	广州—成都	2220km
G322 线国道	衡阳—友谊关	1039km
G323 线国道	瑞金—临仓	2915km
G324 线国道	福州—昆明	2712km
G325 线国道	广州—南宁	868km
G326 线国道	秀山—河口	1562km
G327 线国道	菏泽—连云港	424km
G328 线国道	南京—南通	300km
G329 线国道	杭州—普陀区	292km
G330 线国道	温州—寿昌	327km

2. 高速公路

随着中国经济的快速发展，交通部于 2005 年 1 月公布新的《国家高速公路网规划》，采用放射线与纵横网格相结合的布局方案，由 7 条首都放射线、9 条南北纵线和 18 条东西横线组成，简称为"7918"网。中国国家高速公路网总规模约为 8.5 万千米，其中主线为 6.8 万千米，地区环线、联络线等其他路线约为 1.7 万千米。

（1）命名规则。国家高速公路网路线名称按照路线起、讫点的顺序，在起讫点地名中间加连接符"一"组成，全称为"××一××高速公路"。

路线简称采用起讫点地名的首位汉字表示，也可以采用起讫点所在省（市）的简称表示，格式为"××高速"。

路线地名应采用规定的汉字或罗马字母拼写表示。路线起讫点地名的表示，应取其所在地的主要行政区划的单一名称，一般为县级（含）以上行政区划名称。

路线分为北南纵向路线、东西横向路线，放射线的起点为北京。

（2）编号规则。中国国家高速公路是国道网的重要组成部分，路线字母标识符采用汉语拼音"G"表示；中国国家高速公路网主线的编号，由中国国家高速公路标识符"G"加 1 位或 2 位数字顺序号组成，编号结构为"G#"或"G##"。

首都放射线的编号为 1 位数，以北京市为起点，放射线的止点为终点，以 1 号高速公路为起始，按路线的顺时针方向排列编号，编号区间为 G1~G9。

纵向路线以路线北端为起点，以路线南端为终点，按路线的纵向由东向西编排，路线编号取奇数，编号区间为 G11~G89。

横向路线以路线东端为起点，以路线西端为终点，按路线的横向由北向南编排，路线编号取偶数，编号区间为 G10~G90。

并行路线的编号采用主线编号后加英文字母"E""W""S""N"组合表示，分别指示该并行路线在主线的东、西、南、北方位。

纳入中国国家高速公路网的地区环线（如珠江三角洲环线），按照由北往南的顺序依次采用 G91～G99 编号；其中台湾环线编号为 G99，取意九九归一。

一般联络线的编号由"国家高速公路标识符'G'+'主线编号'+ 数字'1'+'一般联络线顺序号'"组成，编号为4位数。

（3）首都放射线。7条首都放射线高速如下：

北京－哈尔滨（G1，京哈高速）：北京－唐山－秦皇岛－锦州－沈阳－四平－长春－哈尔滨，1280千米。

北京－上海（G2，京沪高速）：北京－天津－沧州－德州－济南－泰安－临沂－淮安－江都－江阴－无锡－苏州－上海，1245千米。

北京－台北（G3，京台高速）：北京－天津－沧州－德州－济南－泰安－曲阜－徐州－蚌埠－合肥－铜陵－黄山－衢州－南平－福州－台北，2030千米（未达到台北）。

北京－港澳（G4，京港澳高速）：北京－保定－石家庄－邯郸－新乡－郑州－漯河－信阳－武汉－咸宁－岳阳－长沙－株洲－衡阳－郴州－韶关－广州－深圳－香港（口岸），2285千米。

并行线：广州-澳门（G4W，广澳高速）：广州－中山－珠海－澳门（口岸）。

北京－昆明（G5，京昆高速）：北京－保定－石家庄－太原－临汾－西安－汉中－广元－绵阳－成都－雅安－西昌－攀枝花－昆明，2865千米。

北京－拉萨（G6，京藏高速）：北京－张家口－集宁－呼和浩特－包头－临河－乌海－银川－中宁－白银－兰州－西宁－格尔木－拉萨，3710千米。

北京－乌鲁木齐（G7，京新高速）：北京－张家口－集宁－呼和浩特－包头－临河－额济纳旗－哈密－吐鲁番－乌鲁木齐，2540千米。

国家高速在北京市内分布情况见表1-4。

表1-4 国家高速在北京市内分布情况表

编号	中文名称	原有高速名称	北京市内途经路线	长度/km
G1	京哈高速	京沈高速	四方桥（东四环）五方桥（S50）－台湖（G4501）－香河－河北	40
G2	京沪高速	京津唐高速	十八里桥（东南三环）马驹桥（G4501）－廊坊－河北	35.5
G3	京台高速		南苑（S50）大兴（G4501）－廊坊－河北	24
G4	京港澳高速	京石高速	六里桥（西三环）－房山（G4501）-琉璃河－河北	46
G5	京昆高速		房山（G4501）－石楼－张坊－河北	65.5
G6	京藏高速	八达岭高速	马甸桥（北三环）－昌平（G4501）－康庄－河北	70
G7	京新高速	京包高速	北京（S50）楼自庄（G4501）－昌平（G6）－德胜口－延庆－河北	43
G45	大广高速	京承高速	河北－司马台－沙峪沟－密云－高丽营（G4501/S11）	84.5
		京开高速	玉泉营桥（南三环）－大庄（G4501）－辛立村－河北	43

续表

编号	中文名称	原有高速名称	北京市内途经路线	长度/km
G45 01	北京绕城高速	六环高速	良乡（G4）—大庄（G45）—马驹桥（G2）—次渠（S15）—台湖（G1）—胡各庄（G102）—李桥（S32）—高丽营（G45/S11）—西沙屯（G6）—楼自庄（G7）—温泉—良乡（G4/G5）	189

（4）南北纵线。9条南北纵线高速如下：

鹤岗—大连（G11，鹤大高速）：鹤岗—佳木斯—鸡西—牡丹江—敦化—通化—丹东—大连，1390千米。

联络线一：鹤岗—哈尔滨（G1111，鹤哈高速）：鹤岗—伊春—绥化—哈尔滨。

联络线二：集安—双辽（G1112，集双高速）：集安（口岸）—通化—梅河口—辽源—四平—双辽。

联络线三：丹东—阜新（G1113，丹阜高速）：丹东（口岸）—本溪—沈阳—新民—阜新。

沈阳—海口（G15，沈海高速）：沈阳—辽阳—鞍山—海城—大连—烟台—青岛—日照—连云港—盐城—南通—常熟—太仓—上海—宁波—台州—温州—宁德—福州—泉州—厦门—汕头—汕尾—深圳—广州—佛山—开平—阳江—茂名—湛江—海口，3710千米。

并行线：常熟—台州（G15W，常台高速）：常熟—苏州—嘉兴—绍兴—台州。

联络线一：日照—兰考（G1511，日兰高速）：日照—曲阜—济宁—菏泽—兰考。

联络线二：宁波—金华（G1512，甬金高速）：宁波—嵊州—金华。

联络线三：温州—丽水（G1513，温丽高速）：温州—丽水。

联络线四：宁德—上饶（G1514，宁上高速）：宁德—上饶。

长春—深圳（G25，长深高速）：长春—双辽—阜新—朝阳—承德—唐山—天津—黄骅—滨州—青州—临沂—连云港—淮安—南京—溧阳—宜兴—湖州—杭州—金华—丽水—南平—三明—龙岩—梅州—河源—惠州—深圳，3580千米。

联络线一：新民—鲁北（G2511，新鲁高速）：新民—彰武—通辽—鲁北。

联络线二：阜新—锦州（G2512，阜锦高速）：阜新—锦州。

联络线三：淮安—徐州（G2513，淮徐高速）：淮安—宿迁—徐州。

济南—广州（G35，济广高速）：济南—菏泽—商丘—阜阳—六安—安庆—景德镇—鹰潭—南城—瑞金—河源—广州，2110千米。

大庆—广州（G45，大广高速）：大庆—松原—双辽—通辽—赤峰—承德—北京—霸州—衡水—濮阳—开封—周口—麻城—黄石—吉安—赣州—龙南—连平—广州，3550千米。

联络线一：龙南—河源（G4511，龙河高速）：龙南—河源。

二连浩特—广州（G55，二广高速）：二连浩特—集宁—大同—太原—长治—晋城—洛阳—平顶山—南阳—襄樊—荆州—常德—娄底—邵阳—永州—连州—广州，2685千米。

联络线一：集宁—阿荣旗（G5511，集阿高速）：集宁—鲁北—乌兰浩特—阿荣旗。

联络线二：晋城—新乡（G5512，晋新高速）：晋城—焦作—新乡。

联络线三：长沙—张家界（G5513，长张高速）：长沙—常德—张家界。

包头—茂名（G65，包茂高速）：包头—鄂尔多斯—榆林—延安—铜川—西安—安康—达州—重庆—黔江—吉首—怀化—桂林—梧州—茂名，3130千米。

兰州—海口（G75，兰海高速）：兰州—广元—南充—重庆—遵义—贵阳—麻江—都匀—河池—南宁—钦州—北海—湛江—海口，2570千米。

联络线一：钦州—东兴（G7511，钦东高速）：钦州—防城—东兴（口岸）。

重庆—昆明（G85，渝昆高速）：重庆—内江—宜宾—昭通—昆明，838千米。

联络线一：昆明—磨憨（G8511，昆磨高速）：昆明—元江—思茅—磨憨（口岸）。

（5）东西横线。18条南北纵线高速如下：

绥芬河—满洲里（G10，绥满高速）：绥芬河（口岸）—牡丹江—哈尔滨—大庆—齐齐哈尔—阿荣旗—满洲里（口岸），1520千米。

联络线一：哈尔滨—同江（G1011，哈同高速）：哈尔滨—佳木斯—双鸭山—同江。

珲春—乌兰浩特（G12，珲乌高速）：珲春（口岸）—敦化—吉林—长春—松原—白城—乌兰浩特，885千米。

联络线一：吉林—黑河（G1211，吉黑高速）：吉林—舒兰—五常—哈尔滨—明水—黑河（口岸）。

联络线二：沈阳—吉林（G1212，沈吉高速）：沈阳—吉林。

丹东—锡林浩特（G16，丹锡高速）：丹东—海城—盘锦—锦州—朝阳—赤峰—锡林浩特，960千米。

荣成—乌海（G18，荣乌高速）：荣成—文登—威海—烟台—东营—黄骅—天津—霸州—涞源—朔州—鄂尔多斯—乌海，1820千米。

联络线一：黄骅—石家庄（G1811，黄石高速）：黄骅—沧州—石家庄。

青岛—银川（G20，青银高速）：青岛—潍坊—淄博—济南—石家庄—太原—离石—靖边—定边—银川，1600千米。

联络线一：青岛—新河（G2011，青新高速）：青岛—新河。

联络线二：定边—武威（G2012，定武高速）：定边—中宁—武威。

青岛—兰州（G22，青兰高速）：青岛—莱芜—泰安—聊城—邯郸—长治—临汾—富县—庆阳—平凉—定西—兰州，1795千米。

连云港—霍尔果斯（G30，连霍高速）：连云港—徐州—商丘—开封—郑州—洛阳—西安—宝鸡—天水—兰州—武威—嘉峪关—哈密—吐鲁番—乌鲁木齐—奎屯—霍尔果斯（口岸），4280千米。

联络线一：柳园—格尔木（G3011，柳格高速）：柳园—敦煌—格尔木。

联络线二：吐鲁番—和田/伊尔克什坦（G3012/G3013，吐和高速）：吐鲁番—库尔勒—库车—阿克苏—喀什—和田/伊尔克什坦。

联络线三：奎屯—阿勒泰（G3014，奎阿高速）：奎屯—克拉玛依—阿勒泰。

联络线四：奎屯—塔城（G3015，奎塔高速）：奎屯—克拉玛依—塔城—巴克图（口岸）。

联络线五：清水河—伊宁（G3016，清伊高速）：清水河—伊宁。

南京—洛阳（G36，宁洛高速）：南京—蚌埠—阜阳—周口—漯河—平顶山—洛阳，712千米。

上海—西安（G40，沪陕高速）：上海—崇明—南通—扬州—南京—合肥—六安—信阳—南阳—商州—西安，1490千米。

联络线一：扬州—溧阳（G4011，扬溧高速）：扬州—镇江—溧阳。

上海—成都（G42，沪蓉高速）：上海—苏州—无锡—常州—南京—合肥—六安—麻城—

武汉—孝感—荆门—宜昌—万州—垫江—南充—遂宁—成都，1960千米。

联络线一：南京—芜湖（G4211，宁芜高速）：南京—马鞍山—芜湖。

联络线二：合肥—安庆（G4212，合安高速）：合肥—安庆。

上海—重庆（G50，沪渝高速）：上海—湖州—宣城—芜湖—铜陵—安庆—黄梅—黄石—武汉—荆州—宜昌—恩施—忠县—垫江—重庆，1900千米。

联络线一：芜湖—合肥（G5011，芜合高速）：芜湖—巢湖—合肥。

杭州—瑞丽（G56，杭瑞高速）：杭州—黄山—景德镇—九江—咸宁—岳阳—常德—吉首—遵义—毕节—六盘水—曲靖—昆明—楚雄—大理—保山—瑞丽（口岸），3405千米。

联络线一：大理—丽江（G5611，大丽高速）：大理—丽江。

上海—昆明（G60，沪昆高速）：上海—杭州—金华—衢州—上饶—鹰潭—南昌—宜春—株洲—湘潭—邵阳—怀化—麻江—贵阳—安顺—曲靖—昆明，2370千米。

福州—银川（G70，福银高速）：福州—南平—南城—南昌—九江—黄梅—黄石—武汉—孝感—襄樊—十堰—商州—西安—平凉—中宁—银川，2485千米。

联络线一：十堰—天水（7011，十天高速）：十堰—天水。

泉州—南宁（G72，泉南高速）：泉州—永安—吉安—衡阳—永州—桂林—柳州—南宁，1635千米。

联络线一：南宁—友谊关（G7211，南友高速）：南宁—友谊关（口岸）。

厦门—成都（G76，厦蓉高速）：厦门—漳州—龙岩—瑞金—赣州—郴州—桂林—麻江—贵阳—毕节—泸州—隆昌—内江—成都，2295千米。

汕头—昆明（G78，汕昆高速）：汕头—梅州—韶关—贺州—柳州—河池—兴义—石林—昆明，1710千米。

广州—昆明（G80，广昆高速）：广州—肇庆—梧州—玉林—南宁—百色—富宁—开远—石林—昆明，1610千米。

联络线一：开远—河口（G8011，开河高速）：开远—河口（口岸）。

小贴士

中国公路运输和发达地区的对比见表1-5。

表1-5 中国公路运输和发达地区的对比

比较内容	欧美	中国
基础设施	公路密度高	公路网密度不均衡
	很多高速公路已经免费，有利于降低运输成本	高速刚刚开始成网，均为收费公路
	货运站点分布合理	物流园区刚刚起步
运输车辆	封闭化	以敞开式为主
	近距运输小型化，远距运输大型化	远近均以中型车为主
	货车运输的平均运距为300千米，运输速度高	平均运距为180千米，速度低

续表

比较内容	欧美	中国
经营管理	揽货全面代理化，空载率低	散乱，空载率高
	运输服务专业化	刚刚开始专业化分工
	人员配置合理	管理水平落后，人员素质低
运输管理	技术手段先进，条码分拣和GPS应用普遍	落后
	标准化托盘运输，大大提高了装卸效率	使用托盘不普遍、不标准，托盘周转困难
	减少国国之间的障碍，增进货物流通	条块分割，地方保护主义严重

任务2　北京市公路运输路线

根据《北京市干线公路网规划（2014—2020年）》，到2020年，北京市规划国家高速公路11条，其中包括7条首都放射线、1条南北向纵线、1条绕城环线、1条首都地区环线和1条并行线，还规划市道78条，其中包括东南部过境通道、南北航站楼连接线等。目前北京高速公路总里程已超过1000千米。

1. 北京市公路交通总体布局

北京市交通布局的目标：建设"结构合理、功能完善，安全便捷、高效环保，城乡一体、统筹城际"的现代化综合交通体系，明显提高道路交通承载能力，使交通拥堵状况有所缓解。

北京市交通布局的发展策略：

（1）加强京、津、冀等华北区域城市间的联系，促进区域协调发展，统筹考虑区域交通设施的规划、建设和运营。强化京、津之间的交通联系，建设快速交通走廊，加强北京主要出海通道的建设，加强北京市域范围内的货运通道建设。

（2）加强枢纽建设，实现航空、铁路、公路等对外交通与城市交通之间的顺畅衔接。改善城市各种交通运输方式之间的接驳换乘条件，实现不同交通方式之间运营、组织、票制一体化。

（3）道路建设的重点逐步由中心城向中心城以外的地区转移，促进和引导新城的发展。中心城道路建设的重点由快速路、主干路逐步向次干路、支路转移，提高道路网整体能力和应变能力。

2. 北京城市空间总体结构

北京城市空间总体结构是"两轴—两带—多中心"。

两轴是指沿长安街的东西轴和传统中轴线的南北轴。传统中轴线从永定门到钟鼓楼，长达7.8千米。

两带是指包括通州、顺义、亦庄、怀柔、密云、平谷的"东部发展带"和包括大兴、房山、昌平、延庆、门头沟的"西部发展带"。

多中心是指在市域范围内建设多个服务全国、面向世界的城市职能中心，包括中关村高科技园区核心区、奥林匹克中心区、中央商务区（CBD）、顺义现代制造业基地、亦庄高新技术产业发展中心等。

3. 连接11个新城的国道及城市主干道

北京市干线公路网规划（2014—2020年）中规划普通国道共15条，总里程1397千米。布局方案为"11条首都放射线、2条南北向纵线、1条东西向横线和1条联络线"。

（1）北京市内国道。

G101 国道：北京—沈阳，全长 909 千米，北京段长 123.4 千米，通往密云、顺义、怀柔。

G102 国道：北京—哈尔滨，全长 1400 千米，北京段长 31.9 千米，通往通州，河北唐山、秦皇岛，吉林长春。

G103 国道：北京—天津新港，全长 162 千米，北京段长 37.6 千米，通往通州、亦庄、大羊坊、天津武清。

G104 国道：北京—福州，全长 2420 千米，北京段长 47.2 千米，途径亦庄、大兴、河北、天津、山东、江苏、浙江等。

G105 国道：北京—珠海，全长 2717 千米，北京段长 47.2 千米与 G104 国道重合。

G106 国道：北京—广州，全长 2466 千米，北京段长 44.6 千米，连接大兴、河北、山东、河南、湖北、湖南。

G107 国道：北京—深圳，全长 2698 千米，北京段长 50 千米，连接房山、河北、石家庄、河南、湖北、湖南。

G108 国道：北京—昆明，全长 3331 千米，北京段长 139.5 千米，连接门头沟、房山、河北、山西、陕西、四川、云南。

G109 国道：北京—拉萨，全长 3900 千米，北京段长 119 千米，途径门头沟、河北、山西、内蒙古、宁夏、甘肃、青海。

G110 国道：北京—银川，全长 1357 千米，北京段长 98.8 千米，连接昌平、延庆、河北、内蒙古、宁夏。

G111 国道：北京—加格达奇，全长 2123 千米，北京段长 166.9 千米，连接顺义、怀柔、河北、内蒙古、黑龙江省大兴安岭 。

2010 年北京市内国道分布如图 1-13 所示。

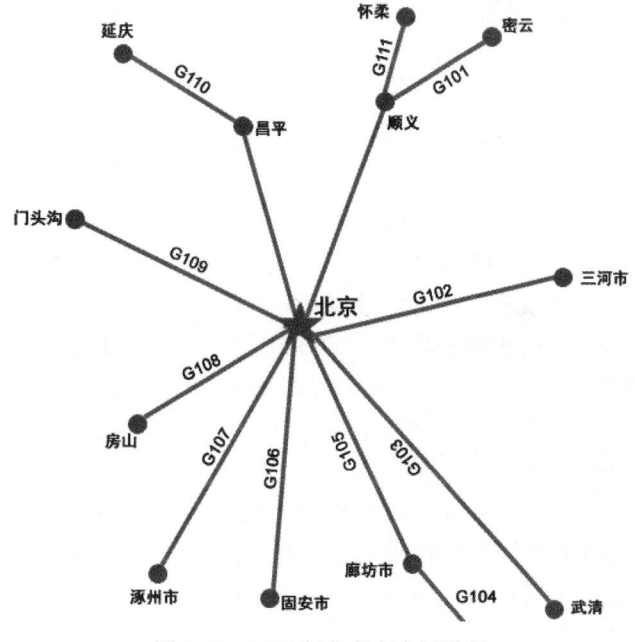

图 1-13　2010 年北京市内国道图

（2）北京市内主干道。

北京市规划市道（共 78 条，规划总里程 2490 千米），其中高速公路 581 千米，一级公路 1300 千米，二级公路 609 千米。省级高速公路在北京市内分布情况见表 1-6。

表 1-6　北京市内省级高速公路分布情况

编号	中文名称	北京市内途经路线	长度/km
S11	京承高速	望和桥（东北三环）—黄港桥（S32）—北七家（S28）—高丽营（G4501/G45）	21.5
S12	机场高速	三元桥—首都机场	19
S14	通燕高速	通州（S46）—胡各庄（G4501）-三河	16
S15	京津高速	化工桥（东北五环）次渠（G4501）—高村	34
S28	机场北线高速	北七家（S11）—首都机场	11
S32	机场南线高速	黄港桥（S11）—首都机场—李桥（G4501/S32）	18
S32	京平高速	李桥（G4501/S32）—顺义（G4501）—平谷	53
S46	京通快速	四惠桥（东四环）—通州（S14）	18
S50	五环高速	北京五环路	99
S51	机场第二高速	平房（S50）—楼梓庄—首都机场（S32）	16
S66	京通京哈联络线	会村（S46）—西马庄（G1）	3.2

长安街西沿线：从复兴门到门头沟。

京周公路：东起北京广安门，西至房山区，纵贯房山良乡卫星城、燕房卫星城，直达周口店，全长 30 余千米，是通往北京市区和河北省的一条快速道路。

广渠路：全长 17 千米，连接城区与通州新城，西起东二环广渠门立交，东至通州区界。

朝阳路：全长约 15 千米，连接城区与通州新城，朝阳路快速公交线路（一期）工程西起东大桥，东至通州。

朝阳北路：全长 15 千米，西起东大桥，东至通州，为城市主干道。

五环路（S50）：全长 98.58 千米，连接石景山、亦庄、大兴等新城，是北京市第一条环城快速公路，于 2003 年 11 月 1 日全线建成并通车。

六环路（G4501）：又名北京绕城高速公路，是国家高速公路网中规划的北京城市环线，也是大庆—广州高速公路的组成部分，编号 G4501，共穿越北京市内 9 个行政区，连接顺义、通州、亦庄、大兴、房山、门头沟和昌平 7 个新城，是一条联系北京市郊区卫星城镇和截流、疏导城市过境交通的重要环线高速公路，路线全长 187.6 千米，始建于 1998 年 12 月，2009 年 9 月中旬实现全线贯通。设计速度为 80～100 千米/小时，横断面布置为双向四至六车道加连续停车道，路基宽度为 26～28.5 米。

六环路属于收费公路，与北京市的多条放射形高速和国道连接，距市中心约 15～20 千米。在环境和地理上，六环路起到了屏障作用，2009 年 10 月 1 日起，"黄标车"，即尾气排放不符合环保标准车辆不准进入六环路以内范围。

任务 3　京津冀综合运输大通道布局

2015 年 7 月,《京津冀协同发展交通一体化规划》正式印发。根据规划要求,京津冀协同发展交通一体化将按照网络化布局、智能化管理和一体化服务的思路,推进"单中心放射状"通道格局向"四纵四横一环"网络化格局转变,如图 1-14 所示。"四纵四横环"网络化格局见表 1-7。

图 1-14　2015 年京津冀"四纵四横一环"综合运输布局图

表 1-7　"四纵四横一环"网络化格局

布局形式	具体内容
四纵	沿海通道（重要的港口集疏运） 京沪通道（京津同城化） 京九通道（京津冀沟通华中、华南） 京承—京广通道（京津冀沟通东北华东）
四横	秦承张通道（京津冀沟通西北） 京秦—京张通道（京津冀联系东北、西北） 津保通道（天津港疏港通道） 石沧通道（黄骅港疏港通道）
一环	首都地区环线通道（缓解北京过境交通压力）

预计到 2020 年,京津冀交通一体化多节点、网格状的区域交通网络基本形成,城际铁路主骨架基本建成,公路网络完善通畅,港口群、机场群整体服务水平、交通智能化、运营管理力争达到国际先进水平,基本建成安全可靠、便捷高效、经济适用、绿色环保的综合交通运输体系,为京津冀协同发展提供坚实基础和保障条件。到 2030 年,形成"安全、便捷、高效、绿色、经济"的一体化综合交通运输体系,为建设具有较强国际竞争力和重要影响力的世界级城市群提供有力支撑。

1. 四纵

"四纵"由东向西依次是沿海通道、京沪通道、京九通道、京承－京广通道。

沿海通道连接秦皇岛、唐山、天津（滨海新区）、沧州（黄骅）四个沿海港口城市，是重要的港口集疏运通道，也是环渤海城镇和临港产业发展的重要依托；京沪通道连接北京、廊坊、天津和沧州，是京津同城化发展的主轴，也是北京重要的出海通道；京九通道连接北京、北京新机场、廊坊、衡水，是京津冀沟通华中、华南地区的交通动脉；京承－京广通道纵贯京津冀地区，连接承德、北京、保定、石家庄、邢台、邯郸，是京津冀沟通东北、华中以及更远地区的交通动脉。

2. 四横

"四横"由北向南是秦承张通道、京秦－京张通道、津保通道、石沧通道。秦承张通道连接秦皇岛、承德、张家口等京津冀地区北部城市，是我国西北地区重要出海通道；京秦－京张通道连接秦皇岛、唐山、北京、张家口，是京津冀联系西北、东北地区的交通动脉；津保通道连接天津（滨海新区）、霸州、保定，是京津冀中南部地区的重要通道，也是天津港的重要疏港通道；石沧通道连接石家庄、衡水、沧州（黄骅），沟通京沪、京九、京广三大通道，是黄骅港的重要疏港通道。

3. 一环

"一环"即首都地区环线高速公路。2015 年 5 月，北京市政府官网"首都之窗"发布了 2015 年交通疏堵工作方案。其中首次纳入了服务京津冀协同发展的公路网建设项目，明确说明将建设首都地区环线高速公路 G95，即北京大外环高速公路。该高速公路由密涿高速（含廊涿高速）、张涿高速、张承高速、承平高速组成，途径河北省的张家口、涿州、廊坊、承德，以及北京市的大兴区、通州区和平谷区等地。线路全长 940 千米，其中河北境内约 850 千米，北京市境内包括密云至涿州高速北京段、承德至平谷高速北京段，约 90 千米，于 2016 年全线程通车，届时河北省有多达 11 条的高速公路直达北京，京冀交通一体化进程全面提速，环首都经济圈加速形成。2015 年北京大外环高速公路如图 1-15 所示。

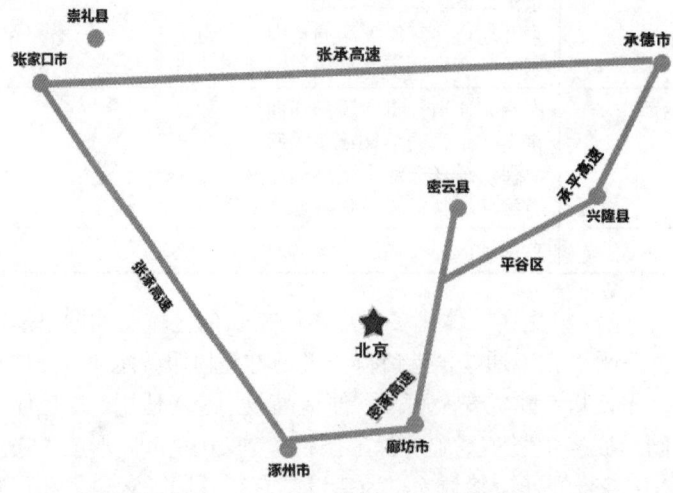

图 1-15　2015 年北京大外环高速公路图

（1）密涿高速（含廊涿高速）。密涿高速，分为廊涿段、廊坊北三线段、北京大兴－通州段。

廊涿段为双向四车道，设计速度为120千米/小时，路线全长58.4千米。起自涿州南8千米处的松林店，经林家屯、京石高速、北高官庄、柳河营南、大清河、固安县东湾、苏家桥、吉城（大广高速）、106国道、知子营、永定河、北寺垡，终于廊坊市的九州。始建于2005年8月27日，于2008年7月22日建成通车。

廊坊北三县段（三河、香河、大厂），双向六车道，主线全长约50.2千米。北起三河市掘山头村西的京冀界，经三河东、大厂东、香河西进入北京通州区西集镇，于北京大兴区采育北大同营西进入廊坊，经广阳区西与廊涿高速公路衔接抵终点。北京大兴－通州段，双向六车道，设计速度为120千米/小时。线路全长约37.99千米，其中约7.91千米位于大兴区境内，约30.08千米位于通州区境内。起点为大兴区采育镇韩营村西南侧市界，与河北省廊坊市段规划线位相接，线位折向东北，经大兴区韩营、再城营、铜佛寺、采育镇规划区、辛店西庄、辛店东庄，以及通州区后甫、于家务规划区、王各庄、北堤寺、永乐店规划区、西黄垡、东黄垡、石槽、和台站、安辛庄、肖家林、杜店、小沙务、尹家河、赵庄村等乡镇，终点为北京市通州区西集镇赵庄村北侧市界，与河北省北三县段规划线位相接。

（2）张涿高速。张涿高速，为双向四车道，全长155.94千米，其中张家口段为83.56千米，保定市境内为72.38千米。起自张家口市涿鹿县城东北单家堡，与G7京新高速相接，在张家口市境内经涿鹿县城东、栾庄、黑山寺、卧佛寺、孔涧、谢家堡，在岔河村东进入保定市，然后经九龙镇、紫石口、三坡、都衙、娄村、涞水北，在涿州榆林村北接张石高速公路密涿支线。该线于2008年12月26日开工，于2013年12月31日张家口段通车。2013年12月31日保定段通车。行车时速根据不同地形条件分别采用100千米/小时和80千米/小时行车速度设计。

（3）张承高速。张承高速，分为张家口至崇礼段、崇礼至张承界段、承德段三段。线路全长375千米，经张家口、崇礼、沽源、大滩、丰宁至承德，主线采用双向四车道高速公路标准建设。张承高速于2015年12月30日全线通车，这极大地缓解了北京过境车辆的压力，为北京大外环的早日贯通奠定了重要基础。

张家口至崇礼段，全长62千米，设计速度为80千米/小时，2010年9月28日竣工通车。起点位于宣化县太师湾村附近，新建互通崇礼至张承界段立交与丹拉高速公路连接，向北沿张家口市规划区东侧布线，经小辛庄、口里东窑子，以特长隧道穿越大华岭，经柳条沟、下榆树岭、头道营至崇礼县城。

崇礼至张承界段，双向四车道，全长101.8千米，设计速度为80千米/小时。起点位于张承高速一期，终点为崇礼北互通，路线往北经太平庄、白旗，在南山窑村西跨越南赤公路，在狮子沟镇转向东北，经大磳底、清五营，在大东沟穿越桦皮岭，到达坝上，再向北经老虎沟、脑包山、韩庆坝，在东滩转向东跨越葫芦河后，在小南营北跨越宝平公路，在小二号村北张承交界处到项目终点。

承德段，双向四车道标准，全长204千米，设计速度为100千米/小时。主线起于承德市双滦区单塔子村北，经滦平县的小营镇、红旗镇；隆化县的隆化镇、太平庄乡和丰宁的凤山、西官营、土城等乡镇止于丰宁县大滩镇承张界。

（4）承平高速。承平高速（承德－平谷），全长约88千米。起自河北省承德市承唐高速公路李家营互通，经营子区、兴隆县，向西进入北京市平谷区，在镇罗营镇与规划建设的密涿高速相接。承德段 56 千米（不含天津支线 13 千米），双向六车道设计，设计时速为 100 千米。

项目五　北京市物流基地布局

在三个物流基地、一个物流港的基础上，北京市基本形成了"三环、五带、多中心"的物流节点布局。

任务 1　北京市三地一港

2002 年，北京市发改委批准建立的三地一港指北京市物流发展规划确定的四个重点项目，即北京西南良乡物流基地、通州区马驹桥物流基地、顺义区天竺空港物流基地、北京物流港。

1. 北京西南良乡物流基地

北京西南良乡（房山良乡—丰台王佐）物流基地位于房山区阎村镇，是北京商业物流发展规划的物流基地。

西南良乡物流基地北起良坨铁路，南至北京六环路，西起京石高速公路，东至 107 国道，是华北、华中、华南、西南等地的进京要塞，总占地 293.18 公顷，功能定位为大型公铁联运枢纽型物流基地，承担大宗货物进出的中转集散功能，是北京市西南方向的重要公路货运枢纽与铁路集装箱节点站，分为仓储物流区、商贸物流区和综合管理区三部分。

2. 通州区马驹桥物流基地

马驹桥物流基地位于通州区马驹桥镇，北京南六环路以北，凉水河以南，京津塘高速公路以东，北京经济开发区东边缘以西，规划面积约为 6.75 平方千米。

通州区马驹桥物流基地距市中心为 15.5 千米，距首都国际机场 30 千米，距天津塘沽新港 120 千米，京津塘高速公路与北京城市六环路在此交会，并与京沈、京哈、京开、京石等 11 条高速公路相连，是北京海、陆、空多式联运的最佳结合点，拥有作为物流枢纽所应具备陆海空一体、国际国内便捷联系的区域交通网络。

马驹桥物流基地定位于公路－海运－口岸国际货运枢纽型物流基地，主要承担北京和环渤海地区经海路的国际、国内海运物流功能，重点服务于北京东南方向京津塘经济发展带，服务于亦庄经济技术开发区，是北京市大宗货物进出境的主要枢纽。

3. 顺义区天竺空港物流基地

顺义区天竺空港物流基地位于顺义区天竺镇，首都机场以北，顺平路北侧，临近 101 国道和北六环路，属于公路－航空－口岸国际货运枢纽型物流基地。主要承担北京及环渤海地区的国际、国内航空物流功能，并服务于天竺工业开发区，是北京市唯一的航空－公路国际货运枢纽型综合物流基地。

空港物流园区南与首都国际机场紧密相连，西距市区 15 千米，东距天津海港 180 千米，园区周边形成由 101 国道（京密公路）、城市轻轨、六环路、京承高速路、机场高速路和顺通路等构成的四通八达的路网系统

日本 JVC、SONY、松下通信、西铁城（中国）钟表，韩国 LG 电子，欧美的摩托罗拉、空中客车、爱立信移动通信、皇冠制罐，以及中国国际航空公司、万科城市花园、空港国际仓储和人类基因研发中心——华大基因等 30 余个国家的百余家著名企业在周边奕奕生辉。

4. 北京物流港

北京物流港位于北京市朝阳区十八里店乡，紧邻东南四环路、京沈高速路和城市环线铁路，是京津塘高速路的起点，东南为京丰铁路环线，西边是北京市朝阳口岸，是北京市交通规划确定的二类交通枢纽。

任务2 "三环、五带、多中心"的物流节点布局

北京市立足于物流空间布局的现实基础，结合多中心、组团式发展的城市空间定位，综合考虑货运枢纽、物流需求、产业聚集区等影响因素，在北京市规划建设物流基地、物流中心（综合物流区）和配送中心（专业物流区）三个层次的物流节点，并形成不同功能的物流节点在空间上的相对集聚，到"十二五"期末，基本形成北京市基于点、线、面相互协调的"三环、五带、多中心"的物流节点布局，为首都国际物流、区域物流和城市物流的发展提供基础设施支持。

"三环"：在六环路附近重点规划建设物流基地，在五环路附近重点规划建设物流中心，在四环路附近重点规划建设配送中心，形成物流基地、物流中心和配送中心由远及近、相互依托、协调发展的空间格局。

"五带"：为促进货物运输的合理化，提高物流效率，积极引导各类物流资源向西南（京港澳高速公路和107国道）、正南（京开高速公路和106国道）、东南（京沪高速、京哈高速公路）、东北（机场高速、京密路、京承高速公路）、西北（八达岭高速公路、110国道）五个方向的物流通道聚集，规划建设大型物流基地、若干个物流中心，形成五条集聚发展、连通快捷、服务产业的物流产业带。

"多中心"：根据北京市各产业集聚和新城建设多中心分散布局的特点，相应配置物流中心、配送中心，实现物流节点服务于产业发展和居民生活的功能。

1. 物流基地

物流基地是大型、公共性的物流节点，是城市功能性基础设施，是辐射全国乃至国际的重要物流枢纽，主要为北京市进出货物的集散与大型厂商在全国及亚太地区采购和分销货物提供物流平台。其功能主要包括内陆口岸功能、交通换载和货物集散功能、流通加工功能以及信息服务和货物配送功能等。

"十一五"期间，在优先发展顺义空港、通州马驹桥和房山良乡三个物流基地的基础上，加快培育平谷马坊物流基地。平谷马坊物流基地位于平谷区马坊镇，首都机场东面，北临京津高速，南靠京哈高速，西接六环，属于海运－公路枢纽型物流基地，如图1-16所示。主要服务顺义、怀柔、平谷、密云等京东四区县，是北京东部发展带的重要物流节点和京津发展走廊上的重要通道。

要积极培育已具有一定物流规模的大兴京南和延庆京西北等大型综合物流区，使其加快向物流基地方向发展。

"十三五"时期，继续发挥物流基地对城市物流系统的重大基础性作用，强化物流基地对城市运行的服务保障功能。完善和提升四大物流基地配套设施建设，依托空港、内陆港、铁路枢纽、公路枢纽以及保税政策功能区等不同区位的交通优势和定位，差别化提升完善物流基地功能。重点发展基于铁路和公路的生活必需品物资供应物流、基于航空的快递物流、基于内陆口岸及空港口岸的跨境物流等服务功能，对接和保障首都城市运行发展需要。

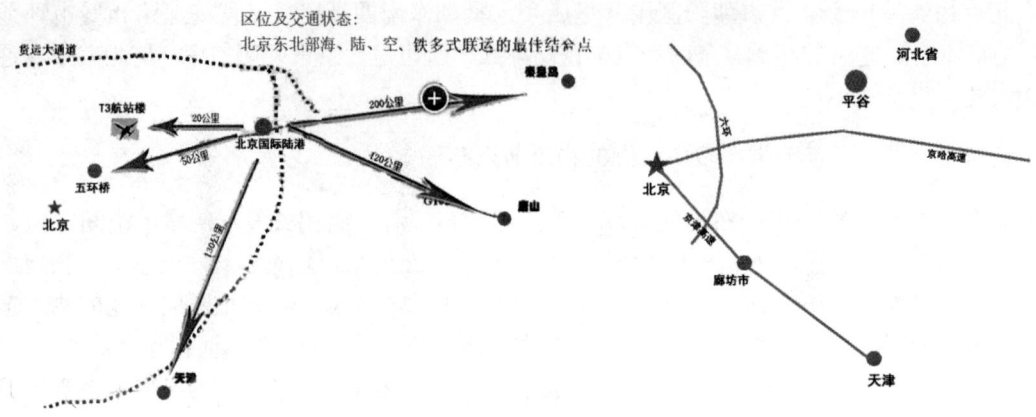

图1-16 平谷马坊物流基地示意图

2. 物流中心（综合物流区）

物流中心是衔接干线、支线运输，方便市内配送和集散运输，连接物流基地和配送中心的重要物流节点，为本市进出货物的集散以及为制造商、分销商在北京及周边地区采购和分销提供物流平台。其主要功能是货物集散、公铁联运与换装、中转、仓储、流通加工、信息服务、配送等。

"十一五"期间，结合二级货运枢纽布局，在五环路及五大物流方向的交会处附近重点规划建设10个左右的物流中心，物流中心的占地规模控制在0.5～1平方千米。西南方向（京石高速公路、107国道）规划建设王佐、五里店、首钢建材物流等三个物流中心；东南方向（京津塘高速公路、京沈高速公路）规划建设十八里店物流中心；正东方向（京通快速路）规划建设宋庄物流中心；东北方向（京密路、机场高速、京承高速公路）规划建设怀柔新城物流中心、顺义李桥物流中心；西北方向（八达岭高速公路、110国道）规划建设清河物流中心和马池口物流中心。

"十三五"时期，发挥物流配送中心在物流系统集约高效运转中的关键环节作用，合理优化物流配送中心布局。现有的物流配送中心，属于生活必需品配送保障的，升级完善服务功能，提高规范化和集约化水平；位于城市中心城区的，有序引导向外转移；逐步调整退出城市副中心低端物流业；对于不符合首都城市定位的区域性批发市场、区域性物流配送中心，逐步向津冀地区疏解。鼓励公路、铁路货运场站提升物流配送服务水平，并在航空、铁路、公路等环京交通干线枢纽建设功能完善的新型综合化城市物流配送中心。

3. 配送中心（专业物流区）

物流配送中心是为城市生活和工业生产提供专业化物流配送服务的城市基础设施，是城市末端物流活动集结的公共场所，主要功能包括储存、分拣、流通加工、配送等。

"十一五"时期，重点在四环路周边和顺义、通州、亦庄等新城以及远郊区县人口密集区附近规划建设20个左右的物流配送中心，每个占地规模控制在0.1～0.2平方千米。西南方向：房山石楼、丰台榆树庄、白盆窑。正南方向：丰台南苑、大红门、玉泉营。东南方向：朝阳双桥、百子湾、三台山。东北方向：朝阳楼梓庄、豆各庄、顺义仁和镇。西北方向：海淀的田村、四道口，昌平的福田汽车配送中心。

"十三五"时期,北京市物流业将围绕落实首都城市战略定位和建设国际一流的和谐宜居之都的目标,坚持"服务为先、有序疏解、创新驱动、绿色低碳"的发展思路,更好地推动首都率先全面建成小康社会。

北京市将立足于京津冀协同发展的大视角,围绕服务首都城市战略定位,在有序疏解非首都功能,引导和推动区域性农副产品、基础原材料等大宗商品的仓储物流功能外迁,加快推动京津冀物流一体化,打通承接津冀企业多式联运物流通道的同时,引导物流设施优化布局调整,着力打造"物流基地+物流配送中心+末端配送网点"的城市物流节点网络,形成功能完备、分工明确、布局合理的多层次物流网络体系。

发展支撑商业活动和市民生活的末端物流,优化末端网点布局,提升城市配送服务能力。加快推动对现有物流服务设施的整合利用,鼓励建设集零售、配送和便民服务等多功能于一体的末端配送网点。在城市社区和村镇布局建设共同配送网点,鼓励商贸企业在末端配送领域开展横向合作。

北京物流业发展要求遵循节能减排,推动绿色发展的原则。鼓励采用低能耗、低排放运载工具,鼓励更新使用新能源物流车和第六阶段排放标准车辆,推进城市绿色货运配送体系建设。推广物流节能环保技术,支持节能型绿色仓储设施建设,大力推进新型信息化立体仓储设施及分拣装置的示范应用,降低物流仓储环节的排放。发挥铁路物流的低碳性、环保性优势,充分挖掘京津冀地区铁路资源,探索研究铁路运输与城市物流配送相结合,提升空间资源的集约化程度,降低道路车辆使用强度,减少机动车污染物排放。提高托盘等标准化器具和包装物的循环利用水平,构建循环物流体系。

任务3　北京市公路货运枢纽

目前,北京市公路一级枢纽共有六个,分别是京石高速公路方向的闫村、京开高速方向的大兴大庄、京津塘高速方向的马驹桥、京通快速路方向的通州宋庄、机场高速方向的天竺和八达岭高速方向的沙河。

随着首都机场的扩建以及三条京津高速公路的建设,北京与周边地区和世界的航空运输、海路运输以及因此产生的多式联运将变得更加方便、快捷;铁路场站、货运枢纽的统筹建设力度将进一步加大,资源整合将在更大范围内得以实施。物流节点的规划与建设应充分考虑到这一发展要求,有效与各类公路、铁路和航空货运枢纽的规划与建设相衔接,避免重复建设。

▲延伸阅读

物流基础设施重大项目情况

1. 空港物流基地二期基础设施建设:位于首都机场北侧,顺平路南,机场北门路西,京密路以东,占地121.5公顷(1822.5亩),总投资22亿元。

2. 北京空港保税物流中心(B)型:位于首都机场北侧,顺平路南,机场北门路东侧,小中河以西,占地50.4公顷(756亩),建筑面积20万平方米,总投资6亿元。

3. 空港物流基地一期扩区区域基础设施建设:位于顺平路北侧,占地104公顷(1560亩),总投资8亿元。

4. 奥运物流配送中心:位于北京空港物流基地一期,占地10.7公顷(160.5亩),建筑面积 9.6 万平方米，总投资 2.89 亿元。

5. 航空货运大通关基地：首都机场北侧，顺平路南，机场北门路东侧，小中河以西；占地 302 公顷（4530 亩），建筑面积 138 万平方米，总投资 53 亿元。

6. 空港口岸设施建设：航空货运大通关基地内，建筑面积 5 万平方米，总投资 3 亿元。

7. 通州马驹桥物流基地：位于六环路北侧、京津塘高速公路以东，占地 5 平方千米，基础设施总投资 15 亿元。

8. 良乡物流基地：位于房山良乡，京石高速公路以西，占地 3 平方千米，基础设施总投资 9 亿元。

9. 平谷马坊物流基地：位于平谷马坊镇，京平高速公路南侧，占地 3 平方千米，"十一五"期间，着力启动一期 1.3 平方千米基础设施项目，总投资 5 亿元。

10. 延庆京西北大型综合物流区：位于延庆县八达岭工业开发区、王泉营，占地 1.7 平方千米，总投资 2.3 亿元。

11. 西南恒源物流园：位于丰台区王佐镇南岗洼村南，京石高速公路西侧。占地 1 平方千米，建筑面积 70 万平方米，总投资 20 亿元。

12. 北京西南公路货运主枢纽项目：位于房山区良乡西南侧，规划建设综合办公楼及中转仓库 69000 平方米，总投资 1.96 亿元。

13. 京北物流中心（怀柔）：位于怀柔区庙城镇高两河村，占地 1 平方千米，总投资 3 亿元。

单元小结

本单元主要讲述了公路运输方式的基本特征、公路运输的设施及各种运输工具、全国公路运输路线的布局、北京市公路主要运输路线和北京市物流基地布局等。

思考题

一、简答题

1. 公路运输方式有哪些基本特征？
2. 常见的公路运输工具有哪些？
3. 请简要画出全国高速公路的布局图。
4. 请简要画出北京市公路主要运输路线和北京市物流基地布局图。
5. 请简要画出京津冀公路运输通道布局图。

二、实训题

【技能训练目标】

熟悉全国高速公路和国道路线的布局，掌握京津冀公路运输通道布局和北京市内主要运输路线，能够对运输任务安排合理的运输路线。

【技能训练准备】

资料准备：电子地图或纸质地图。

【技能训练练习】

1. 你的家庭所在区县有哪些主要交通线路（高速公路、国道、县级公路）？这些线路途经哪些其他区县？

2. 四川绵阳有 500 台液晶电视要运输到北京亦庄经济开发区，请选择公路运输路线。

【技能训练评价】

公路货物运输运费的计算。技能训练评价表见表 1-8。

表 1-8 技能训练评价表

被考评人				
考评地点				
考评内容	公路运输路线的选择			
考评标准	考评内容	自我评价	教师评价	综合评价
	熟悉主要国道、高速公路			
	能正确选择运输线路			

备注：

单元二　公路运输方案设计与优化

通过本单元的学习，学生应能够掌握运输方案设计与优化的流程，熟悉运输路线的选择方法，掌握确定车辆运行路线与时间的方法，掌握运输成本的构成部分，理解运输成本的影响因素。

（1）确定车辆运行路线的方法。
（2）运输成本的构成部分。
（3）运输成本的影响因素。

（1）能够根据运输任务，依据不同标准选择合适的承运人。
（2）能够运用最短路径法设计运输路线。
（3）能够运用节约里程法优化运输路线。
（4）培养团队协作能力和运输方案设计的职业素质。

公路运输企业在制订具体的物流配送与运输方案时，需要综合考虑多种影响因素，全面比较各种运输路线、车辆运行方式等的差异，进而根据企业的战略目标选择最佳的运输方案，为客户提供优质的物流配送服务。

一般公路运输企业在制订运输方案时，需要分阶段依次选择运输承运人、确定运输路线、车辆运行方式以及货物配载方式等内容，其典型流程如图2-1所示。

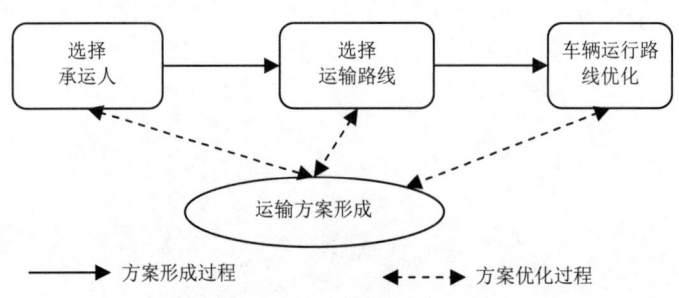

图2-1　运输方案设计与优化流程

在实际的运输方案选择过程中，可能并不需要对上述全部内容进行决策。运输方案的选择并非一次性的，在很多情况下，由于实际情况的变化或其他原因，初步确定的运输方案需要根据新情况进行修订或优化，使之更有利于运输活动的开展，有效地提高物流服务质量，赢得市场竞争力。其优化过程如图2-1的虚线所示。

案例导入

走出高成本低利润困局

1. 佳怡物流简介

佳怡物流1999年创办于山东济南，以公路运输为切入口进入物流业。经过13年的发展，佳怡的业务范围扩展到公路零担运输、公路整车运输、仓储、配送、3PL、物流金融、物流信息技术、物流园区等物流相关产业。于2010年成立佳怡物流企业集团，下设山东佳怡物流、佳怡货运出租、佳怡公路港物流等六家子公司。

目前佳怡集团已成为在全国设立900多家分支机构，拥有车辆2500多辆，员工3000多人，为全国30个省、市、自治区的10万固定客户和120多万的零散客户提供现代物流服务的现代化物流集团。

2. 佳怡物流的主要成本构成

佳怡作为综合型物流企业，其成本主要由运输成本、仓储成本、管理成本三大类构成。运输成本包括支付给承运方（或车辆）的运输费、过路过桥费、油费、税费等，仓储成本包括仓库租赁费、保险费、货物损耗费用、信息及相关服务费用、流通加工费、包装费、税费等，管理成本包括人力成本费、福利费、办公费、培训费、劳动保险费、办公区租赁费、水电费、通信费、交通费等。

3. 物流成本过高的原因

通过对佳怡物流近几年相关成本支出的统计得出，成本过高的原因主要包括以下几个方面：

（1）运输效率低，运输和配送的成本高。这主要是因为运输环节不畅。其主要表现在运输车辆的过路过桥费过高，罚款过多以及配送车辆市区送货难等方面。

与此同时存在运输管理体制不畅，要素分割，公、铁、空、海等运输方式之间不能有效衔接，浪费严重等问题。而转运环节的重复纳税导致运输税负加重，运输的要素成本（如油价、用工等）普遍大幅上涨，这些都加重了企业成本负担。

（2）物流环节合理化程度不高，物流环节比较多。这些环节一般包括运输、仓储、装卸搬运、流通加工、物流信息等活动，各项物流活动所产生的物流成本之间往往是此消彼长的，物流环节的合理化程度直接影响物流成本的高低。

（3）商品保管效率低，仓储成本高。对于以运输起家的佳怡物流来讲，仓库基本都是外包的，近些年因为物流基础设施处于严重短缺状态，所以仓租每年疯涨，造成仓储成本成倍增加。

行业中所存在的契约客户收取运作保证金、延长结款期等，也会导致物流企业资金占用过大，资金的使用效率低。

4. 控制企业成本的措施

（1）运输方面建立运价与成本联动机制。当成本上涨时，运价会对应做出合理的浮动，以确保利润实现；通过与物流分供方建立长期合作关系，来牵引分供方能提供给合理运价和较好服务；优化运输环节，排查各环节中的不合理因素，取消产生浪费的环节，并采取相应的解决措施，包括淘汰年份高、油耗大的运输车辆，更换为性能较好、成本较低的新型车辆；积极探索新的节能运输模式，比如甩挂运输；采取成本节约激励措施，将节约出的成本额拿出一部分奖励相关岗位上的人员，增强员工对成本的节约意识。

（2）实现仓储成本优化，促使人工粗放式的操作逐步向机械化操作转变。从整体上提高效率来进一步降低成本。并探索将平面仓改为立体仓，通过提高仓储利用率来降低成本。面对仓库租金年年疯涨的情况，公司开始在一些核心城市通过购买土地自建仓库的方式，来缓解仓库租金长期疯涨带来的压力。

（3）从管理成本的控制上优化岗位，合理控制编制，以此来有效控制人员数量，节约人工成本。

（资料来源：李静宇.走出高成本低利润困局[J]. 中国储运，2012（7）:47-48，有删减）

项目一　选择承运人

承运人是承担运输责任的、有独立民事责任的自然人或者法人。承运人一般是运输合同的乙方，甲方为托运人。托运人就是要求承运人运送货物的自然人或者法人，托运人可以是货物的买方（收货人）或者卖方（发货人）。

一般来说，在货运合同中，承运人的责任主要是保证所运输的货物能按时、安全地抵达目的地。因此，承运人应对货物在运输过程中发生的货物灭失、短少、污染、损坏等负责。一旦发生此种情况，应按实际损失给予赔偿。这种损失必须发生在承运人的责任期间内。承运人的责任期间一般是从货物由托运人交付承运人时起，至货物由承运人交付收货人为止。法律有特别规定或当事人有特别约定的除外。在这段责任期间内，承运人应承担货物损失的责任。只有在损失是由于不可抗力、货物本身的自然性质或合理损耗、托运人或收货人的过错等原因造成的情况下，承运人才可以免责。

只要运输业没有垄断存在，托运人或货主就会在市场上面临众多不同的运输服务商（承运人），需要对承运人作出选择。在运输成本与服务质量平衡的情况下选择合适的承运人，不仅可以降低企业在运输活动上的投资，使企业将更多精力放在其核心业务上，而且能够充分发挥运输企业的专长和对资源的运用，从而降低成本和风险。

不同的客户对运输服务和承运人的要求是不同的，可以通过对相关因素的分析来考虑运输服务商的选取。在运费相同的情况下，更好的运输服务总是客户所期望得到的。因此，服务质量往往成为客户选择运输服务商的首要标准。

选择承运人的具体流程如图2-2所示。

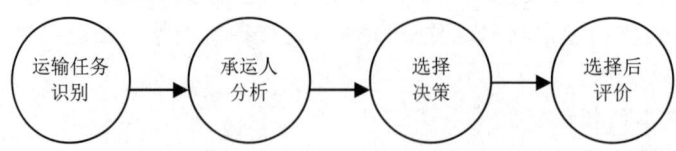

图2-2　承运人选择程序

任务1 运输任务识别

运输任务识别流程如下：

（1）确定运输活动发生的范围，选择经营领域覆盖此范围的承运人。

（2）通过分析货物的性质和特征，运送体积的大小、运送的频率及时间要求，可以将其分为整车运输、零担运输、危险品运输、冷链运输等，从而可以选择专于某方面运输的承运人。

任务2 承运人分析

委托运输即运输外包，是企业实现经营目标的重要手段。而承运商的选择与运输任务能否完成，运输服务目标以及企业经营目标能否实现息息相关。虽然某一运输方式下，大多数承运商的运价和服务是相似的，但其服务水平却会存在很大的差异，可以利用服务水平指标对承运商进行选择和考核。承运商的服务水平可以通过运输时间、运输可靠性、运输能力、可接近性、安全性等指标来衡量。

（1）运输时间。运输时间指从托运人准备托运商品到承运人将商品完好地移交给收货人之间的时间间隔。其中包括接货与送货、中转搬运和起讫点间运输所需要的时间。

（2）运输可靠性。运输可靠性指承运人的运送时间的稳定性。运输时间与运输可靠性影响着企业的库存和缺货损失。运送时间越短、可靠性越高，所需的库存水平越低。但如果没有可靠性作保证，运送时间再短也是毫无意义的。因为运送时间不稳定，就会增加企业的额外库存，以防止由此而产生的缺货损失。

（3）运输能力。运输能力指承运人提供运输特殊商品所需要的运输工具与设备的能力。截至2014年末，全国拥有公路营运汽车1537.93万辆，其中载货汽车1453.36万辆、10292.47万吨位，数量比上年末分别增长2.4%和7.1%。其中普通货车1091.32万辆、5241.45万吨位，专用货车45.58万辆、490.59万吨位。

（4）可接近性。可接近性指承运人为企业运输网络提供服务的能力，即承运人接近企业物流节点的能力。运输能力与可接近性决定了一个特定的承运人是否能够提供理想的运输服务。

（5）安全性。安全性指商品在到达目的地的状态与开始托运的状态相同。若商品在运输过程中不能保证其安全，不论是商品的丢失还是损坏，都对企业不利，因而承运人具有保证商品安全抵达的能力，也是选择承运人的重要因素。

▲相关知识

运输市场的构成和分类

一、运输市场的构成

运输需求和运输供给构成了运输市场，狭义的运输市场是指运输劳务交换的场所，该场所为货主、旅客、运输业者、运输代理者提供交易的空间。广义的运输市场则包括运输参与各方在交易中所产生的经济活动和经济关系的总和，即运输市场不仅是运输劳务交换的场所，还包括运输活动的参与者之间、运输部门与其他部门之间的经济关系。

运输市场是多层次、多要素的集合体，其主要有下述组成部分。

1. 需求方

需求方包括各种经济成分的客货运输需求单位和个人，如托运人和收货人。托运人一般是被托运货物的卖方，收货人通常是买方，两者都是运输市场运输服务的购买者。在规定时间内以最低的成本将货物从起始地转移到目的地，是托运人和收货人的共同目的。运输服务中应包括具体的提取货物和交付货物的时间、预计转移的时间、货物破损率以及精确与适时地交换装运信息和签发单证等工作。

2. 供给方

供给方包括提供客货运输服务的各种运输方式的运输业者，即承运人。在我国有部属运输企业、地方国营运输企业、集体运输企业、外资运输企业、个体运输户等，有时供给方还包括运输业者的行业协会、公会或类似组织。

承运人作为运输市场上运输服务的提供者，期望以最低的成本提供所需的运输服务，同时获得最大的运输收入。也就是说，承运人须尽量使转移货物所消耗的劳动、燃料和运输工具成本最低，同时又要按照托运人（或收货人）所愿意支付的最高费率收取运费。为获取最大利润，承运人期望在提取和交付时间上能有灵活性，以便于将个别的装运整合成经济运输批量，进行集中运输。

3. 中介方

中介方包括在运输需求和供给双方之间穿针引线，提供服务的各种客货代理企业、经纪人和信息服务公司等。

4. 政府

运输作为一种特殊的服务商品，涉及面广，难以控制，常受到政府的干预，政府在运输市场中扮演重要角色。政府代表国家，即一般公众利益对运输市场进行调控，包括工商、财政、税务、物价、金融、公安、监理、城建、标准、仲裁等机构和各级交通运输管理部门。

5. 公众

与大多数商品买卖不同，因为运输和环境密切相关，随着公众环保意识的增强，运输决策也常受到公众的影响。作为直接参与者的公众关注运输的可得性、费用和效果，而没有直接参与的公众也关心环境上和安全上的问题。

综上，在运输市场中，需求方、供给方、中介方三个要素直接从事客货运输活动，属于行为主体，政府和公众作为参与者也对运输活动产生重要影响，如图2-3所示。

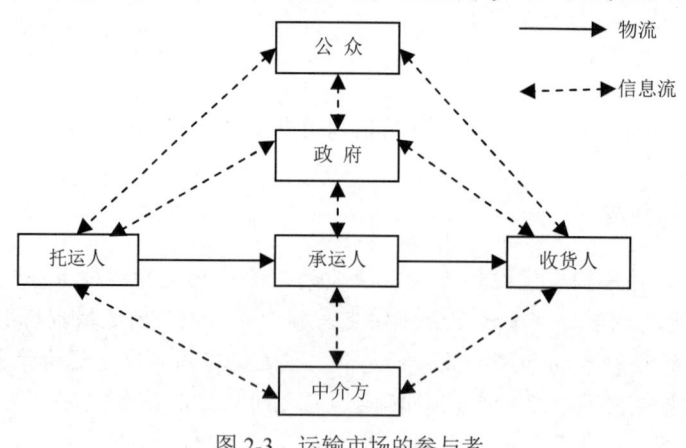

图2-3 运输市场的参与者

二、运输市场的分类

运输市场按照不同的标准,可以划分不同的类别。

(1) 按运输市场涉及的运输方式,可分为某种方式的运输市场,如铁路运输市场、公路运输市场、航空运输市场、水运运输市场等。

(2) 按照运输距离的远近,可分为短途、中途和长途运输市场等;也可按运输市场的空间范围,分为地方运输市场、跨区域运输市场和国际运输市场等。

(3) 按运输市场与城乡的关系,可分为市内运输市场、城市间运输市场、农村运输市场和城乡运输市场等。

(4) 按运输市场的客体(对象)结构,可分为基本市场和相关市场两类。基本市场分为客运市场、货运市场、装卸搬运市场三种;相关市场分为运输设备租赁市场、运输设备修造市场、运输设备拆卸市场等类型。

货运市场按照运输条件分为一般货物运输市场和特种货物运输市场。一般货物运输市场可分为干货运输市场、散货运输市场、杂货运输市场、集装箱运输市场。散货运输市场再细分为煤炭运输市场、粮食运输市场、钢铁运输市场、油品运输市场等。特种货物运输市场可分为大件运输市场、危禁货物运输市场、冷藏运输市场、搬家运输市场等。

(5) 按运输市场的竞争性,可以分为垄断运输市场、竞争运输市场、垄断竞争运输市场以及寡头垄断运输市场等。这种分类是针对特定时间、地点等条件而言的,比如有的运输企业在一些地区是垄断的,在另外一些地区则可能是竞争的。有的运输市场(如航空运输)的进入需要大量投资,运输供给方实力雄厚,数量有限,因而形成的是寡头垄断运输市场,而公路运输对资金的要求较低,运输供给方众多,形成的是竞争运输市场。

(6) 按时间要求可分为定期运输市场、不定期运输市场、快捷运输市场等。

另外,根据运输市场需求方和供给方的相对地位和讨价还价能力,可分为买方运输市场和卖方运输市场;按照运输需求是否有弹性划可分为有弹性的运输市场和缺乏弹性的运输市场。

上述分类往往还可以交叉进行,如短途客运市场、水运长途客运市场、水运散货运输市场、公路市内货运市场、铁路煤炭运输市场等。

 小贴士

选择承运人的相关指标

不同的企业对承运人有不同的要求,下面是涉及的相关指标:
(1) 承运商的规模(设施、设备、人员数量)。
(2) 承运商的财务状况(资产、负债、盈利能力)。
(3) 承运商的业务范围(本地、国内、国外)。
(4) 承运商在行业中的声誉(评价、荣誉证书)。
(5) 承运商的运输覆盖网络(公路、铁路、航空、海运)。
(6) 货物的安全性(货损货差率低)。
(7) 承运商的服务时效性(时间和速度)。

（8）承运商的服务价格（费率）。

（9）承运商的物流信息化水平（对货物进行信息化跟踪管理）。

（10）承运商是否通过质量认证体系。

（11）承运商的运输能力（车型、吨位、数量）。

（12）承运商的仓储能力（仓库分布、面积）。

（13）承运商对顾客的投诉处理能力（能否令顾客满意）。

（14）承运商管理人员的素质（招聘方式、学历、技能证书）。

（15）承运商是否对运输人员进行培训（技术培训、安全教育）。

（16）承运商事故处理能力（及时、迅速、高效，令人满意）。

运输时间的可靠性、运输成本、总运输时间、愿意协商的成本、财务稳定程度是选择承运人的五个最重要的指标。

任务3 选择决策

选择运输服务商的方法主要有运输价格比较、运输质量比较、服务理念比较、综合选择。

1. 运输价格比较

价格一直是各个行业的一个最简便也很有效的竞争手段。随着竞争变得越来越激烈，对于某些货物来说，不同运输服务商提供的服务质量已近乎相同，因此运价很容易成为各服务商的最后竞争手段。因此，客户在选择时，如面对几乎相同的服务质量，或有些客户对服务质量要求不太高时，运输价格就成为另一个重要的决策准则。

▲小案例

根据《广西收费公路载货类汽车计重收费实施方案》，从2010年1月1日起在全区收费公路全面推行实施计重收费。该方案的实施，将对公路运输行业产生重大影响，对运输企业的运输方案也会产生重大影响。以联运分公司从防城港拉运废钢到柳钢为例，测算合理的载重量，距离约409千米，车型为6×4牵引车与三轴半挂车组合，属6轴货车，车辆自重约20吨，计算如何装载货物。

根据计重收费进行综合分析（具体过程略）：在车货总重一定的情况下，高速公路通行费用为定量，因此为了获得更大装载量，在满足载重要求的前提下车辆自重越轻越经济；满载行程在运价较低（80元/吨）时，即可获得利润，但若是单程货运输，则在较高运价（111.5元/吨以上）时才可获得利润，因此。为了提高竞争力和获取更大利润，应以双程货物运输为主；在运价一定时，高速公路通行费用对货物重量非常敏感，装载量必须为最佳装载量才能获得最大利润，因此对装载工作要求很高；在市场运价合理上涨的情况下，车和货的最佳总重为71.5~80吨，货物重量为51.5~60吨，相对于原来动辄载货90~100吨而言，车辆载重有了大幅度下降，对车辆低速重载的要求发生了根本性转变，同时，车辆的经济行驶速度也可大幅度提高，因此可通过选择合适的车型来提高速度和效率。

（资料来源：闫祖继.计重收费对运输方案和车型选择的影响及应对措施[J].物流技术与应用（货运车辆），2009（4）：82-83.）

2. 运输质量比较

运输体现的最重要的价值就是位移。如果运输保管不当，就会对货物质量产生影响，降低或使其失去原有的价值。因此，客户在选择运输服务商时，会将运输质量作为一个最重要的因素来考虑。公路运输中客户通常要考虑以下因素：

（1）该运输公司提供的运输工具，如车型、车龄、新旧程度等。

（2）该公司所雇佣的装卸公司的服务质量。货物在装卸过程中是最容易造成货损、货差的，因此，装卸工人的服务质量会直接影响到货物的运输质量。

（3）该公司员工的经验及工作责任心。员工具有丰富的经验及专业技能是保证货物安全运输的首要条件，而这可由该公司的安全准确率来反映，员工除了完成运输任务外，还承担着照料货物的责任，因此，从员工对订单的处理、货物装载绑扎，运输途中根据货物的性质和运输要求进行通风或温度控制，到卸货时的照料都影响着货物的运输质量。

（4）该公司的货物运输控制流程。良好的运输控制流程将保证货物可以及时准确地被发运、转运和卸载，减少货物的灭失、错卸、短卸、溢卸以及错误交付等，从而保证服务质量。

3. 服务理念比较

随着服务商运输质量的提高，客户对服务的要求也越来越高，因此客户在选择运输服务商时还会考虑其服务理念。

（1）运输的准班率。较高的准班率可以方便客户对货物的库存和发运进行控制，当然也为安排其接运等提供了便利。

（2）发车的时间间隔、发车密度等。合理的间隔同样将方便客户选择托运的时间及发货的密度等。

（3）单证的准确率。票据、提单、发票等单证在打印、传递、送达、电传等方面差错率低。

（4）信息查询的方便程度。不同的服务商除了提供运输以外还在附加服务上进行投入，如价格查询、航班查询以及货物跟踪等服务。

（5）货运纠纷的处理。无论服务商如何提高运输质量，改进服务水平，货运纠纷都难免会发生，发生后如何处理是客户所关心的。

由于运输技术及运输工具的发展，目前各运输服务商之间的运输质量差异正在缩小，而为了吸引客户，服务商不断更新服务理念，以求与其他服务商有服务差异，为客户提供附加值高的服务，从而稳定自己的市场份额，增强竞争力。这也就为客户选择不同的服务商提供了更多空间，客户可以根据自己的需求确定选择目标。

4. 综合选择

一般而言，很多客户在选择运输服务商时会综合考虑多种因素。如同时考虑服务质量和运输价格，以及服务商的品牌、经济实力、服务商的服务网点数量等。如果用公式表示，则为

$$S = K_1 Q / K_2 P + K_3 B + K_4 C + K_5 N + \cdots + K_n O$$

式中，S 为综合因素；K_n 为不同因素的权数，$n=1，2，3，\cdots$；Q 为服务质量；P 为运输价格；B 为运输服务商的品牌；C 为运输服务商的总资产状况；N 为运输服务商的网点数；O 为其他因素。

客户可以根据自身的不同需要，调整不同因素的权数，然后作出决策。

任务4 选择后评价

企业作出选择之后，还必须制定评估机制来评价承运人的表现。评估技术有成本研究、审计、适时运输和服务性能的记录等。

跨国物流企业对区域集卡运输商的评价指标体系

在供应链条件下,跨国物流企业是物流信息的交换中心和物流作业的指挥中心。区域集卡运输商只是一个操作者,是跨国物流企业的运输服务供应商之一,接受跨国物流企业的指派,为跨国核心企业提供区域运输服务,如图2-4所示。

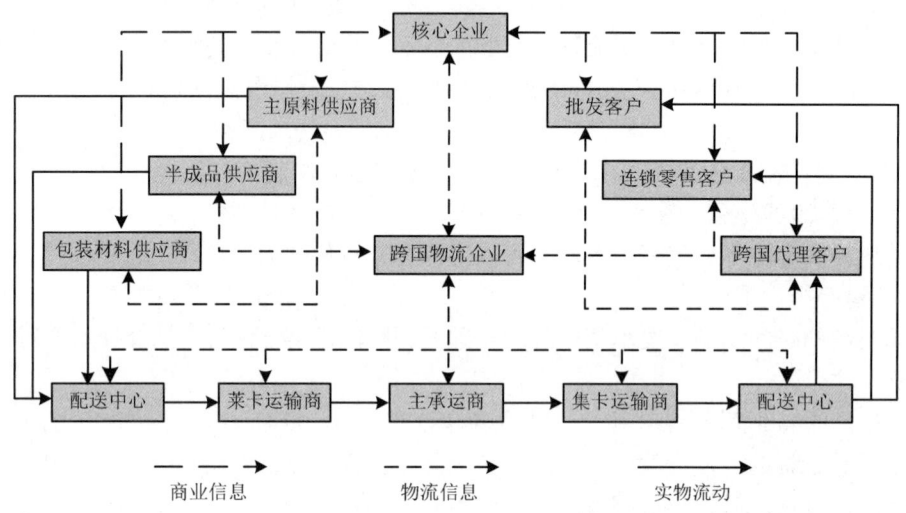

图2-4 跨国物流运作框架图

由于我国各地区域集卡运输企业数量众多,良莠不齐,为保证其对核心企业的服务质量,跨国物流企业对区域集卡运输商的选择十分慎重。其建立了一系列的评价标准和筛选制度,来鉴别这些区域集卡运输商的服务能力和水平,从而决定是否与这些企业签订相对长期的服务外包协议以及确定具体协议的内容。跨国物流企业对区域集卡运输商的评价指标体系主要涉及影响供应链合作关系的十个方面,如图2-5所示。

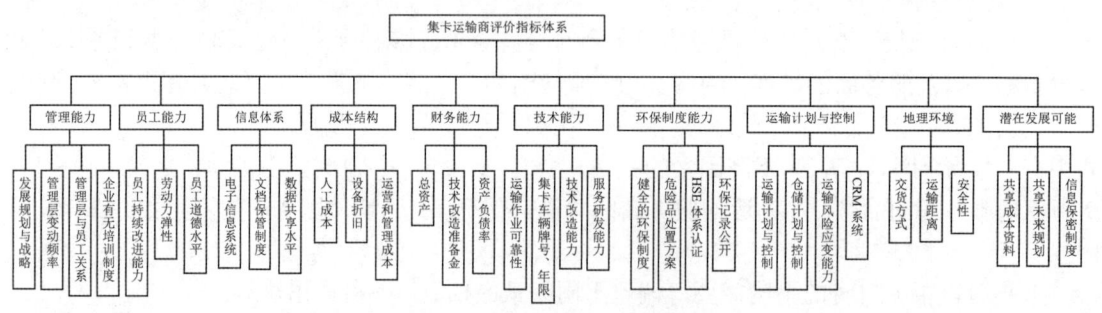

图2-5 运输商评价指标体系

(资料来源:毛小劼,赵一飞.跨国物流企业对区域集卡运输服务商的选择[J].集装箱化,2007(6):35-37,有删减)

▲小案例

新疆金豹物流的前身是富蕴金豹运输有限责任公司。2001年成立于富蕴，最先服务于金宝矿业，2006年获得八钢蒙库矿业运输合同，2007年进入乌鲁木齐，2009年进入哈密地区。公司自有车47辆，挂靠车300多辆。2009年注册新疆金豹物流，完成总部向乌鲁木齐的转移。

富蕴县位于新疆维吾尔自治区北部，因"天富蕴藏"而得名，素有"天然矿产博物馆"之称。县境内矿种齐全，已发现矿种100余种。近几年来，随着工矿业的蓬勃发展，富蕴围绕着矿产品的运输事业也得到了长足发展。

富蕴矿产口运输上的问题也伴随着发展接踵而来，集中表现在运价的合理性上。由于矿山企业从自身降低成本的角度出发，矿产品的运输价格一直处于偏低状态，而新疆的运输公司过度分散、过度竞争的状况造成了在价格协商中的甲方一边倒的强势局面。扣除税收之后司机几乎无利可言，有的甚全是亏本运营。在这种情况下，司机不得不采取超载、绕过收费站等非法手段来维持生计，更大的考验还在于，由于富蕴地区的运出货量远远大于运进货量，所以几乎找不到回头货。在深入研究了富蕴地区的运输状况后，金豹参考其他国家行业和地区的先进运输方案，提出了车背车的运行方案。

金豹的回程组合方案与普通的车辆互背方案有所不同。金豹与中集共同为该方案专门设计了专用半挂车。采用特殊材料和外形设计，使一长一短的车辆组合后完全容纳于长车车厢内，完全符合国家运输法规的要求：不超高、不超长、不超限。挂车和牵引车的配置选择和设计经过多次实验和更改，综合考虑承载受力分布和自重影响，并能达到最大的载货经济性和持久性。在组合固定上考虑了纵向和横向的力学稳定性，对安全性进行了多次实验论证。

金豹的回程组合方案具有以下优势。一是可以节能减排，有益环境，符合国家政策。二是自重轻，载货量大。由于独特的设计，单车的自重不到13吨，在不超载的前提下，可载货42吨以上，比普通同类型车辆提高了10%以上。三是费用低。由于回程双车组合，明显降低了油费、过路费、轮胎费用等，司机的工资成本由于更少的司驾人员而降低。四是组合效率高。双车组合和拆分仅需要20分钟，完全不受回程货装卸时间的限制。五是低油耗，低轮胎费用。特殊的设计使车辆的油耗和轮胎费用明显低于同类型车辆。

（资料来源：沈翔.专线运输双车回程组合运输方案[J].物流技术与应用（货运车辆），2010（3）：88）

▲延伸阅读

运输企业的界定和评估指标

1. 物流企业的概念

国内外对物流企业的定义尚无统一规范。根据2013年修订的国家标准《物流企业分类与评估指标》（GB/T 19680—2013）的界定，物流企业（logistics enterprise）是指，至少从事运输（含运输代理、货物快递）或仓储一种经营业务，并能够按照客户物流需求对运输、储存、装卸、包装、流通加工、配送等基本功能进行组织和管理，具有与自身业务相适应的信息管理系统，实行独立核算、独立承担民事责任的经济组织。

从物流企业的定义中，可以了解其内涵和特征具体如下：

（1）物流企业是国民经济流通产业的细胞，是具有健全机能和旺盛生命力的机体。

（2）物流企业是在市场经济的运行和发展中，专门从事与实体商品交换活动有关的各种经济活动的经济组织。

（3）物流企业为维系生存和发展，具有自身的利益驱动机制。

（4）物流企业是具有流通服务职能、平等参与竞争、享有合法权益的法人。

2. 运输型物流企业

企业分类的依据和方法都可以应用于物流企业。在《物流企业分类与评估指标》中，根据物流企业以某项服务功能为主要特征，并向物流服务其他功能延伸的不同状况，将物流企业分成运输型物流企业、仓储型物流企业和综合服务型物流企业三类。

运输型物流企业应同时符合以下要求：

（1）以从事货物运输业务为主，包括货物快递服务或运输代理服务，具备一定规模。

（2）可以提供门到门运输、门到站运输、站到门运输、站到站运输服务和其他物流服务。

（3）企业自有一定数量的运输设备。

（4）具备网络化信息服务功能，应用信息系统可对运输货物进行状态查询、监控。

对于具备一定综合水平的三种类型的企业，按照不同评估指标分为AAAAA、AAAA、AAA、AA、A五个等级，AAAAA级最高，依次降低。运输型物流企业评估指标见表2-1。

表2-1 运输型物流企业评估指标

评估指标		级别				
		AAAAA级	AAAA级	AAA级	AA级	A级
经营状况	1. 年货运营业收入/元*	15亿以上	3亿以上	6000万以上	1000万以上	300万以上
	2. 营业时间*	3年以上	2年以上		1年以上	
资产	3. 资产总额/元*	10亿以上	2亿以上	4000万以上	800万以上	300万以上
	4. 资产负债率*	不高于70%				
设备设施	5. 自有货运车辆/辆*（或总载重量/吨）*	1500以上（7500以上）	400以上（2000以上）	150以上（750以上）	80以上（400以上）	30以上（150以上）
	6. 运营网点/个	50以上	30以上	15以上	10以上	5以上
管理及服务	7. 管理制度	有健全的经营、财务、统计、安全、技术等机构和相应的管理制度				
	8. 质量管理*	通过ISO 9001：2000质量管理体系认证				
	9. 业务辐射面*	国际范围	全国范围	跨省区	省内范围	
	10 顾客投诉率（或顾客满意度）	≤0.05%（≥98%）	≤0.1%（≥95%）		≤0.5%（≥90%）	
人员素质	11. 中高层管理人员*	80%以上具有大专以上学历或行业组织物流师认证	60%以上具有大专以上学历或行业组织物流师认证		30%以上具有大专以上学历或行业组织物流师认证	
	12. 业务人员	60%以上具有中等以上学历或专业资格	50%以上具有中等以上学历或专业资格		30%以上具有中等以上学历或专业资格	

续表

评估指标		级别				
		AAAAA 级	AAAA 级	AAA 级	AA 级	A 级
信息化水平	13. 网络系统*	货运经营业务信息全部网络化管理			物流经营业务信息部分网络化管理	
	14. 电子单证管理	90%以上	70%以上		50%以上	
	15. 货物跟踪*	90%以上	70%以上		50%以上	
	16. 客户查询*	建立自动查询和人工查询系统			建立人工查询系统	

注：①标注*的指标为企业达到评估等级的必备指标项目，其他为参考指标项目。
②货运营业收入包括货物运输收入、运输代理收入和货物快递收入三部分。
③运营网点是指在经营覆盖范围内，由本企业自行设立、可以承接并完成企业基本业务的分支机构。
④顾客投诉率是指在年度周期内客户对不满意业务的投诉总量与企业业务总量的比率。
⑤顾客满意度是指在年度周期内企业对顾客满意情况的调查统计。

 小贴士

A 级物流企业

依据《物流企业分类与评估指标》（GB/T 19680—2013），按照《物流企业综合评估暂行办法》《物流企业综合评估申报与审核暂行办法》的有关规定，我国 A 级物流企业数量从第一批的 26 家（其中 5A 级 9 家）增加至第二十批的 335 家（其中 5A 级 18 家）。

截至 2015 年底，我国 A 级物流企业总数已有 3500 多家。其中 5A 级企业 214 家，参与评估的物流企业覆盖面不断扩大，物流企业参与积极性也不断提高，具有标杆作用的领先物流企业群体不断成长壮大。

审核达到 5A 级标准的运输型物流企业如下：中国远洋物流有限公司、中海集团物流有限公司、中铁快运股份有限公司、远成集团有限公司、安吉天地汽车物流有限公司、中国外运集团、顺丰速运（集团）有限公司、江苏苏宁物流有限公司、山西汽车运输集团有限公司、中都物流有限公司、中集现代物流发展有限公司、广州风神物流有限公司等。

项目二　运输路线选择

运输路线的选择影响运输设备和运输人员的有效利用，正确地确定运输路线，可以降低运输成本。因此，运输路线的选择在运输决策中是一个重要领域。

按照运输路线选择的实际顺序，主要包含三个步骤：首先是确定运输路线的类型，其次是按照路线类型选择相应的算法，最后根据路线优化算法进行计算并求得最优路线。具体流程如图 2-6 所示。

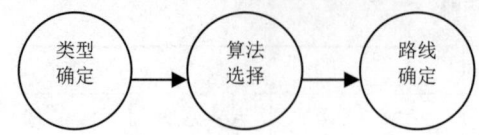

图 2-6 运输路线选择程序

任务 1　确定运输路线类型

在实际的物流运输过程中，按照起讫点之间关系的不同，运输路线会有不同的类型。每种类型下，运输路线选择与优化的方法不尽相同。因而，运输路线选择与优化的第一步自然是确实其类型。经过归纳，可以将运输路线分为以下几个类型：

（1）起讫点不同的运输路线。

（2）起讫点重合的运输路线。

（3）多起讫点的运输路线。

任务 2　运输路线的确定

1. 起讫点不同的单一问题

对分离的、单个始发点和终点的网络运输路线选择问题，最简单和直观的方法是最短路线法。它对于解决起讫点不同的单一问题的决策很有效。网络由节点和线组成，点与点之间由线连接，线代表点与点之间运行的成本（距离、时间或时间和距离加权的组合）。初始，除始发点外，所有节点都被认为是未解的，即均未确定是否在选定的运输路线上。始发点作为已解的点，计算从原点开始。计算方法如下：

（1）第 n 次迭代的目标。寻求第 n 次最近始发点的节点，重复 $n=1$，2，…，直到最近的节点是终点为止。

（2）第 n 次迭代的输入值。$(n-1)$ 个最近始发点的节点是由以前的迭代根据离始发点最短路线和距离计算而得的。这些节点以及始发点称为已解的节点，其余的节点是尚未解的点。

（3）第 n 个最近节点的候选点。每个已解的节点由线路分支通向一个或多个尚未解的节点，这些未解的节点中有一个以最短路线分支连接的是候选点。

（4）第 n 个最近的节点的计算。将每个已解节点及其候选点之间的距离和从始发点到该已解节点之间的距离加起来，总距离最短的候选点即是第 n 个最近的节点，也就是始发点到达该点最短距离的路径。

▲小案例

最短路线法举例

图 2-7 所示的是一张高速公路网示意图，其中 A 是始发点，J 是终点，B、C、D、E、F、G、H、I 是网络中的节点，节点与节点之间以线路连接，线路上标明了两个节点之间的距离，以运行时间（分钟）表示。要求确定一条从原点 A 到终点 J 的最短运输路线。

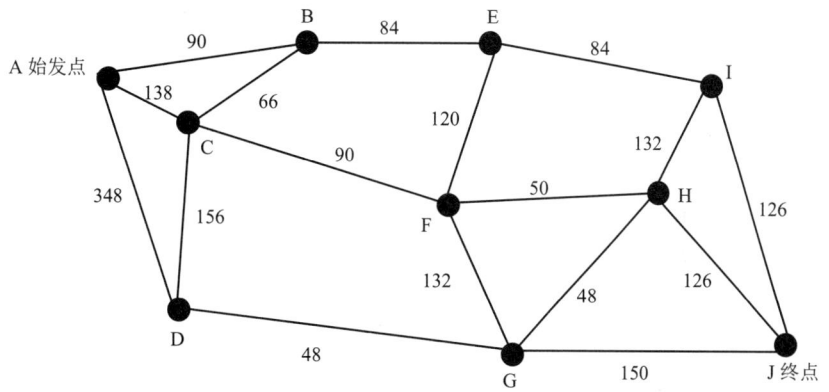

图 2-7 高速公路网络示意图

求解过程见表 2-2。

表 2-2 最短路线方法计算表

步骤	直接连接到未解节点的已解节点	与其直接连接的未解节点	相关总成本	第 n 个最近节点	最小成本	最新连接
1	A	B	90	B	90	AB*
2	A B	C C	138 90+66=156	C	138	AC
3	A B	D E	348 90+84=174	E	174	BE*
4	A C E	D F I	348 138+90=228 174+84=258	F	228	CF
5	A C E F	D D I H	348 138+156=294 174+84=258 228+60=288	I	258	EI*
6	A C F I	K K H J	348 138+156=294 228+60=288 258+126=384	H	288	FH
7	A C F J I	D D G G J	348 138+156=294 228+132=360 288+48=336 258+126=384	D	294	CD
8	H I	J J	288+126=414 258+126=384	J	384	IJ*

注：*号表示最小成本线。

在表 2-2 中，第一个已解的节点就是起点 A。与 A 点直接连接的未解的节点有 B、C 和 D 点。第一步，我们可以看到 B 点是距 A 点最近的节点，记为 AB。由于 B 点是唯一选择，所以它成为已解的节点。

随后，找出距 A 点和 B 点最近的未解的节点。只要列出距各个已解的节点最近的连接点，我们有 A—C，B—C，记为第二步。注意从起点通过已解的节点到某一节点所需的时间应该等于到达这个已解节点的最短时间加上已解节点之间的时间，也就是说，从 A 点经过 B 点到达 C 点的距离为 AB+BC=90+66=156 分钟，而从 A 点直达 C 点的时间为 138 分钟。现在 C 点也成了已解的节点。第三次迭代要找到与各已解节点直接连接的最近的未解节点。表 2-2 上，有三个候选点，从起点到这三个候选点 D、E、F 所需的时间，相应为 348 分钟、174 分钟、228 分钟，其中连接 BE 的时间最短，为 174 分钟，因此 E 点就是第三次迭代的结果。

重复上述过程直到到达终点 J，即第八步。最小的路线时间是 384 分钟，连线在表 2-2 上以（*）符号标出，最优路线为 A—B—E—I—J。

2. 起讫点重合的问题

物流管理人员经常遇到的一个路线选择问题是始发点就是终点的路线选择，即起点和终点是重合的。这类问题通常在运输工具是私人所有的情况下发生，例如，配送车辆从仓库送货至零售点，然后返回仓库，再重新装货；当地的配送车辆从零售店送货至顾客，再返回；接送孩子上学的校车的运行路线；送报车辆的运行路线；垃圾收集车辆的运行路线等。这类问题求解的目标是寻求访问各点的次序，以求运行时间或距离最小化。始发点和终点相重合的路线选择问题通常被称为"旅行推销员"问题，对于这类问题，用经验试探法比较有效。

经验告诉我们，当运行路线不发生交叉时，经过各停留点的次序是合理的，同时，如有可能应尽量使运行路线形成菱形。图 2-8 所示是通过各点的运输路线示意图，其中图 2-7（a）是不合理的运输路线，图 2-8（b）是合理的运输路线。根据上述两项原则，物流管理人员可以很快画出一张路线图，而如用电子计算机计算反而需要花费好几个小时。当然如果点与点之间的空间关系并不真正代表其运行时间或距离（如有路障、单行道路、交通拥挤等），则使用电子计算机寻求路线上的停留点的合理次序更为方便。

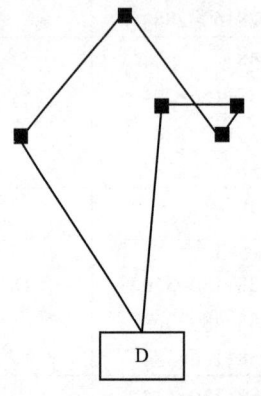 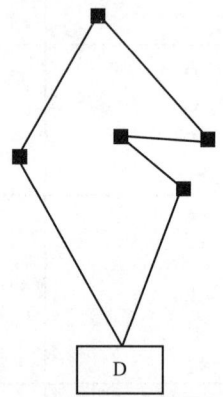

（a）通过各点的运动路线示意图　　　　（b）合理的运动路线

图 2-8　运输路线示意图

3. 多起运点问题的决策

如果有多个货源地服务于多个目的地，那么我们面临的问题是，要指定各目的地的供货地，同时要找到供货地、目的地之间的最佳路径。该问题经常发生在多个供应商、工厂或仓库服务于多个客户的情况下。如果各供货地能够满足的需求数量有限，则问题会更为复杂。解决这类问题常常可以运用一类特殊的线性规划算法，即运输路线图上作业法。

（1）不含回路的图上作业方案。运输路线上不含回路，方法比较简单。从各个端点开始，按"各端供需归邻站"的原则进行调配，如图2-9所示。在图中，有4个起运站①、③、⑥、⑧，供应量分别为7、8、6、4；另有4个目的地（运输终点）②、④、⑤、⑦，需求量分别为2、8、7、8。圆圈内的数字表示站号，圆圈旁的数字表示供需量。其中有负号的数字表示需求量，不带负号的数字表示供应量。为了便于观察对流现象，我们把流向箭头统一画在右旁。箭头旁标出的带括号的数字表示调运量。从端点①开始，把7个单位的物资供给②，②尚余两个单位，再供应给③；端点④的8个单位物资由③供给，③尚余5个单位，供给⑤；端点⑧的4个单位供给⑥，⑦的8个单位由⑥供给，⑥尚余2个单位供给⑤。这样就得出一个最优调运方案。

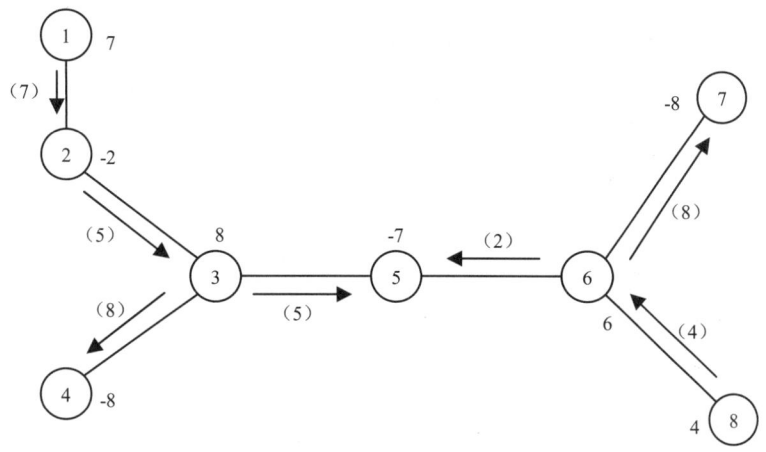

图2-9 不含回路的调运方案

（2）含有回路的图上作业方案。运输路线中有回路，可以分三步逐渐求解，直到求得最优方案。

第一步，在每个回路中，去掉一段路线，变成不含回路的情况，按上述方法做出调运方案。

第二步，检查有无迂回现象。因为流向画在道路右旁，所以圈内圈外都画有一些流向。分别检查每个回路，如果圈内和圈外流向的总长度都不超过回路总长度的一半，那么这个回路上就没有迂回现象了，这个方案就是最优方案。否则转第三步。

第三步，改变原来的去段和破圈方式，转第二步，如图2-10所示。

在图中，由①、②、③、⑤、⑥、⑦组成的回路中，去掉①至⑦的线路，在由④、⑧、⑥、⑤、③组成的回路中，去掉④到⑧的路线，便与图2-9的情况一样了。由此可以得出类似的调运方案。图中各路线旁的不带括号的数字表示两点间的距离。

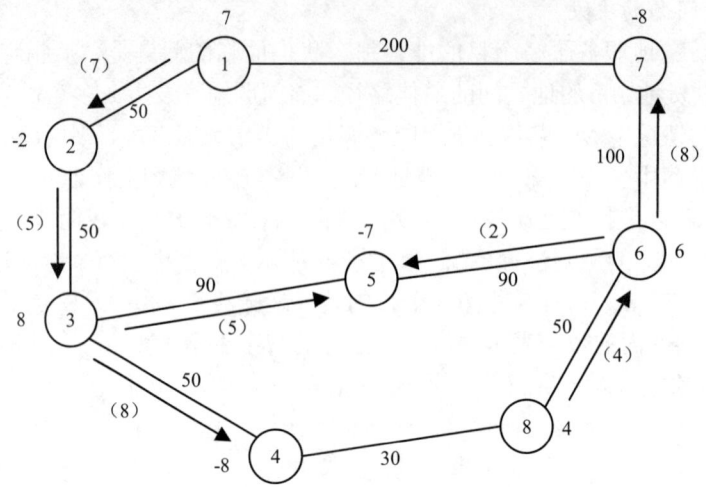

图 2-10　含有回路的调运方案

在图 2-10 上部的回路中，总长度为 580，调运方案外圈总长度为 50+50+90+100=290，内圈总长度为 90，均不超过回路总长度的一半。而在图下部的一个回路中，回路总长度为 310，而外圈总长度为 50+90+50=190，大于回路总长度的一半所以此方案不是最优方案，应当进行调整。我们去掉①到⑦、⑤到⑥之间的路线，运输道路也不含回路了。按前面的办法，可做出调运方案，如图 2-11 所示。

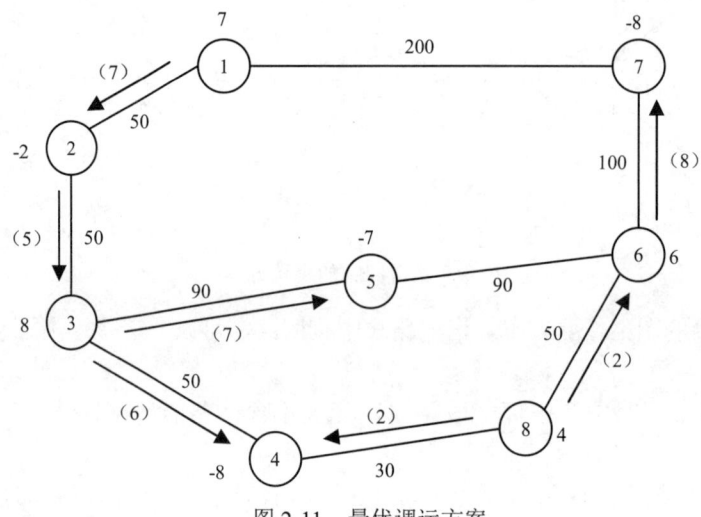

图 2-11　最优调运方案

 小贴士

运输路线图上作业法

若是运力安排得不合理，则常会出现两种浪费现象，一种是对流现象，另一种是迂回现象。对流，就是在一段路线上有同一种物品往返在运输；迂回，就是成圈（构成回路）的道路上，从

一点到另一点有两条路可以走，一条是小半圈，一条是大半圈，如果选择的路线的距离大于全回路程的一半，则就是迂回现象。图上作业法可以帮助我们避免对流和迂回现象。运用线型规划理论可以证明，一个运输方案，如果没有对流和迂回现象，就是一个运力最省的最优方案。

项目三　运行路线优化

运输路线规划的目的是将货物在准确的时间，以正确的数量和所要求的质量，以最佳的成本送至正确的客户处。在运输配送线路优化中，需根据运输企业自身特点、不同客户群的要求和道路状况等因素，选择不同的线路优化方法，适时适当地利用现有运输工具，达到运输时间、运输距离或运输成本最优的目的。

任务1　路线优化的原则和影响因素

1. 运行路线的优化原则

每一种路线规划方案都适用相同的路线优化原则：
（1）规划的总路线尽可能短。
（2）通过选择相应的道路缩短行驶时间。
（3）通过选择正确的车辆，尽可能提高车辆利用率。
（4）符合逻辑且保证交通运输安全的装车规划。
（5）避免规划错误，例如送货错误等。
（6）提升客户服务质量。
（7）将成本最小化作为路线规划的最高目标。

如今的趋势是将路线规划与移动通信和卫星导航结合到一起，由此可以使调度员在很短时间内与司机取得直接联系，以便在出现堵车，需要额外取货时进行最新的路线变更。

2. 运行路线优化的影响因素

在运输过程中，影响运输效果的因素主要分成两种：一是动态因素，如车流量的变化、道路施工、配送客户的变动、可供调动的车辆变动等；二是静态因素，如客户的分布区域、道路交通网络、车辆运行限制等。各种因素相互影响，很容易造成送货不及时、运输路线选择不当的现象。一个核心难题就是求解最短路径。最短路径问题一般可分成三类：一是距离上的最优，二是经济上的最优，三是时间上的最优。

车辆运行路线选择问题具体受到以下条件的约束：
（1）每个停留点规定的提货数量和送货数量。
（2）所使用的各种类型的车辆的载重量和载货容积。
（3）车辆在路线上休息前允许的最大行驶时间。
（4）停留点规定的在一天内可以进行的提货时间。
（5）可能只允许送货后再提货的时间。
（6）司乘人员可能在一天的特定时间进行的短时间休息或进餐。

上述约束条件使问题的决策复杂化，甚至难以寻求最优化的解决方案。实际中，这些约束条件常常发生。例如，停留点的工作时间约束；不同载重量和容积的多种类型车辆；一条路线上允许的最大运行时间；不同区段的车速限制；运行途中的障碍物；道路上的车辆堵塞等。

我们可以采取扫描法对有约束条件的车辆运行线路问题求解，这不一定是最优解，但是可以得出一个比较满意的解。此外，还可以采用定量分析方法。

任务2 扫描法

扫描法由两个阶段组成，第一个阶段是将停留点的货运量分配给送货车，第二个阶段是安排停留点在路线上的顺序。

（1）将仓库和所有的停留点位置画在地图上或坐标图上。

（2）在通过仓库位置放置一直尺，直尺指向任何方向均可，然后按顺时针或逆时针方向转动直尺，直到直尺交到一个停留点。

询问累积的装货量是否超过送货车的载重量或载货容积（首先要使用最大的送货车辆）。如是，将最后的停留点排除后将路线确定下来。再从这个被排除的停留点开始继续扫描，从而开始一条新的路线。这样扫描下去直至全部的停留点都被分配到路线上。

（3）对每条运行路线安排停留点顺序，以求运行距离最小化。停留点的顺序可采用前面阐述过的起讫点重合问题决策的方法。

用扫描法确定车辆运行路径的方法十分简单，甚至可用手工计算。一般来说，由它求解所得方案的误差率在10%左右，这样水平的误差率通常是可以被接受的，因为调度员往往在接到最后一份订单后1小时内就要制定出车辆运行路线。由于扫描法是分阶段操作的，因此有些时间方面的问题，如路线上的总时间和停留点工作时间的约束等问题难以得到妥善的处理。

▲小案例

某公司从其所属的仓库用送货车辆到各客户点提货，然后将客户的货物运回仓库，以便集运成大的批量再进行远程运输，全天的提货量如图2-12（a）所示，提货量以件为单位。送货车每次可运载1万件。完成一次运行路线一般需一天时间。该公司要求确定：需多少条路线（即多少辆送货车）；每条路线上有哪几个客户点；送货车服务有关客户点的顺序。

如图2-12（b）所示，通过仓库放置一直尺，直尺指北向，然后按逆时针方向转动直尺进行扫描，在直尺交到的客户点提货，直到装满送货车辆的载重量1万件（不能超载），一旦客户点被分配给某辆送货车，就用"菱形"法确定一条路线上各客户点的服务顺序。最终的路线设计如图2-12（b）所示。

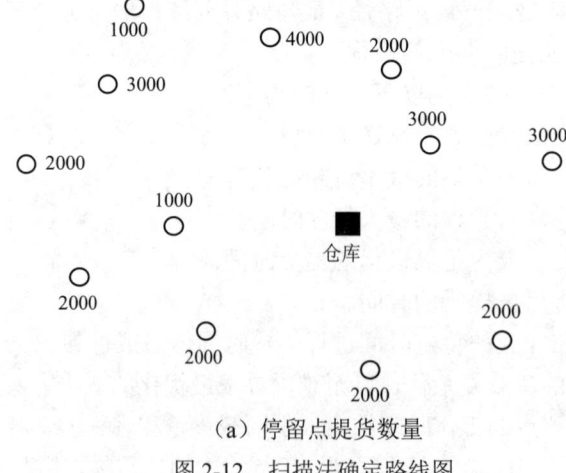

（a）停留点提货数量

图2-12 扫描法确定路线图

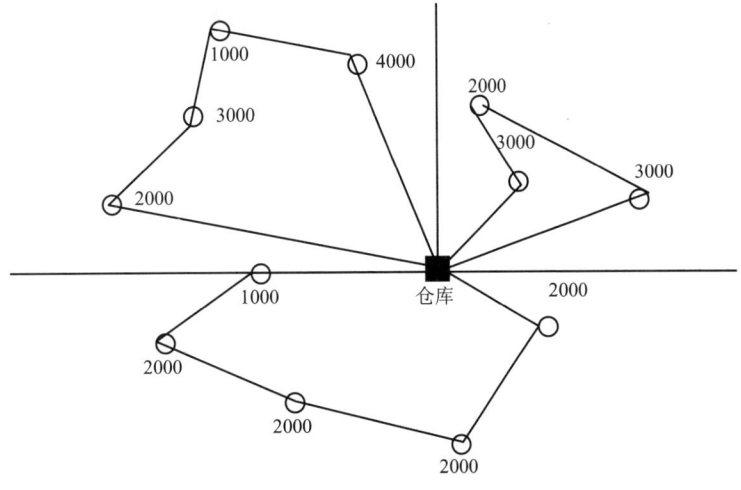

(b)"扫描法"解决方法

图 2-12 扫描法确定路线图（续图）

任务 3 节约里程法

对于起讫点重合的城市配送问题，为节约配送里程，可根据用户要求、道路条件等因素设计几种巡回配送方案，再计算节约里程。节约里程法可对所有配送地点计算其节约里程，按节约量的大小顺序，优选配送路线。

1. 节约里程法的核心思想和过程分析

基本原理：几何学中三角形两边长度之和必定大于另外一边之长。

核心思想：依次将运输问题中的两个回路合并为一个回路，每次使合并后的总运输距离减小的幅度最大，直到达到一辆车的装载限制后，再进行下一辆车的优化。

过程分析：如图 2-13 所示，假如 DC 代表配送中心所在位置，A、B 为两个客户所在位置，现配送中心（DC）向两个客户 A、B 运货，配送中心到客户 A、B 的最短距离分别是 L_a 和 L_b，A 和 B 间的最短距离为 L_{ab}，A、B 的货物需求量分别是 Q_a 和 Q_b，且(Q_a+Q_b)小于运输工具装载量 Q。如图 2-13 所示，如果配送中心分别给 A、B 两个客户送货，那么需要两个车次，总路程为 $L_1=2(L_a+L_b)$。

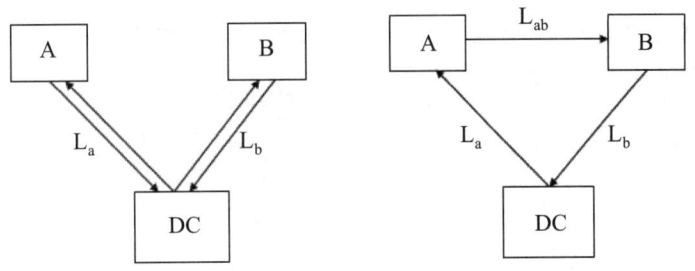

图 2-13 节约里程法过程分析

如果改用一辆车对两客户进行巡回送货，则只需一个车次，行走的总路程为
$$L_2=L_a+L_b+L_{ab}$$

由三角形的性质我们知道 $L_{ab} < L_aL_b$，所以第二次的配送方案明显优于第一种，节约的里程为

$$\Delta L = L_1 - L_2 = 2(L_a + L_b) - (L_a + L_b + L_{ab}) = L_a + L_b - L_{ab}$$

如果配送中心的供货范围内还存在着 3，4，5，…，n 个用户，在运载车辆载重和体积都允许的情况下，可将它们按着节约路程的大小依次连入巡回线路，直至满载为止，余下的用户可用同样方法确定巡回路线，另外派车。

2. 实例分析

设一配送中心向 13 个客户配送商品，配送中心及客户间的最短距离见表 2-3，如果配送的车辆载重为 200 吨，那么利用节约里程法求解配送路线的步骤如下：

第一步，计算配送中心到客户间的最短距离，画出距离表，见表 2-3。因为本例已给出，所以可以直接进行第二步。

表 2-3　配送中心到客户间的最短距离表

客户编号	DC	1	2	3	4	5	6	7	8	9	10	11	12	13
1	12	0												
2	8	9	0											
3	17	8	10	0										
4	15	9	8	4	0									
5	15	17	9	14	11	0								
6	20	23	15	20	16	6	0							
7	17	22	13	20	16	5	4	0						
8	8	17	9	19	16	11	14	10	0					
9	6	18	12	22	20	17	20	16	6	0				
10	16	23	14	22	19	9	8	4	8	14	0			
11	21	28	18	20	22	11	7	6	13	19	5	0		
12	11	22	14	24	21	14	16	12	5	7	9	13	0	
13	15	27	20	30	28	22	23	20	12	9	16	20	8	0
需求量		48	36	43	92	57	16	56	30	57	47	91	55	38

第二步，根据最短距离表，利用节约里程法计算出到客户间的节约里程，并由大到小排列，编制节约里程顺序表，见表 2-4。

$$\Delta L = (L_a + L_b) - L_{ab}$$

1—2：$L_1 + L_2 - L_{12} = 12 + 8 - 9 = 11$

1—3：$L_1 + L_3 - L_{13} = 12 + 17 - 8 = 21$

1—4：$L_1 + L_4 - L_{14} = 12 + 15 - 9 = 18$

1—5：$L_1 + L_5 - L_{15} = 12 + 15 - 17 = 10$

1—6：$L_1 + L_6 - L_{16} = 12 + 20 - 23 = 9$

1—7：$L_1 + L_7 - L_{17} = 12 + 17 - 22 = 7$

1—8：$L_1 + L_8 - L_{18} = 12 + 8 - 17 = 3$

1—9：$L_1+L_9-L_{19}=12+6-18=0$

1—10：$L_1+L_{10}-L_{1,10}=12+16-23=7$

1—11：$L_1+L_{11}-L_{1,12}=12+21-28=5$

1—12：$L_1+L_{12}-L_{1,12}=12+11-22=1$

1—13：$L_1+L_{13}-L_{1,13}=12+15-27=0$

2—3：$L_2+L_3-L_{23}=8+17-10=15$

2—4：$L_2+L_4-L_{24}=8+15-8=15$

2—5：$L_2+L_5-L_{25}=8+15-9=14$

2—6：$L_2+L_6-L_{26}=8+20-15=13$

2—7：$L_2+L_7-L_{27}=8+17-13=12$

2—8：$L_2+L_8-L_{28}=8+8-9=7$

2—9：$L_2+L_9-L_{29}=8+6-12=2$

2—10：$L_2+L_{10}-L_{2,10}=8+16-14=10$

2—11：$L_2+L_{11}-L_{2,11}=8+21-18=11$

2—12：$L_2+L_{12}-L_{2,12}=8+11-14=5$

2—13：$L_2+L_{13}-L_{2,13}=8+15-20=3$

3—4：$L_3+L_4-L_{34}=17+15-4=28$

3—5：$L_3+L_5-L_{35}=17+15-14=18$

3—6：$L_3+L_6-L_{36}=17+20-20=17$

……

表2-4 节约里程表

序号	路程	节约里程 $(L_a+L_b)-L_{ab}$	序号	路程	节约里程 $(L_a+L_b)-L_{ab}$	序号	路程	节约里程 $(L_a+L_b)-L_{ab}$
1	6—11	34	11	5—10	22	21	11—13	16
2	6—7	33	12	1—3	21	22	8—10	16
3	7—11	32	13	11—12	19	23	7—12	16
4	10—11	32	14	4—5	19	24	4—7	16
5	7—10	29	15	4—6	19	25	8—11	16
6	5—6	29	16	1—4	18	26	2—3	15
7	3—4	28	17	3—5	18	27	2—4	15
8	6—10	28	18	12—13	18	28	7—8	15
9	5—7	27	19	10—12	18	29	6—12	15
10	5—11	25	20	3—6	17	…	…	…

第三步，根据节约里程顺序表和配送中心的约束条件，绘制配送路线。其具体步骤如下：首先选择最节约里程的路段（6—11），然后是（6—7），由于配送路线必须包含DC，且每条循环路线上的客户需求量之和要小于200吨，在接下来的选择中满足条件的只有路段(11—8)，此时载重总量为193吨，因为在余下选择中没有满足条件的客户，所以第一回合的配送路线为

（DC—7—6—11—8—DC）。按此方法类推，其余的配送路线分别是（DC—1—3—4—DC）、（DC—5—10—12—13—DC）、（DC—2—9—DC）。

总路程：(17+4+7+13+8)+(12+8+4+15)+(15+9+9+8+15)+(8+12+6)=170

原路程：2×(12+8+17+15+15+20+17+8+6+16+21+11+15)=362

总共节约里程：362-170=192 或(33+34+16)+(28+21)+(22+18+18)+2=192

3. 节约里程法的优缺点

节约里程法是一种简便、易行的方法，一方面体现出优化运输过程，与一般方法相比缩短了运输路程；另一方面，它也体现了物流配送网络的优势，实现了企业物流活动的整合，而且思路简单清晰，便于执行。

利用节约里程法选择配送路线过于强调节约路程，而没考虑行程中的时间因素，在许多情况下，时间更能决定物流配送的成本与服务质量。例如城市间配送时对高速公路的选择，城市内部上下班时间的道路拥挤情况，一个巡回配送过程的时间长短，直接影响配送人员的精神状态，而人员的精神状态又与交通事故和配送错误等相连，所以时间对配送路线的选择有时更重要。

利用节约里程法选择配送路线不能对客户的需求进行灵活多变的处理。由于现代的消费者的需求倾向于个性化，促使企业的生产、销售和配送也越来越倾向于小批量、多品种、多批次。节约里程法更适合需求稳定或是需求时间不紧迫的情况，这显然不能满足现代多变的市场环境。

项目四　运输成本控制

中国公路运输企业发展迅速，但因为行业的起点低，在成本控制上一直都处于没有目标、缺乏管理的半混沌状态。公路运输企业成本管理流程不规范、制度不健全等将成为制约企业健康快速发展的主要问题，进行成本控制对运输企业具有战略意义。

运输成本是指为完成某一物流运输活动所发生的一切费用，分为运输总成本和单位运输成本两部分。一定时期内的运输支出是该期的运输总成本，单位运输产品（吨千米）的运输支出则为单位运输成本。

任务1　分析公路运输成本的构成

运输成本是企业在开展运输过程中实际发生的，与货运、装卸和其他业务等生产活动直接有关的各项支出，包括在此过程中支出的人工费、材料费和其他费用。出于管理控制的需要，一般将运输成本划分为固定成本、变动成本、联合成本以及公共成本等。

1. 固定成本

固定成本是指在短期内不发生变化，不受装运量直接影响，但又必须得到补偿的费用。固定成本包括建设端点站、通道、信息系统的费用和购买运输工具的成本等。

2. 变动成本

变动成本是指与每一次运送货物直接相关的运送费用，包括劳动成本、燃料费用、维修保养费用等，通常按照每千米或每单位重量多少成本来衡量。变动成本通常以一种可预计的、与某种层次的活动有关的形式变化。一般而言，运输费率至少所以弥补变动成本。

3. 联合成本

联合成本是指决定提供某种特定的运输服务而产生的可避免的费用。例如，当承运人决定拖一卡车货物从甲地运往乙地时，意味着这项决定已产生了从乙地至甲地的回程运输的联合成本。这种联合成本要么由最初从甲地至乙地的运输补偿，要么配载回程货得到弥补。联合成本对于运输费用有很大的影响，因为承运人所要的运价中必须包括隐含的联合成本，它的确定要考虑托运人有无适当的回程货，或者这种回程运输由原先的托运人来弥补。

4. 公共成本

公共成本是承运人代表所有的托运人或某个分市场托运人支付的费用。公共成本，诸如端点站或管理部门之类的费用，具有企业一般管理费用的特征，通常是按照活动水平，如装运处理的数目之类分摊给托运人。但是，用这种方式来分摊企业一般管理费用，有可能发生不正确的成本分配。例如，一个托运人也许在其并没有实际使用递送服务时，如该承运人递送的货物并没有卸下来量，但按照"视为已利用"就需要为这种约定支付费用。

任务2 分析公路运输成本的影响因素

承运人制定运输费率时，必须对运输距离、装载量、产品密度、装载能力、装卸搬运、责任以及市场这七个因素进行综合考虑。上述顺序也体现了这几种影响因素的重要程度。

1. 运输距离

运输距离是影响运输成本的主要因素，因为它直接对劳动、燃料和维修保养等变动成本发生作用。运输距离与运输成本的关系如图2-14所示。

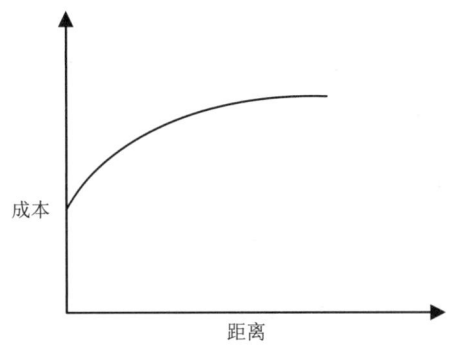

图2-14 运输距离与运输成本的关系

由图2-14可知，运输距离越长，城市间的运输距离所占的比例越高，承运人可以使用更高的速度使城市间单位距离费用相对较低，并且有更多的距离使用相同的燃料和劳动费用，而市内输送通常会频繁地停车，因此要增加额外的装卸成本。

2. 装载量

装载量影响运输成本，是因为与其他许多物流活动一样，大多数运输活动中存在着规模经济，如图2-15所示。

装载量增加时，每单位重量的运输成本减少，这是因为装载、运送及管理成本等固定成本可以分摊到每一单位装载量中。这意味着为利用规模经济，小批量的装载应整合成更大的装载量。

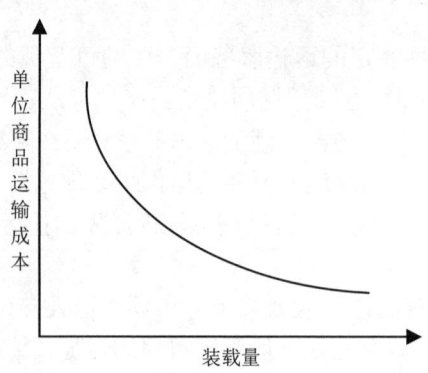

图 2-15　装载量与运输成本的关系

3. 产品密度

产品密度是指产品的质量和体积之比，它把质量和空间两方面因素结合起来考虑，如钢铁、罐装食品、建筑材料等物品的密度较大，而电子产品、衣服、玩具等物品的密度较小。对单一车辆而言，受空间的限制通常比受载重量的限制要大。即使货物的重量很轻，车辆一旦装满，就不可能再增加装载数量。

货物的密度越高，相对地，就可以把固定成本分摊到增加的重量上去，使货物每单位重量的运输成本相对较低。通常密度小的产品每单位质量所花费的运输成本比密度大的产品要高。因此，增加产品密度一般可以降低运输成本。产品密度与运输成本的关系如图 2-16 所示。

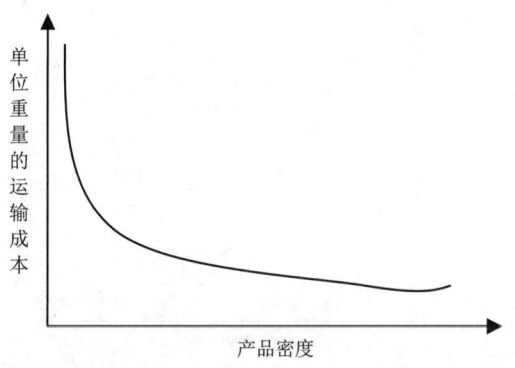

图 2-16　产品密度与运输成本的关系

一般来说，物流管理人员会设法增加货物的疏密度，以便能更好地利用拖车的容积，使拖车能够装载更多数量的货物。增加货物包装密度，可以将更多单位的产品装载到具有固定体积的车辆中去。在某种程度上，由于车辆已经满载，即使增加产品密度，也无法再增加利益。例如，从容积的角度来看，像啤酒或汽水之类的液体货物装入公路拖车容量的一半时，重量就会达到满载程度。显然这类货物在还没充分利用容积时，就可能受到重量的限制。尽管如此，努力增加货物的疏密度通常还是会使运输成本降低。

4. 装载能力

装载能力是指产品的具体尺寸及其运输工具对空间利用程度的影响。由于有些产品具有不规则形状及超重或超长等特征，通常不能很好地进行装载。尽管装载能力的性质与产品密度相类似，但很可能存在这样的情况，即具有相同密度的产品，其装载差异很大。例如，谷类、小块矿石及石油产品可以完全地装满容器，能很好地利用空间，而汽车、机械设备等的空间利用率不高；与形状不规则的物体相比，标准长方体的物体能更好地利用空间。空间利用率还受到装运规模的影响，大批量产品往往能相互嵌套，从而较好地利用空间。

5. 装卸搬运

同质的产品或可以用通用设备搬运的产品比较容易搬运，而使用特别的搬运设备则会提高总的运输成本。此外，产品在运输和储存时所采用的包装方式（例如，用带子捆起来、装箱或装在托盘上等）也会对搬运成本产生影响。

6. 责任

责任与货物的特征有关，主要关系到货物损坏风险和导致索赔的事故，对产品要考虑的因素是易损坏性、货运财产损害责任、易腐性、易被盗窃性、易自燃性或自爆性以及单位价值，高价值产品一般比较容易受损，也容易被盗窃。承运人承担的责任越大，可能索要的运输费用就越高。承运人必须通过向保险公司投保来预防可能发生的索赔，否则就有可能要承担任何可能损害的赔偿责任。托运人可以通过改善保护性包装，或通过减少货物灭失、损坏的可能性来降低其风险，最终降低运输成本。

7. 市场因素

除了与产品有关的因素外，市场因素对运输成本也会产生重要影响。市场因素主要是由市场变动引起的，影响比较大的市场因素有不同种运输方式间的竞争以及同种运输方式间的竞争、市场的位置、政府对承运人的限制、运输活动的季节性、运输通道流量和通道流量均衡等。

运输通道是指起运地与目的地之间的移动，显然运输车辆和驾驶员都必须返回到起运地，如果没有回程货就只能空车返回，当发生空车返回时，产生的劳动、燃料和维修保养等费用无法获得弥补，从而造成运力的浪费，使运输成本增加。理想的情况是平衡运输，即运输通道两端的流量相等。但由于制造地点与消费地点的需求不均衡，通道两端流量相等的情况很少见。我国道路运输中，有些路线的运输量比较大且比较平衡，而有些线路的运输量则不平衡性较大。物流系统的设计必须考虑这方面的因素，并且尽可能地增加回程运输量。

任务3 核算运输成本

1. 运输部门财务分析的一般方法

结合运输生产耗费的实际情况，运输成本项目可划分为直接人工、直接材料、其他直接费用、营运间接成本四个基本部分。

（1）直接人工。直接人工是指支付给营运车辆司机和助手的工资。其包括司机和助手随车参加本人所驾车辆保养和修理作业期间的工资、工资性津贴、生产性奖金及其他额外费用，以及按营运车辆司机和助手工资总额14%计提的职工福利费。

（2）直接材料。物流运输过程的直接材料包括燃料和轮胎两部分。

1）燃料指营运车辆运行过程所耗用的各种燃料，如营运过程耗用的汽油、柴油等燃料（自动倾卸车卸车时所耗用的燃料也包括在内）。燃料核算是指某一时期的燃料成本除以实际运行里程。

2）轮胎指营运车辆所耗用的外胎、内胎、垫带、轮胎翻新费和零星修补费用等。轮胎核算是指用单胎的成本乘以车辆轮胎数，再除以估计的轮胎使用里程寿命。

（3）其他直接费用。其主要包括以下几种：

1）保养修理费。保养修理费指营运车辆进行各级保养及各种修理所发生的料工费（包括大修理费用计提额）、修复旧件费用和行车耗用的机油、齿轮油费用等。采用总成互换保修法的企业，保修部门领用的周转总成、卸下总成的价值及卸下总成的修理费也包括在内。维修保养成本核算是特定车辆在某一时期累计的维修、保养成本除以该时期实际运行的里程数。

2）折旧费。折旧费指按规定计提的营运车辆折旧费。

3）其他费用。其他费用指不属于以上各项目的与营运车辆运行直接有关的费用。其包括车管费（指按规定向运输管理部门缴纳的营运车辆管理费）、行车事故损失（指营运车辆在运行过程中，因行车事故发生的损失，但不包括非行车事故发生的货物损耗及由不可抗力造成的损失）、车辆牌照和检验费、保险费、车船使用税、洗车费、过桥费、轮渡费、司机途中宿费、行车杂费等。

（4）营运间接成本。

营运间接成本指车队、车站、车场等基层营运单位为组织与管理营运过程所发生的，应由各类成本负担的管理费用和营业费用。其包括工资、职工福利费、劳动保护费、取暖费、水电费、办公费、差旅费、修理费、保险费、设计制图费、试验检验费等。

由于运输部门的行政机构没有收入，无法收回其成本，所以间接成本要合理地分摊到创收的运输车队中去。最常用的方法就是把所有的运营成本加起来，并加上一个百分比来分担管理费用。具体的方法有两种。一种是把间接成本汇总起来除以车辆数，这是间接成本分摊的最基本和最简单的方法。要注意的是，一个公司的车辆数容易发生变化，从而导致每辆车的间接费用发生变化。另一种是将间接成本分摊到车辆的有效载荷能力上。车辆的有效载荷越大，分摊的间接费用就越大，理由是大型车辆的收费率比小型车辆高。

在实际操作中，当车队由不同载重的车辆组成时，同时使用两种方法更切合实际。在分析间接成本的时候，我们还要考虑两个因素，即车辆使用和载荷系数。

车辆使用是指一年中特定车辆运行的天数。使用率高的车辆将会降低每日的成本。

载荷系数是考察车辆满载状况的一个指标，用公式表示为

$$载荷系数=实际吨位/固定总吨位$$

载荷系数与服务水平密切相关。服务频率越高，载荷系数越低。由于服务频率是一个评价服务质量的重要指标，不能为了提高满载率就盲目降低服务频率。

间接成本的分摊要求管理者设置一个合理的价格，能够使每辆车至少挣到所分摊的直接和间接成本之和。

例1 某汽车运输公司经营客、货两类运输业务。7月份经营车辆360辆，其中客车160辆，货车200辆。本月客车运输两位5万千人千米，货车运量3500千吨千米。本月发生各项营运费用见表2-5至表2-7。

表 2-5 直接材料、燃料、轮胎费用明细表

项目	燃料费/元	材料费/元		轮胎摊销额/元
		消耗材料	内胎、垫带	
运输支出：	270 000	15 000	18 000	16 000
货车	150 000	10 000	8 000	11 000
客车	120 000	5 000	10 000	5 000
营运间接费用	25 000	29 000		
合计	295 000	44 000	18 000	16 000

表 2-6 工资及福利费用明细表

项目	工资/元	福利费/元
运输支出：	360 000	50 400
货车	240 000	33 600
客车	120 000	16 800
营运间接费用	50 000	7 000
合计	410 000	57 400

表 2-7 折旧费、修理费等明细表

项目	折旧费/元	修理费用/元	其他费用/元
运输支出：	440 000	185 000	45 600
货车	240 000	91 000	16 400
客车	200 000	94 000	29 200
营运间接费用	50 000	21 000	38 000
合计	490 000	206 000	83 600

将营运间接费用 220000 元按客、货车直接工资分配见表 2-8。

表 2-8 营运间接费用分配表

项目	工资/元	分配率	营运间接费用/元
货车	240 000		146 667
客车	120 000		73 333
合计	360 000	0.611 1	220 000

根据各种费用明细表和间接费用分配表，登记货车成本明细账，见表 2-9。

表 2-9 货车成本明细账

月份	材料和易耗品费/元	直接人工费/元	维护费/元	营运间接费用/元	合计/元
7	179 000	273 600	347 400	146 667	946 667

最后，编制货车营运成本计算单，见表 2-10 和表 2-11。

表 2-10 客车成本计算单

成本项目	总成本/元	单位成本/（元/辆）
材料和易耗品	140 000	875
人工费	136 800	855
维护费	323 200	2 020
营运间接费用	73 333	458
合计	673 333	4 208

表 2-11 货车成本计算单

成本项目	总成本/元	单位成本/（元/辆）
材料和易耗品	179 000	895
人工费	273 600	1 368
维护费	347 400	1 737
营运间接费用	146 667	733.34
合计	946 667	4 733.34

2. 运输成本核算方法

首先，以图表的形式列出运输核算过程中涉及的有关会计科目，见表 2-12。

表 2-12 运输成本核算过程中的有关会计科目

运输运营收入		
其他收益		
总收益		
直接成本		
车辆运营成本和维修费用		
租车和转包		
车辆的折旧		
车辆保险		
车辆上路费		
营运工资		
销售成本		
毛利		
间接成本		
董事薪酬		
办公室工资		
租金和利息		

续表

照明和取暖		
电话和邮政		
银行费用和利息		
审计与财务费		
杂费		
税前净收益		

运输的财务核算分为经营账目和盈亏账目两部分。它用收入、运营成本和盈利来描述一个公司在一个特定的时期内的经营状况。

（1）经营账目的组成要素。经营账目由三个主要部分组成：营业额、销售成本、毛利。

1）营业额是指提供运输服务的收益总额。

2）销售成本是指为企业带来收益的、为提供运输服务而产生的直接费用，包括容易直接归到车辆运行方面的费用，如燃料、轮胎、维修、车辆折旧、车辆保险和司机工资。

3）毛利是指从营业额中扣除直接成本后余下的部分，它是在直接经营中获得，并在考虑间接费用之前的盈利。

（2）盈亏账目的组成要素。盈亏账目由三个基本部分组成：毛利、间接费用、净收益。

1）毛利是从经营项目中沿袭过来的。

2）间接费用是指运输经营过程中各种管理活动形成的费用，它不直接参与到运输活动中去，主要包括董事薪酬、办公室工资、租金和利息、取暖和照明、银行费用和利息、电话与邮政等。

3）净收益是指从毛利中扣除间接费用后余下的税前收益。

任务4　控制运输成本

运输成本控制的着眼点是在设计规划运输系统时必须保证运输成本最小。这主要包括运输车辆选择、仓库设计及运输服务制度设定等。

1．运输成本控制的一般方法

常用的运输成本控制的方法有合理选择运输工具、适当拥有车辆、优化仓库布局和开展集运方式等。

（1）合理选择运输工具。对于形状、价格、运输批量、交货日期、到达地点等各不相同的货物，有着与之相对应的适当的运输工具。然而，正如速度快的运输工具的成本高一样，运输工具的经济性和迅速性、安全性、便利性之间有相互制约的关系。所以在控制运输成本时，必须对运输工具所具有的特性进行综合评价，这样才能做出合理选择运输工具的策略。

（2）适当拥有车辆。适当地拥有车辆，并根据发货量安排车辆。拥有辆数过少，发货量多时，难免出现车辆不足的现象，要从别处租车。相反，拥有辆数过多，发货量少时，会出现车辆闲置现象，造成消费。所以，对企业来说，拥有数量合适的车辆是重要的。

（3）优化仓库布局。从运输成本控制角度看，成本的降低是由于使用了仓库以达到最大的集运而取得的。通过优化仓库布局即优化仓库网络达到运输成本最小化。

（4）开展集运方式。运输成本控制的一个焦点是保留与大批量联系在一起的运输经济性。

装运量越大,每千米的费率就越低。

从运作的角度看,有四种可以取得有效货物集运的方法:自发集运、计划预定输送、共同配送和直运。在每日运作中,能够实现的程度对于控制运输成本是至关重要的。

1)自发集运。集运最基本的形式是将一个市场区域中到达不同客户的小批量运输结合起来,即自发集运。这种程序在进行运输时只是修正而不是间断自然的货物流动,当然在整个市场上被装运到客户的数量是集运的基础。

在运入或运出市场领域中,集运的难点是每日要有足够的货物数量,为了克服数量不足带来的弊端,通常使用三种集运安排。第一,集运的货物可以被送到一个中间的散件货点以节约运输费用,然后各批货物被分开装运送到各自的目的地。第二,货物的集运安排在某几个特定日期,按计划将货物分别送至目的市场。第三,公司可利用第三方物流公司服务来取得小规模运量的集聚,从而达到共同输送的目的。

2)计划预定输送。计划预定输送是在每周有选择的日期将有限的货物输送到特定市场。预定输送计划通常以强调集运互利的方式与客户沟通,航运公司向客户做出承诺,对所有在特定截止期前收到的订单都可保证在预定日期送货。

3)共同配送。参加共同配送计划通常意味着一个货运代理、公共仓储或运输公司为在相同市场中的多个货主安排集运。提供共同运输的公司通常具备大批量送货至目的地的长期集运能力。在这种安排下,集运公司通常为满足客户的需要而提供具有附加价值的服务。

4)直运。任何一个物流系统都必须考虑服务水平与成本这两项重要因素。直接运送战略似乎在服务及成本上都处于不利地位,因为直接运送比由当地仓库送货至顾客要慢。再者,由于通常顾客的订货量都很小,因此运送成本也较高。

不过,直接运送是否真有这些缺点,还取决于另外一些因素。在某些情况下,远地的工厂能比附近的仓库在运送方面更有效或效益更好。再者,直接运送成本虽高,但不一定多于当地存货的费用。因此,企业在决定是否采取直接运送战略时,必须考虑以下因素:该产品的特性,如单价、易腐性和季节性;所需运送的路程和成本;顾客订货多少与重量;地理位置和方向。

2. 控制运输成本的定量方法

(1)线性规划法。近年来,货运企业广泛采用线性规划这一方法组织合理运输,进行成本控制,以提高运输经济效益。

(2)表上作业法。一般线性规划问题的求解比较复杂,但运输问题这种类型的线性规划,其约束方程组的系数矩阵具有特殊结构,可以用简便的表上作业法来进行求解。

(3)网络分析法。网络分析法是系统工程的一个重要组成部分,又称统筹法、关键路径法或计划评审法。

▲相关知识

运 输 合 理 化

一、运输合理化的含义和影响因素

运输合理化就是按照商品流通规律、交通运输条件、货物合理流向、市场供需情况,行驶最短里程、经最少环节、用最合适的运力、花最低费用、以最快速度,将货物从生产地运到消费地。即用最少的劳动消耗,运输更多的货物,以取得最佳的经济效益。

1. 运输合理化的意义

（1）可以充分利用现有运输工具的装载能力和环境资源，提高运输效率，促进各种运输方式的合理分工，以最小的社会运输劳动耗费，及时满足国民经济的运输需要。

（2）可以选择最佳的运输线路，减少运输环节，以最快的速度到达目的地，从而加速货物流通，既可及时供应市场，又可降低物资部门的流通费用，加速资金周转，减少货损、货差，取得良好的社会效益和经济效益。

（3）可以充分发挥运输工具的效能，节约运力和劳动力，消除运输中的种种浪费现象，提高商品的运输质量。不合理的运输将造成大量人力、物力、财力浪费，并相应地转移到产品成本中去，人为地增加了产品的价值，提高了产品价格，从而加重需求方的负担。

2. 运输合理化的影响因素

（1）内部因素。

1）运输距离。在运输活动中，由于运输工具、运输时间、运输成本、运输方式、货损、运费、运输工具周转等都与运输距离的长短有一定的比例关系，因此运输距离的长短是运输合理与否的一个最基本要素。缩短运距既具有宏观的社会效益，也具有微观的企业效益。

2）运输环节。进行运输业务活动，均需要增加运输的附属活动，如包装、装卸、搬运等相关工作，多一个环节，就必然会增加时间、费用，也会增添货损、货差，因此，组织直达运输，可减少中间环节和二程运输，对于合理运输有直接的促进作用。

3）运输工具。各种运输工具都有各自的优势领域，根据货种、批量，对运输工具进行优化选择，按其特点组织装卸运输作业，最大限度地发挥所用运输工具的优势，是运输合理化的重要环节。

4）运输时间。运输是物流过程中需要花费较多时间的环节，尤其是远程运输，运输时间占全部物流时间的较大比例，因此，缩短运输时间对整个物流流通时间的缩短有决定性作用。

5）运输费用。运输费用是衡量物流运输经济效益的一项重要指标，也是组织合理运输的主要目的之一。

由于运输费用在整个物流成本中占有近乎 50%的比例，所以运费的高低，不仅直接关系到物流企业的经济效益，决定整个物流系统的竞争能力，而且影响到货主企业的生产或销售成本。尽可能地降低运输费用，不论对于物流运输企业，还是货主企业，都是其要追求的一个重要目标，也是判断各种运输合理化措施是否行之有效的重要依据。

上述五个要素既相互联系，又互相影响，有时甚至是矛盾的，这就要求运输部门进行综合比较分析，选择最佳运输方案。

（2）外部因素。

1）政府。为了维持运输的主效率，政府对其进行必要的宏观调控，制定相关经济政策和规章制度，使运输市场能够协调发展。

2）资源分布状况。资源分布的不平衡，常常会导致运输布局不合理。例如我国矿产资源大多分布在西北部，这种分布状况影响了运输活动。

3）国民经济结构的变化。经济的增长影响物流运输的发展，同时经济结构的变化也会影响运输结构的变化。当运输系数较大的产品比重提高时，运输量的提高也是必然的。

二、不合理运输的形式

1. 空驶

空车无货载行驶是最典型的不合理运输形式。造成空驶的主要原因如下：

（1）利用自备车送货、提货，往往是单程重车、单程空驶。

（2）由于工作失误或计划不周，造成货源没有落实，车辆空去空回，导致双程空驶。

2. 对流运输

对流运输亦称"相向运输"或"交错运输"，指同一种货物在同一线路或平行线路上做相对方向的运送。

对流运输是不合理运输中最突出、最普遍的一种，有明显对流和隐蔽对流两种表现形式：

（1）明显对流：同类或可以互相代替的货物沿着同一线路相向运输。

（2）隐蔽对流：同类或可以互相代替的货物以不同运输方式在平行路线上或不同时间进行相向运输。

3. 倒流运输

倒流运输是对流运输的一种派生形式，是指货物从销地或中转地向产地或起运地回流的运输现象。其不合理程度要甚于对流运输，其原因是双程运输都是不必要的。

4. 迂回运输

迂回运输是指不经过最短线路而绕道而行、舍近取远的一种不合理运输。

通常情况下，由于运输方式可灵活选择，因此同一起运点到同一目的地往往有多种运输线路可供选择。可以选择短距离运输，却选择路程较长路线进行运输，就属于迂回运输。

5. 过远运输

过远运输是指选择供货单位时，不能就地、就近获取某种商品或物资，而舍近求远从外地或远处运来同种商品或物资的运输。

小贴士

过远运输和迂回运输的区别

虽然过远运输和迂回运输都属于拉长距离、浪费运力的不合理运输，但两者不同的是，过远运输是因为商品或物资供应地舍近求远的选择延长了运输距离，而迂回运输则是因为运输线路的选择错误延长了运输距离。

6. 重复运输

重复运输是原本可直接将货物运到目的地，但未达目的地就将货物卸下，再重复装运送达目的地的运输。

重复运输虽未延长运输里程，但增加了多余的中间装卸环节，延长了货物在途时间，增加了装卸搬运费用，增大了货损的可能，而且降低了运输工具的使用效率，影响了流通速度。

7. 无效运输

无效运输是指被运输的货物杂质过多，如原木使用时出现的边角余料、煤炭中的煤矸石等，使运输能力浪费于不必要物资的运输。

8. 运力选择不当

运力选择不当是指未考虑各种运输工具的优劣势而选用了不适用的运输工具造成的不合理现象。常见的运力选择不当有以下形式：

（1）弃水走陆。在同时可以利用水运及陆运时，没有利用成本费用较低的水运或水陆联运，而选择成本较高的铁路或公路进行运输，使水运成本低、水陆联运经济实惠的优势不能充分发挥。

（2）铁路、水路大型船舶的过近运输。不在铁路、水路大型船舶的经济运行里程范围之内，却选择利用这些运力组织的运输。这种运输不合理之处在于火车及大型船舶的起运及到达目的地的发货准备和装卸时间长，在途时间短，在近距离运输中利用这些运输工具，无法发挥其优势。另外，与小型运输工具相比，火车及大型船舶装卸难度大，所需费用也高。

（3）运输工具承载能力选择不当。没有按承运货物的数量和重量选择运输工具，从而造成超载或实载率不高。前者可能会因超载运输而造成运输工具的损坏或交通事故的发生；后者则会因装载量不足而造成运力的浪费，使单位运输成本上升。

9. 托运方式选择不当

货主在托运货物时没有选择对己最有利的运输方式，从而造成运力浪费以及费用支出加大。

上述列举的种种不合理运输现象，均是对单一的表现形式而言的。在实际物流运输组织工作中，应将运输放在物流大系统中综合考虑，这样才能作出正确的判断。如果仅从某一点片面考虑，局部的合理性就有可能造成系统的不合理性，极有可能造成物流各环节"效益背反"现象的发生。因此，必须从物流系统的大局出发，做到具体问题具体分析，综合考虑，只有这样，才能避免整个物流系统运输出现不合理的现象。

三、合理化运输的途径

1. 合理选择运输方式

各种运输方式都有着各自的适用范围和不同的技术经济特征，选择时应进行综合分析和比较。首先要考虑运输成本的高低和运行速度的快慢，还应考虑货物的性质、数量的大小、运距的远近和货主需要的缓急程度。

2. 合理选择运输工具

根据不同商品的性质、数量及对温度、湿度等的要求，选择不同类型、吨位的车辆。

3. 正确选择运输路线

运输路线的选择，一般应尽量安排直达、快速运输，尽可能缩短运输时间。应按照货物的合理流向，选择最短路径，避免迂回、倒流等不合理运输现象发生。提高里程利用率，从而达到节省运输费用、节约运力的目的。

4. 提高货物包装质量并改进配送中的包装方法

货物运输线路的长短、装卸操作次数的多少都会影响到货物的完好，所以应合理地选择包装物料，以提高包装质量。另外，有些商品的运输线路较短，且要采取特殊放置方法，如烫好的衣服需垂挂运输，则应改变相应的包装。货物包装的改进，对减少货物损失、降低运费支出、降低商品成本有明显的效果。

5. 混合配送，减少运力投入

混合配送的优势就是将多家需要的同一品种的货和一家需要的多品种货实行配装，避免一家提货或送货车船回程空驶现象的发生，以达到运输工具的重量和容积得到充分合理运用的目的。例如在铁路运输中，采用整车运输、整车拼装、整车分卸及整车零卸等措施，均可提高实载率。

6. 采用大吨位运输工具

在运输量等条件许可的情况下，尤其在长距离运输中，尽可能采用大吨位的运输工具，可大大降低运输费用。具体做法如下：

（1）在铁路运输中，根据机车的运载能力，加挂车辆增加运输量。

（2）在内河运输中，利用推船和驳船，组成大吨位用顶推船队。其优点是航行阻力小、顶推量大、速度快、运输成本低。

（3）在公路运输中，根据汽车的运载动力，加挂拖车增加运输量。

7. 发展社会化运输系统

利用社会运输资源将运输服务外包或与其他企业合作，降低运输工具空驶率。

8. 发展直达运输

直达运输是追求运输合理化的重要方面，通过减少中转环节及换装，达到提高送达速度、节省装卸费用、降低货损与货差的目的。

9. 提倡合装整车运输

合装整车运输又称为"零担拼整车中转分运"，主要用于件杂货的运输。例如在组织铁路货运时，由同一发货人将不同品种、但发往同一站点、具有同一收货人的零担托运货物，由物流企业组配在一个车皮内，以整车运输的方式，托运到目的地。或者把同一方向而到站点不同的零担货物，集中组配在同一个车辆里，运到一个适当车站，然后再中转分运。

合装整车运输具体有四种方法：

（1）零担货物拼整车直达运输。

（2）零担货物拼整车接力直达或中转分运。

（3）整车分卸。

（4）整装零担。

采用合装整车运输，可提高运输工具的使用效率，减少部分运输费用，所以可取得较好的经济效益。

10. 充分利用运输工具的装载能力

（1）轻重货物搭配。轻重货物搭配可以充分利用运输工具的容积和载重量。例如，海上运输矿石、黄沙等重货时，在舱面捎运木材、毛竹等；铁路在运输矿石、钢材等重货时，可在上面搭运较轻的农副产品等。

（2）注重装载堆码技术。根据车船的货位情况及不同货物的包装形状、理化性质，采取各种有效的堆码方法，如采取平装、补装、骑装、套装、紧密装载等堆码技术进行装载，以提高运输效率。

▲案例分析

探秘纽约亚马逊 1 小时内送货

走进亚马逊位于曼哈顿市中心的新大楼，和走进临近的公司办公室一样，最初根本看不到特殊之处。但是当你穿过大理石大厅，乘坐电梯来到第五层时，就会发现自己已经身入噪杂的仓库之中了。

曼哈顿、布鲁克林某些地区、皇后区长岛市（Long Island City）的消费者如果从亚马逊网站购物，1小时之内就可以拿到包裹。亚马逊如何做到的呢？仓库正是它的秘密武器。亚马逊的1小时快递服务"Amazon Prime Now"已经覆盖美国20个城市，纽约是其中之一，其已经拥有超快速服务。用户每年只要交99美元就可以获得Prime账号，享受1小时到货的快递服务。今年的圣诞节，亚马逊准备当一次圣诞老人，在平安夜晚上12点前将包裹送给用户。

1. 亚马逊Prime Now可以销售冷冻食品和冰淇淋

亚马逊仓库占地40000平方英尺（约3716平方米），在这么大的仓库里亚马逊的员工到底是怎样找到物品的呢？其实这个仓库还不是最大的，要知道亚马逊凤凰城（Phoenix）的仓库有120万平方英尺。佳得乐饮料放在儿童书旁边，麦片与科技产品共享一个货架。看着这些物品就如同看着和英语一样使用相同拉丁字母的外语：它们的字母是相同的，但组合却是不同的。

亚马逊Prime Now全球主管史蒂芬妮·兰德瑞（Stephenie Landry）说："对于没有接受过训练的人来说，仓库的确很随意。"亚马逊的仓库拣货员却是轻车熟路，他们负责为订单配置物品并打包，速度很快，就像听到发令枪响的赛跑运动员一样，他们的目标是在1小时之内将包裹送到消费者手中。

2. 打包完成准备发货

拣货员和纽约的出租车司机很相似，他们要将负责区域的地图深深印在脑海里。同样地，和今天的出租车司机一样，他们的工作也有科技来帮忙。兰德瑞说："我们的订单履行中心（Fulfillment Center）会提供高科技算法，这栋大楼虽然小些，但也同样使用这套算法。它为拣货员制定最快捷的路径，让他们在最短时间拿到所有货物。"

正是因为将人的敏捷和技术相结合，才使得亚马逊一接到订单几乎就可以马上出货。对于1小时到货服务来说速度更快，因为许多时候光是花在路上的时间就要60分钟，特别是在纽约，无法预测的交通和公共交通拥堵情况太常见了。

3. 包裹准备交给送货员

兰德瑞说："我们的高效率是来自员工的高速度，我们不必操心物品的摆放，我们只操心如何将包裹快速送给客户。"

当物品打包完毕就可以交给快递员送货了。亚马逊的送货员既有公司员工，也有专业快递服务商的员工，其与亚马逊合作。送货员必须尽可能快地拿到收件人订单，特别是1小时服务更不能耽搁。送货员可以选择步行、自行车、公共交通工具、汽车等方式送货，具体要看哪种方式更快。

亚马逊的物品只有一部分存放在稍小的仓库中。一般而言，纽约仓库装的全是家庭产品，比如杂货和季节性产品。到了冬天，仓库的铲子和铲冰很受欢迎，春天就不一样了，客户可能更需要浇水用的橡皮软管和吹叶机。

4. 1小时到货服务有专门的通道

尽管亚马逊统治着在线零售业，但它的按需快递服务却面临众多创业企业的竞争。Postmates就在美国100多个城市提供1小时到货服务，打车软件Uber也曾推出相似服务。亚马逊将目标瞄准未来，它正在寻找更快的送货方式，比如用无人机送货。它还推出了"Prime Air"服务，消费者只要不到30分钟的时间就可以收到包裹。兰德瑞称："10年前人们认为2天到货很快，我们却认为 2 小时或者 1 小时到货才是标准。"

（资料来源：http://www.chinawuliu.com.cn/xsyj/201512/25/308274.shtml）

单元小结

本单元主要分析了公路企业运输路线设计与优化的方法和流程，可以通过比较运输价格、运输质量、服务理念等多种方法综合选择承运人；根据运输路线的类型可以选择相应算法，然后按算法步骤具体计算实际的最优路线；现实中需要根据约束条件安排车辆运行路线，以便节约成本、提高资源利用率，最常用的方法是扫描法和节约里程法；最后讲述了公路运输成本的构成和影响因素。

思考题

一、简答题

1. 如何对运输服务商进行综合选择？
2. 简述运输路线的不同类型与选择步骤。
3. 结合实例，说明扫描法的实施步骤。
4. 车辆运行路线与时间决策原则有哪些？
5. 结合实例，说明节约里程法的工作过程。
6. 公路运输成本的影响因素有哪些？

二、实训题

公路运输企业运输合理化分析

【实训目标】

通过实际调研和查阅相关资料的方式，了解我国当前公路物流企业的运输及运输管理运作情况（特别是运输方案制订与实施情况），分析不合理运输的表现形式，并提出合理化对策。

【实训内容与要求】

1. 描述公路运输企业作业情况及运输流程。
   （1）公路运输企业的业务范围。
   （2）公路运输企业的作业流程。
   （3）公路运输企业的相关资料，如运输方式、运输能力等。
2. 分析公路运输企业的不合理运输。
   （1）总结公路运输企业的运输流程。
   （2）总结公路运输企业的不合理运输形式。
3. 在老师和企业人员的指导下，分组讨论公路运输企业存在不合理运输的原因。
4. 要求：对我国公路物流企业运输现状进行总结，分析不合理运输的形式与原因，并提出可行的运输合理化对策，限期两周。

【成果与检验】

完成实训后小组间互评,填写表2-13。

表2-13 实训评价表

小组	设计构想(35%)	设计效果(25%)	报告表述(25%)	分工合作情况(15%)	总分
1					
2					
3					
4					

单元三　整车运输业务操作

通过本单元的学习，学生应熟悉整车运输的条件和要求，熟练掌握整车货物运输的作业流程，能够准确计算运费，正确填写整车运输的单据，及时高效地执行整车运输的作业程序。

（1）整车运输的条件和要求。
（2）整车货物运输的作业流程。
（3）计算整车运输任务的运费。

（1）能够根据运输任务性质和整车运输管理要求，完成整车运输的托运受理和货物接收工作。
（2）能够根据公司资源、客户要求和客观环境，进行调度安排，设计优化运输路线。
（3）能够正确填写整车运输运单、货物交接单等单据。
（4）能够对在途货物进行有效管理，保证货物安全交接。
（5）培养独立思考能力和团队合作能力，并培养完成整车货物运输的职业素质。

整车货物运输是指托运人一次托运的货物在 3 吨（含 3 吨）以上，或虽不足 3 吨，但其性质、体积、形状需要一辆 3 吨以上车辆进行公路运输的货车运输。在实际的市场操作中，对于整车和零担的划分，基本上是以一票装满一车作为整车，以多票拼满一车作为零担。

整车货物运输的步骤主要包括受理托运、接收货物、运输调度、在途管理、交货与结算这五个方面。其作业流程如图 3-1 所示。

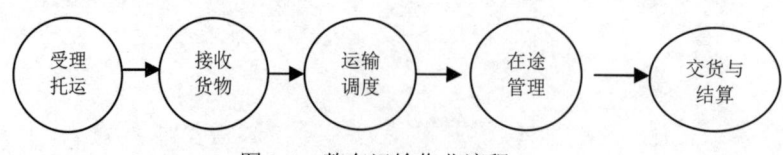

图 3-1　整车运输作业流程

案例导入

当风险遇到成本　卡车整车物流前景几何

目前，我国卡车整车物流远没有轿车物流发达，除个别的轻卡产品可以用板车运输外，重卡产品很多还是采用最原始的手段，即直接驾驶到目的地，或者消费者自提，或者厂家派人送。

由于身形巨大，卡车整车物流注定不会像乘用车那么简单。在乘用车领域推行"零千米"标准，虽然不可能绝对做到里程表为"零"，但一般也就几十千米。但在卡车领域，"零千米"是一个非常遥远的概念，交车时一两千千米都很正常，况且里程表可以人为控制，消费者根本无法监控。

在国外，卡车整车物流也没有统一的标准，没有像乘用车那样对"零千米"的普遍认同。比如在欧洲更多的向乘用车看齐，也用特制的板车运输，而在美国用车拖车的"叠罗汉"方式也非常普遍。而中国的情况要复杂得多，涉及法律法规、行业标准、规范操作、监管漏洞等方方面面的问题。

1. 交车前的秘密

一辆车从在厂家生产车间下线，到交到消费者手中，中间的过程就形成了整车物流，而终端卡车的品质，不仅由工厂的生产决定，物流水平的高低也意义重大。

从理性的角度而言，消费者更愿意自提，因为和轿车一样，新车出厂都需要磨合，磨合得好坏直接影响车子的使用寿命。但是这期间涉及提车到上牌期间的保险问题，买卖双方很难达成协议，卖方不愿意为自提的消费者提供保险，使买家自提的积极性受到影响。

同时，一些公司采购还涉及提车过程的差旅费等问题，买卖双方都不愿意承担，因此厂家出于竞争考虑，通常会提供送货上门服务，也就是说整车物流的成本由厂家承担。目前，厂家都有专门的送车员，负责将车子送到经销商手中，或指定的客户手中（一般为集采的大客户）。

2. 几本难念的经

目前，对送车过程的监控存在很大的问题。原则上整车厂对送车公司有各种要求，也有比较完善的考核指标，而经销商在接车过程中也有严格的验车流程，消费者提车肯定也会严格把关。但是这些真正实施起来并不容易，送车员送车的时候处于独立状态，途中怎么操作全凭良心，送车员在送车过程中顺带拉些货物已经是"行规"。

除了送车员，送车公司也会想尽办法节约成本，比如用"车拉车"的方式，这和国外的"叠罗汉"有本质的区别，后者属于拖车，前者属于载重，对下面的车来说损耗是比较大的。因此，尽管既节能又环保，但是侵害了部分消费者的利益。而"叠罗汉"的方式，由于国内法律法规不健全，很可能被路政部门以不利于安全驾驶的方式罚款。

3. 看得见的前景

厂家应加强对送车公司的监督，经销商应对车辆进行更加彻底的检查，送车公司应加强对送车司机的管理，还需要监管部门的配合，比如对于没上牌的新车，应该明令禁止载货。

由于市场竞争激烈，专业的配送将成为厂家服务能力的关键因素，卡车领域专业的物流市场空间会越来越大。

（资料来源：韦小贝，当风险遇到成本　卡车整车物流前景几何[N].现代物流报，2014-09-02，有删减）

项目一　受理托运

整车运输一般不需中间环节或中间环节很少，送达时间短，相应的货运集散成本较低。涉及城市间或过境贸易的长途运输与集散，以便充分发挥整车运输的快速、方便、经济、可靠等优点。

为明确运输责任，整车货物运输通常是一车一张货票、一个发货人。因此，公路货物运输企业应选派额定载重量与托运量相适应的车辆装运整车货物。整车货物运输为多点装卸，按全程合计最大载重量计重，最大载重量不足车辆额定量时，按车辆额定载重量计算。

托运整车货物由托运人自理装车，未装足车辆标记载重量时，按车辆标记重量核收运费。

整车运输的受理托运主要包括整车运输的条件分析、接受货运委托、计算运费、货物托运等环节，见表 3-1。

表 3-1　整车运输具体步骤说明

步骤	说明
整车运输的条件分析	办理整车运输的条件和要求
接受货运委托	填写托运单证
计算运费	确定计费重量、货物等级及计费里程
货物托运	确认货物包装、确定重量、办理单据

任务 1　整车运输的条件分析

1. 办理整车运输的基本要求

凡一批货物的重量、性质、体积或形状等需要以 1 辆或 1 辆以上货车装运时，均按整车条件运输。

《公路货物运输规程》规定，下列货物限按整车办理：需要冷藏、保温或加温运输的货物；规定限按整车办理的危险货物；易于污染其他货物的污秽品（如未经消毒处理或未使用密封不漏包装的牲骨、湿毛皮、粪便、炭黑等）；不易计算件数的货物；蜜蜂；未装容器的活动物（公路局定有管内按零担运输的办法者除外）；一批货物重量超过 2 吨、体积超过 3 立方米或长度超过 9 米的货物（经发站确认不致影响中转站和到站装卸车作业的货物除外）。

2. 整车分卸、途中作业、站界内搬运

托运人托运同一到站的货物数量不足 1 车而又不能按零担办理时，要求将同一线路上 2 个或最多不超过 3 个到站的货物合装一车时，按整车分卸办理。

货车装车或卸车地点不在公共装卸场所，而在相邻的两个车站站界间的公路沿线时称为途中作业。

装车和卸车地点不跨及两个车站或不越过装车地点车站的站界，这种运输称为站界内搬运。

整车分卸和途中作业只限按整车托运的货物。危险货物不办理站界内搬运和途中作业。托运人要求途中作业和站界内搬运时，须在月度要车计划（公路运输服务定单）上注明，经公路批准后方可办理。

3. 危险货物、鲜活货物运输

具有燃烧、爆炸、腐蚀、毒害、放射线等性质，在运输过程中容易引起人身伤害和财产毁损而需要特殊防护的物品称为危险货物。危险货物的品名、包装、标志、运输限制、托运手续、装卸车要求，在《公路危险货物运输规则》中均有具体规定。

鲜活货物包括易腐货物（如肉、鱼、蛋、水果、蔬菜、鲜活植物等）和活动物（如禽、畜、兽、蜂、活鱼、鱼苗）两大类。

易腐货物，按其热状态又有冻结货物、冷却货物和未冷却货物之分。易腐货物与非易腐货物不得按一批运输，不同热状态的易腐货物不得按一批运输。托运人托运冻结状态或冷却状态的易腐货物应使用冷藏车运输。使用冷藏车运输易腐货物时，货物运单上须注明"途中制冷""加冰"或"不加冰"字样。

托运鲜活植物、活动物沿途需要上水时，托运人需派人押运并在货物运单上注明上水站站名，承运人免费供水，上水用具由托运人或押运人自备。

蜜蜂在运输途中不办理放蜂，不办理变更到站。

4. 超限货物运输

装车后，在直线线路上停留时，货物的任何部位，在高度或宽度超过公路机车、车厢的限界或经由特定区段超过装载限制时称为超限货物。在直线线路停留时虽不超限，但运行中通过半径为300米的曲线线路时计算内侧或外侧宽度仍然超限的，亦称为超限货物。根据超限程度，分为一级、二级和超级超限。

托运人托运超限货物，向车站递交货物运单的同时，还须提出货物的装载三视图（端视、侧视、顶视），准确注明货件重心位置，各部位尺寸，以确定装载方案和超限等级。

5. 件数、重量承运条件、货车载重量

（1）整车货物按件数、重量承运，但下列货物不计算件数，只按重量承运。

1）散堆装货物。

2）成件货物规格相同（相同规格在3种以内，视为规格相同）一批数量超过2000件，规格不同一批数量超过1600件。

有些货物，如日用百货、文具、电视机、面粉、医疗器械、玻璃仪器等每件平均在10千克以上，托运人应按件数点交给车站，承运人应按件数的重量承运。如果这类货物和其他货物一批托运，则须按前款规定的条件办理。

（2）货车的装载量不能超过货车的容许载重量。货车的容许载量如下：

1）货车的标记载重量。

2）货物净重加上包装及防护物重量后，或机械装载不易计件，货物减吨困难时，多出的重量按货车标记载重量允许多装2%。

3）部分货车允许增载量。

标重为50吨的货车不分车种可增载3吨（即6%）；标重为60吨的C61、C62A型的敞车，可增载2吨；标重为60吨的平车，装载军运物资时可增载6吨（即10%）；装运化工产品的罐车G3型可增载3吨，其他型罐车可增载5吨，标重30吨以下的罐车可增载10%；凡涂有"免增"字样的货车（包括上述车型、车号的货车）均不允许增载。

6. 托运人、收货人自装卸货物交接

托运人组织装车或收货人组织卸车的货物，托运人或收货人应与承运人进行交接，以保证安全,明确双方责任。原则上,装卸地点为交接地点,特殊情况下双方可商定交接地点。

托运人组织装车或收货人组织卸车的货物,发站与托运人,到站与收货人交接下列事项:

(1) 施封的货车,凭封印交接。不施封的货车,分别凭车门车窗关闭状态、篷布苫盖状态、货物装载状态或规定的标记交接。

(2) 承运人组织装车,到站收货人组织卸车的货物,交接事项如上款。但到站须派人员到卸车地点会同收货人拆封和卸车。

(3) 托运人组织装车,到站承运人组织卸车的货物,如托运人在货物运单上声明或收货人事先向车站提出要办理交接手续时,到站在卸车前应通知收货人会同卸车,但到站发出通知后超过2小时收货人未到场或托运人、收货人未提出办理交接手续的,到站应编制普通记录证明封印或货车现状,以收货人责任拆封卸车。

(4) 托运人组织装车的货物,发站发现有不符合运输条件并危及货物运输安全时,应由托运人改善后接收。途中发现危及安全运输时,公路应进行整理或换装,费用由处理单位垫付,由责任单位负担。

任务2 接受货运委托

发货人(货主、货运代理人)在托运货物时,应按承运人的要求填写货物托运单,以此作为货物托运的书面申请。货物托运单是发货人托运货物的原始依据,也是承运人承运货物的原始凭证。承运人接到托运单后,应进行认真审核,检查各项内容是否正确。如确认无误,则在运单上盖章,表示接受托运。公路货物运单见表3-2。

表3-2 公路货物运单

运单编号:						日期:		
发货人		地址		电话			装货地点	
收货人		地址		电话			卸货地点	
付款人		地址		电话			约定时间	
货物名称及规格	包装形式	件数	单件体积(立方米)		单件重量(千克)	计费重量(吨)	装卸费	单程空驶损失费
合计		万 仟 佰 拾 元					计费里程	
托运人记载事项		付款人银行账号			承运人记载事项		承运人银行账号	
注意事项	货物名称应填写具体品名,如货物品名过多,不能在拖运单内逐一填写,必须另附货物清单。保险或保价货物,在相应价格栏中填写货物声明价格。				托运人签章		承运人签章	
托运人(单位):			经办人:			电话:	地址:	

在公路汽车运输中,由于发货人与承运人一般具有长期的货运关系,托运人可利用电话等联络方式进行货物托运申请。在这种情况下,承运人必须了解所承运货物的重量、体积及有关管理部门发放的进出口许可证(批文)、装卸货目的地、收发货人详细地址、联络人及其电话等情况。由承运人按托运人提供的资料填制《承运凭据》,交给司机到托运人指定的地点装运货物。

受理订单的标准和货物运单的填写要求见表3-3。

表3-3 受理订单的标准和货物运单的填写要求

受理订单的作业内容	受理订单的质量标准
(1)按规定受理托运人提出的公路货物运输服务订单,一式两份 (2)审核订单的填记内容 (3)审核后,按订单所提要求,计算各项收费并填写报价金额,盖章后交还托运人一份,承运人留存一份并上报公路局 (4)接收公路局批准的计划,将批准的号码填记在订单上,当日或次日内将批准的计划通知托运人,未列入计划部分退还托运人 (5)根据批准的货运计划填写月度运输计划,完成情况统计表 (6)按规定办理托运人提出的旬要车计划表	(1)准确执行政府法令、运输政策及公路规章、命令的规定 (2)"订单"填写项目齐全、正确,字迹清楚,不涂改;不违反到站营业办理限制,货物名称符合规范,车种及吨位与货物相匹配;报价准确 (3)按规定程序上报 (4)计划表填记无误

一张运单托运的货物必须属同一托运人;对拼装分卸的货物应将每一拼装或分卸情况在运单记事栏内注明。

易腐、易碎、易溢漏的液体和其他危险货物、普通货物,以及性质相抵触、运输条件不同的货物,不得用一张运单托运。

一张运单托运的件货,凡不是具备同品名、同规格、同包装的,以及搬家货物,应提交物品清单。

托运集装箱时应注明箱号和铅封印文号码,接运港、站的集装箱,还应注明船名、航次或车站货箱位,并提交装箱清单。

轻泡货物按体积折算重量的货物,要准确填写货物的数量、体积、折算标准、折算重量及有关数据。

托运人要求自理装卸车的,经承运人确认后,在运单内注明。

托运人委托承运人向收货人代递有关证明文件、化验报告或单据等,须在托运人记事栏内注明名称和份数。

托运人对所填写的内容及所提供的有关证明文件的真实性负责,并签字盖章;托运人或承运人改动运单时,亦须签字盖章说明。

托运货物时应注意:在普通货物中不得夹带危险、易腐、易溢漏货物和贵重物品、货币、有价证券、重要票据;托运超限货物,托运方应提供该货物的说明书;鲜活物品,托运方须向车站说明最长的允许运输期限。

任务 3 计算运费

伴随着货物的受理、调度、发运一直到货物交接的运输作业过程中，必然产生一定的费用，这些费用都是要纳入公司的物流成本之中，通过托运人支付运费的形式进行补偿。在填写托运单时承运人要计算运费，与托运人进行确认后填入托运单中。

公路运输费用包括基本运费和其他费用两部分。基本运费是由公路承运人按照所运货物的重量、等级、运输里程、包车运输时间等因素综合计算而得。其他费用也称杂费，包括装卸费、调车费、装货（箱）落空损失费、道路阻塞停运费、车辆处置费、运输变更手续费、车辆通行费、货物检验费、报关手续费、集装箱租箱费及取箱、送箱费等。

计算公路货物运输费用的步骤如图3-2所示。

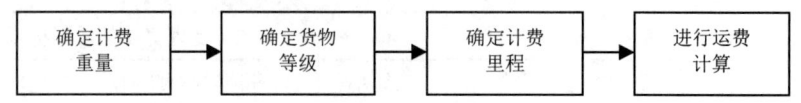

图3-2 公路货物运输费用计算流程图

1. 确定计费重量

为进一步规范道路运输价格管理，促进道路运输健康发展，交通运输部、国家发展和改革委员会于2009年6月19日颁发了《汽车运价规则》和《道路运输价格管理规定》两份文件，作为计算汽车运费的依据，并从2009年9月1日起施行。

（1）计量单位。

1）整批货物运输以吨为单位；吨以下计至100千克，尾数不足100千克的四舍五入。

2）零担货物运输以千克为单位；千克以下计至1千克，尾数不足1千克的四舍五入。

3）集装箱运输以箱为单位。

（2）计费重量（箱数）的确定。

1）一般货物。货物计费重量一般以起运地过磅重量为准。起运地不能或不便过磅的货物，由承、托双方协商确定计费重量。

整批、零担货物的计费重量均按毛重（含货物包装、衬垫及运输需要的附属物品）计算。

2）轻泡货物。轻泡货物指每立方米重量不足333千克的货物。装运整批轻泡货物的长、宽、高，以不超过有关道路交通安全规定为限度，按车辆标记吨位计算。零担运输轻泡货物以货物包装最长、最宽、最高部位尺寸计算体积，按每立方米折合333千克计算其计费重量。

3）包车运输的货物。按车辆的标记吨位计算其计费重量。

4）散装货物。如砖、瓦、砂、石、土、矿石、木材等，按体积由各省、自治区、直辖市统一规定的重量换算标准计算其计费重量。

5）托运人自理装车的货物。按车辆额定吨位计算其计费重量。

6）统一规格的成包成件货物。根据某一标准件的重量计算全部货物的计费重量。

7）接运其他运输方式的货物。无过磅条件的，按前程运输方式运单上记载的重量计算。

8）拼装分卸的货物。按最重装载量计算。

2. 确定货物等级

货物等级根据《汽车货物运输规则》确定，货物按其性质分为普通货物和特种货物两种，普通货物分为三等，特种货物分为长大笨重货物、危险货物、贵重货物、鲜活货物四类。确定好货物等级后，根据有关规定对费用进行相应的加成或减成。

普通货物实行分等计价，以一等货物为基础，二等货物加成15%，三等货物加成30%。整批货物基本运价是指一等整批普通货物在等级公路上运输的每吨千米运价。

 小贴士

公路普通货物运价分等表见表3-4。

表3-4 公路普通货物运价分等表

等级	序号	货类	货物名称
一等货物	1	砂	砂子
	2	石	片石、渣石、寸石、石硝、粒石、卵石
	3	非金属矿石	各种非金属矿石
	4	土	各种土、垃圾
	5	渣	炉渣、炉灰、水渣、各种灰烬、碎砖瓦
二等货物	1	煤	原煤、块煤、可燃性片岩
	2	粮食及加工品	各种粮食（稻、麦、各种杂粮、薯类）及其加工品
	3	棉花、麻	皮棉、籽棉、旧棉、棉胎、木棉、各种麻类
	4	油料作物	花生、芝麻、油菜籽、蓖麻籽及其他油料作物
	5	烟叶	烤烟、土烟
	6	蔬菜、瓜果	鲜蔬菜、鲜菌类、鲜水果、甘蔗、甜菜、瓜类
	7	植物油	各种食用、工业、医药用植物油
	8	植物的种子、草、藤、树条	树、草、菜、花的种子、牧草、谷草、稻草、芦苇、树条、树根、木柴、藤
	9	蚕、茧	蚕、蚕子、蚕蛹、蚕茧
	10	肥料、农药	化肥、粪肥、土杂肥、农药（具有危险的货物除外）
	11	糖	各种食用糖（包括饴糖、糖稀）
	12	肉、油脂及制品	鲜、腌、酱肉类、油脂及制品
	13	水产品	干鲜鱼类、虾、蟹、贝、海带
	14	酱菜、调料	腌菜、酱菜、酱油、醋、酱、花椒、茴香、生姜、芥末、腐乳、味精及其他调味品
	15	土产杂品	土产品、各种杂品
	16	皮毛、塑料	生皮张、生熟皮毛、鬃毛绒及其加工品、塑料及其制品
	17	日用百货、棉麻制品	各种日用小百货、棉麻纺织品、针织品、服装鞋帽
	18	药材	普通中药材
	19	纸、纸浆	普通纸及纸制品、各种纸浆
	20	文化体育用品	文具、教学用具、体育用品

续表

等级	序号	货类	货物名称
	21	印刷品	报刊、图书及其他印刷品
	22	木材	圆木、方木、板料、成材、杂木棍
	23	橡胶、可塑材料及其制品	生橡胶、人造橡胶、再生胶及其制品、电木制品、其他可塑原料及其制品
	24	水泥及其制品	袋装水泥、水泥制品、预制水泥构件
	25	钢材、有色金属及其制品	钢材（管、丝、绳、板、皮条）、生铁、毛坯、铸铁件、有色金属材料、五金制品、配件、小型农机具
	26	矿物性建筑材料	普通砖、瓦、缸砖、水泥瓦、乱石、块石、级配石、条石水磨石、白云石、蜡石、莹石及一般石制品、滑石粉、石灰膏、电石灰、矾石灰、石膏、石棉、白垩粉、陶土管、石灰石、生石灰
	27	金属矿石	各种金属矿石
	28	焦炭	焦炭、焦炭木、石油焦、沥青焦、木炭
	29	原煤加工品	煤球、煤砖、蜂窝煤
	30	盐	原盐及加工煤盐
	31	泥、灰	泥土、淤泥、煤泥、青灰、粉煤灰
	32	废品及散碎品	废钢铁、废纸、破碎布、碎玻璃、废鞋靴、废纸袋
	33	空包装容器	篓、坛罐、桶、瓶、箱、筐、袋、包、箱皮、盒
	34	其他（见注1）	未列入表中的其他货物
三等货物	1	蜂	蜜蜂、蜡虫
	2	观赏用花、木	观赏用常青树木、花草、树苗
	3	蛋、乳	蛋、乳及其制品
	4	干菜、干果	干菜、干果、子仁及各种果脯
	5	橡胶制品	轮胎、橡胶管、橡胶布类及其制品
	6	颜料、染料	颜料、染料及助剂及其制品
	7	食用香精、树胶、木腊	食用香精、糖精、樟脑油、芳香油、木溜油、木腊、橡腊（橡油、皮油）、树胶
	8	化妆品	护肤、美容、卫生、头发用品等各种化妆品
	9	木材加工品	毛板、企口板、胶合板、刨花板、纤维板、木构件
	10	家具	竹、藤、钢、木家具
	11	交电器材	电影机、电唱机、收音机、家用电器（见注2）、打字机、扩音机、闪光灯、收发报机、普通医疗器械、无线电广播设备、电缆电线、电灯用品、蓄电池（未装酸液）、各种电子元件、电子或电动儿童玩具
	12	毛、丝、呢绒、化纤、皮革制品	毛、丝、呢绒、化纤、皮革制品的服装鞋帽
	13	烟、酒、饮料、茶	各种卷烟、各类瓶罐装的酒、汽水、果汁、食品、罐头、炼乳、植物油精（薄荷油、桉叶油）、茶叶及其制品

续表

等级	序号	货类	货物名称
三等货物	14	糖果、糕点	糖果、果酱(桶装)、水果粉、蜜饯、面包、饼干、糕点
	15	淀粉	各种淀粉及其制品
	16	冰及冰制品	天然冰、机制冰、冰淇淋、冰棍
	17	中西药品、医疗器具	西药、中药(丸、散、膏、丹、成药)及医疗器具
	18	贵重纸张	卷烟纸、玻璃纸、过滤纸、晒图纸、描图纸、绘图纸、国画纸、蜡纸、复写纸、复印纸
	19	文娱用品	乐器、唱片、幻灯片、录音带、录像带及其他演出用具和道具
	20	美术工艺品	刺绣、蜡或塑料制品、美术制品、骨角制品、漆器、草编竹编、藤编等各种美术工艺品
	21	陶瓷、玻璃及其制品	瓷器、陶瓷、玻璃及其制品
	22	机器及设备	各种机械及设备
	23	车辆	组成的自行车、摩托车、轻骑、小型拖拉机
	24	污染品	炭黑、铅粉、锰粉、乌烟(墨黑、松烟)、涂料及其他污染人体的货物、角、蹄甲、牲骨、死禽、死兽
	25	粉尘品	散装水泥、石粉、耐火粉
	26	装饰石料	大理石、花岗石、汉白玉
	27	带釉建筑用品	玻璃瓦、琉璃瓦、其他带釉建筑用品、耐火砖、耐酸砖、瓷砖瓦

注:1. 未列入表中的其他货物,除参照同类货物分等外,均列入二等货物。
  2. 家用电器包括家用制冷电器、空气调节器、电风扇、厨房电器具、清洁卫生器具(洗衣机、吸尘器、电热淋浴器)、熨烫器、取暖用具、保健用具、家用电器专用配件等(摘自国家标准全国工农产品分类代码)。

3. 确定计费里程
(1)计费里程的单位。公路货物运输计费里程以千米为单位,尾数不足1千米的四舍五入。
(2)计费里程的确定。
1)货物运输的计费里程,按装货地点至卸货地点的实际载货的营运里程计算;营运里程以交通部和省、自治区、直辖市交通行政主管部门核定、颁发的《营运里程图》执行,未经核定的里程,由承、托双方商定或按车辆实际运行里程计算。
2)同一运输区间有两条(含两条)以上营运路线可供行驶时,应按最短的路线计算计费里程或按承、托双方商定的路线计算计费里程。
3)拼装分卸的货物,其计费里程为从第一装货地点起至最后一个卸货地点止的载重里程。
4)出入境汽车货物运输的境内计费里程以交通主管部门核定的里程为准;境外里程按毗邻国(地区)交通主管部门或有权认定部门核定的里程为准。未核定里程的,由承、托双方协商或按车辆实际运行里程计算。
5)因自然灾害造成道路中断,车辆需绕道而驶的,按实际行驶里程计算。
6)城市市区里程按当地交通主管部门确定的市区平均营运里程计算;当地交通主管部门未确定的,由承、托双方协商确定。

4. 进行运费计算

（1）整车短途运费的计算。

按货物的重量和体积来计算，以北京到天津港为例，货物重量大约为 30 吨，用车为 12.5 米半挂车一辆，运费在 1900 元左右。根据实际的重量和千米数，为 0.2~0.5 元/（吨·千米）。按千克计算的货物就以当地货运市场的具体操作来算，轻货按体积来计算，为 0.5~1.0 元/（立方米·千米）。

（2）整批货物运费的计算：

整批货物运费（元）=整批货物运价[元/（吨·千米）]×计费重量（吨）×计费里程（千米）+车辆通行费（元）+其他法定收费（元）

其中，整批货物运价按货物运价价目计算。

（3）集装箱运费的计算公式：

重（空）集装箱运费（元）=重（空）箱运价[元/（箱·千米）]×计费箱数（箱）×计费里程（千米）+车辆通行费（元）+其他法定收费（元）

其中，集装箱运价按计价类别和货物运价价目计算。

（4）计时包车运费的计算公式。

包车运费（元）=包车运价[元/（吨·小时）]×包用车辆吨位（吨）×计费时间（小时）+车辆通行费（元）+其他法定收费（元）

其中，包车运价按照包用车辆的不同类别分别制定。

由以上公路货物运费的计算公式可以看出，计算公路货物运费，关键在于明确公路货物运输的运价价目、计费重量（箱数）、计费里程（时间）以及货物运输的其他费用。

 小贴士

计时包车货运计费时间

确定计费时间，按计时包车货运时间确定，无包车的不计该项。

（1）计时包车货运计费时间以小时为单位，起码计费时间为 4 小时；使用时间超过 4 小时，按实际包用时间计算。

（2）整日包车，每日按 8 小时计算；使用时间超过 8 小时，按实际使用时间计算。

（3）时间尾数不足半小时的舍去，达到半小时的进整为 1 小时。

货物运输的其他费用

1. 调车费

应托运人要求，车辆调出所在地而产生的车辆往返空驶，应计收调车费。

2. 延滞费

车辆按约定时间到达约定的装货或卸货地点，因托运人或收货人责任造成车辆和装卸延滞，应计收延滞费。

3. 装货（箱）落空损失费

应托运人要求，车辆开至约定地点装货（箱）落空造成的往返空驶里程，按其运价的 50% 计收装货（箱）落空损失费。

4. 排障费

运输大型特型笨重物件时，因对运输路线的桥涵、道路及其他设施进行必要的加固或改造所发生的费用，称为排障费。排障费由托运人负担。

5. 车辆处置费

应托运人要求，运输特种货物、非标准箱等需要对车辆进行改装、拆卸和清理所发生的工料费用，称为车辆处置费。车辆处置费由托运人负担。

6. 检验费

在运输过程中国家有关检疫部门对车辆的检验费以及因检验造成的车辆停运损失，由托运人负担。

7. 装卸费

装卸费由托运人负担。

8. 通行费

货物运输需支付的过渡、过路、过桥、过隧道等通行费由托运人负担，承运人代收代付。

9. 保管费

货物运达后，明确由收货人自取的，从承运人向收货人发出提货通知书的次日（以邮戳或电话记录为准）起计，第4天开始核收货物保管费；应托运人的要求或因托运人的责任造成的需要保管的货物，计收货物保管费。货物保管费由托运人负担。

10. 道路阻塞停车费

汽车货物运输过程中，如发生自然灾害等不可抗力造成的道路阻滞，无法完成全程运输，需要就近卸存、接运时，卸存、接运费用由托运人负担。

11. 运输变更手续费

托运人要求取消或变更货物托运手续，应收取变更手续费。

定价策略和费率的制定

1. 定价策略

向托运人定价时，承运人可以采用按服务成本定价、按运输价值定价或综合定价三种策略。按服务成本定价是从承运人角度出发的，按运输价值定价则是从托运人角度出发的，这两者是单一定价策略。单一定价策略简单易行，综合定价策略则可以对承运人的服务成本和托运人得到的价值进行权衡考虑，从而制定一个更合理的价格。

（1）按服务成本定价。按服务成本定价是一种"累积"的方法，承运人是根据提供这类服务的成本加上毛利润来确定运输费率的。这种服务成本方法代表了基本或最低的运输收费，是对低价值货物或在竞争激烈的情况下使用的一种定价方法。

（2）按运输价值定价。按运输价值定价是根据托运人所能感觉到的服务价值，而不是实际提供这种服务的成本来收取运费。托运人感觉到，运输电子产品要比运输纸张更有价值，托运人可能愿意多支付些运输费用。显然，对于高价值货物，承运人趋向于使用运输价值定价，这样可以收取较高的运输费用。

（3）综合定价。综合定价策略是在最低的服务成本和最大的运输（服务）价值之间来确定某种中间水平的运价，大多数运输公司都使用这种中间值的运价。因此，物流经理必须要了解运价浮动的范围和可供选择的策略，以便在谈判时有所依据。

2. 费率的制定

费率是指特定的产品在两点之间运输时，单位质量产品的运输价格。费率制定的方法如下：

（1）分类费率。费率一般都会罗列在价格单上。承运人为了方便定价，通常将产品进行分类定价。制定分类费率，第一步是按照一定的规则将运输的产品进行分类，第二步是基于产品的分类和起点站及终点站的位置来确定精确的费率。

（2）特殊费率。特殊费率是分类费率的例外，承运人有时向托运人索要一个比通用的分类费率更高或更低的费率。一般情况下，当竞争情况允许，或者运输量很大的时候，承运人通常会针对特定的地区、特定的起点和终点、特定的商品提出特殊费率。

（3）合同费率。分类费率是一种常用的承运人向托运人收费的方法，但是，在很多情况下，承运人和托运人是以合同的方式合作的，此时，他们之间可能会采用合同约定的特殊费率，合同费率的优先级一般高于分类费率。

在公路运输市场中，开展整车运输的专线物流公司，可能更多地参考线路来进行报价。如下所述。

▲延伸阅读

公路运输市场报价

由于公路运输是完全竞争的市场，因此运输价格的市场化程度非常高。在运价放开之前，一般是 0.45 元/（吨·千米）左右。现在，回程配货现象日益普遍，导致价格竞争更加激烈。线路、货物、企业定位的不同，都会导致运输费率不同，见表 3-5。

表 3-5　北京市物流市场部分线路公路运输价格周报（2015 年 8 月 20 日—2015 年 8 月 27 日）

线路	重货/（元/吨）	泡货/（元/方）	整车价格（13 米）
北京—哈尔滨	419.08	170.04	15400
北京—石家庄	164.08	64.34	2430
北京—大同	221.21	73.52	2200
北京—呼和浩特	348.64	143.43	4680
北京—青岛	285.64	125.87	3750
北京—南宁	587.82	212.85	23000
北京—长沙	618.47	188	18000
北京—重庆	860.37	242.95	25200
北京—银川	552.71	168.61	14400

在国内陆运中，根据货物单位重量和体积的比例关系，可以将货物分为重货和泡货两种。

按照每吨货物体积的大小不同，可以把重货分为纯重货、重货和重泡货三种。正常纯重货指 1 吨货物体积在 1.5 立方米以内，重货指 1 吨货物体积在 3 立方米以内，重泡货指 1 吨货物体积在 3~7 立方米的范围。

重货一般都是按元/吨来报价的，正常配货站报的价格多半是纯重货的价格，和重货、重泡货的价格自然是有差别的。比如深圳到北京托运纯重货的价格是 550 元/吨，而重货或重泡货每吨一般都会贵 30~50 元。

1 吨货物体积超过 3 立方米是泡货。按照每吨货物体积的大小不同，可以把泡货分为纯泡货、泡货和重泡货三种。纯泡货指 1 吨货物体积在 12 立方米以上，泡货指 1 吨货物体积在 7~12 立方米之间，重泡货指 1 吨货物体积在 3~7 立方米的范围。

泡货一般按体积来算运价，比如深圳至北京托运的货物，每吨货有 12 立方米以上，运输价格是 160 元/立方米，而泡货和重泡的价格就会贵 20~50 元/立方米。

任务 4　货物托运

不论是货物交给汽车运输企业运输，还是企业主动承揽货物，都必须由货主办理托运手续。承运人受理托运必须做好检查货物包装、确定重量、办理单据等工作。

（1）*检查货物包装*。为了保证货物在运输过程中的完好和便于装载，发货人在发运货物之前，应根据托运货物的质量、性质、运距、道路、气候等条件，按照运输工作的需要做好包装工作。车站对发货人托运的货物，应认真检查其包装质量，发现货物包装不合要求时，应建议并督促发货人将其货物按有关规定包装，然后再行承运。对于需要加以特别注意的货物，托运方除了必须改善包装外，还应在每件货物包装外表明显处，贴上货物运输指示标志。

（2）*确定重量*。货物的重量不仅是企业统计运输工作量和核算货物运费的依据，而且与车辆载重量的充分利用，保证行车安全和货物完好也有关。因此货物重量的确定必须准确。公路货物运输经营者承运有标准重量的整车实重货物，一般由发货人提出重量或件数，经车站认可后承运。货物重量应包括其包装重量在内。

（3）*办理单据*。发货人托运货物时，应向起运地车站办理托运手续，并填写货物托运单作为书面申请。

项目二　接收货物

接收货物是指承运人在受理托运之后，按照货主的要求，根据双方的协议，把货主的货物接收下来并准备承运的过程。

接收货物的步骤如图 3-3 所示。

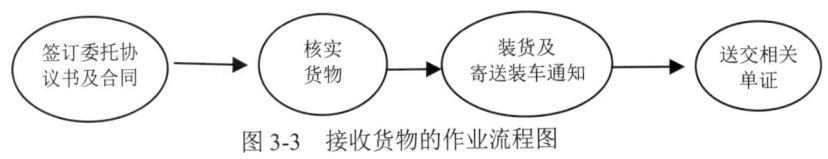

图 3-3　接收货物的作业流程图

任务 1　签订委托协议书及合同

委托人和代办人签订《公路货物代运委托协议书》作为交接、代运工作中双方责任划分的依据。

另外，关于协议书中买卖双方的责任说明如下：在国际货物买卖中，卖方的主要义务是交货、交单、品质担保、权利担保,买方的主要义务是支付货款和接收货物。买方的接收货物义务要求买方要按时提取货物,不管该货物是否符合合同规定。接收货物不等于接受货物,接受表明买方认为货物的质量符合买卖合同的规定,而接收并不表明买方对货物的质量没有异议,如货物在目的地经检验与合同不符,买方也应接收货物,然后在进行索赔。此时,买方有义务先接收货物,再追究卖方的违约责任。根据《联合国国际货物销售合同公约》(以下简称《公约》)第77条规定:"声称另一方违反合同的一方,必须按情况采取合理措施,减轻由于该另一方违反合同而引起的损失,包括利润方面的损失。如果他不采取这种措施,违反合同一方可以要求从损害赔偿中扣除原可以减轻的损失数额。"因此,买方在收货后有权退货,即《公约》中的宣告合同无效,类似于我国合同法中的解除合同。

表3-6所列为公路运输委托协议书的一种常用表单。

表3-6 公路货物运输委托表

托运单位		托运人	
承运单位		承运人	
车型车号		货物名称	
货物价值		规格	
重量		数量	
包装形式		合同规则	
装货地点		卸货地点	
协议有效期		托运人证件	
总运价		付款方式	
司机电话		货主电话	

说明:

1. 运输途中如因手续不全以及超长、超高、超宽所造成的罚款和包装缺陷所造成的损失均由托运方承担。
2. 运输途中如因车辆原因以及驾驶员自身原因所造成的罚款、停车费、过渡费、过桥费等均由承运方承担。
3. 托运方押(不押)车,如发生货缺,货损由承运方负责。
4. 协议没有谈到的事项由双方协商,如达不成协议,可由有关部门或法院裁决,所有费用由败诉方承担。
5. 货运服务业户只对协议起中介、证明作用,不承担任何法律责任。
6. 此协议双方签字生效,谁违约谁负经济责任。

备注

托运方签字盖章: 承运方签字盖章:

 年 月 日 年 月 日

经办单位盖章:

受理日期: 年 月 日

签订了公路运输协议书之后,托运人和承运人双方还需要签订公路货物运输合同。公路货物运输合同是在公路运输协议书的基础上,双方就一些具体的细节、双方责任等相关事宜进行磋商。举例如下。

公路货物运输合同

甲方（托运人）：
乙方（承运人）：
甲、乙双方经过协商，根据合同法有关规定，订立货物运输合同，条款如下：
一、合同期为一年，从　　年　月　日起到　　年　月　日为止。
二、上述合同期内，甲方委托乙方运输货物，运输方式为汽车公路运输，具体货物的名称、规格、型号、数量、价值、运费、到货地点、收货人、运输期限等事项，由甲、乙双方另签运单确定，所签运单作为本合同的附件，与本合同具有同等的法律效力。
三、甲方的义务
1. 按照国家规定的标准对货物进行包装，没有统一规定包装标准的，应根据保证货物运输的原则进行包装，甲方货物包装不符合上述要求，乙方应向甲方提出，甲方不予更正的，乙方可拒绝起运。
2. 按照双方约定的标准和时间向乙方支付运费。
四、乙方的义务
1. 按照运单的要求，在规定的期限内，将货物运到甲方指定的地点，交给甲方指定的收货人。
2. 承运的货物要负责安全，保证货物无短缺、无损坏，如出现此类问题，应承担赔偿义务。
五、运输费用及结算方式
1. 运费按乙方实际承运货物的里程及重量计算，具体标准按照运单约定执行。
2. 乙方在将货物交给收货人时，应向其索要收货凭证，作为完成运输义务的证明，持收货凭证与甲方结算。
3. 甲方对乙方所提交的收货凭证进行审核，在确认该凭证真实有效且货物按期运达无缺失损坏问题后10日内付清当次运费。
六、甲方交付乙方承运的货物均系供应客户的重大生产资料，乙方对此应予以高度重视，确保货物按期运达。非因自然灾害等不可抗力造成货物逾期运达的，如客户追究甲方责任，乙方应全额赔偿甲方的经济损失。因发生自然灾害等不可抗力造成货物无法按期运达目的地时，乙方应将情况及时通知甲方并取得相关证明，以便甲方与客户协调。
七、运输过程中如发生货物灭失、短少、损坏、变质、污染等问题，乙方应按照以下标准赔偿甲方的经济损失。
1. 货物灭失或无法正常使用的，按运单记载货物价格全额赔偿，如运单未记载价格的，按甲方同类产品出厂价格赔偿。
2. 货物修理后可以正常使用且客户无异议的，赔偿修理费（包括换件费用、人工费及修理人员的往返差旅费等）。
八、出现合同第七条情况导致货物逾期运达的，乙方除按该条规定承担责任外，还应当同时执行本合同第六条的规定。
九、本合同未尽事宜，由双方协商解决，协商不成，按照合同法规定办理，发生争议提交××仲裁委员会按其仲裁规则进行仲裁。
十、本合同一式两份，双方各持一份，双方签字盖章后生效。
　　甲方：　　　　　　　　　　　　乙方：
　　附：运单编号：
　　签发时间：　年　月　日　　　　装运时间：　年　月　日
　　签发地点：　省　市　区　路　号　装运地点：　省　市　区　路　号
　　发货人：　　　　　　　　　　　　承运人：
　　托运人签章　　　　　　　　　　　承运人签章
　　　　年　月　日　　　　　　　　　　年　月　日

合同副本

要求运达的时间： 年 月 日 时前
要求运达的地点：
收货人：
货物名称：
规格
型号：
重量：
体积（长×宽×高）：
包装形式：
件数：
出厂价格：
承运车辆车牌号：
运费：

任务 2 核实货物

货物起运前的核实工作也称为理货或验货，其主要内容如下：
（1）承托双方共同验货。
（2）落实货源、货流。
（3）落实装卸、搬运设备。
（4）查清货物待运条件是否变更。
（5）确定装车时间。
（6）通知发货、收货单位做好过磅、分垛、装卸等准备工作。

任务 3 装货及寄送装车通知

托运人收到发货人发出的货物装车通知（表 3-7）后，立即转告代办人，应凭约定的装货手续发货。装货时，双方当事人应在场核对货物名称、规格、数量与运单是否相符，并查看包装是否符合规定标准或要求，承运人确认无误后，应在托运人发货单上签字；发现不符合规定或危及安全运输的不得起运；由于包装轻度破损，短时间修复调换有困难，托运人坚持装车起运的，经双方同意，并做好记录和签名盖章后，方可装运，其后果由托运人负责。

表 3-7 货物装车通知单

货物名称	规格	数量	单价（元）	金额（元）	备注
总计					
装运时间： 运人签字：					

任务4 送交有关单证

委托人通过付汇、赎单后,在货物装车之前,按照代办人的要求,将代运依据中所提及的一切有关单证送交承认人手上。货物接收的有关单证包括合同副本(两份)、正本提单、发票(两份)、装箱单(两份)、品质证明书(两份)、保险单、货物许可证(原件),属于危险品的还应提交危险品品质证明书等。

代办人收到委托人提交的单据、证件,于货物抵达后,办理相应的手续。

货物接收单见表3-8。

表3-8 货物接收单

供货方:					
负责人:	职务:		电话:		
接收方:					
负责人:	职务:		电话:		
供货项目名称:					
收货地点:		收货时间:			
产品名称	规格	数量	单价(元)	金额(元)	备注
总 计					
质量异议:					
收货方(盖章或签字):					
收货日期: 年 月 日					

货物接收常见的问题

1. 发现货物有破损

如果承运人在签收时发现货物有破损,可以在运单上注明货物破损情况、异常签收,并提交索赔资料。托运人会依据异常签收信息与保价申明价值的金额进行赔偿。

2. 接收货物须办理的手续

发货前需要填写一份托运书,具体内容按照托运书上的内容填写,当货物到达目的地的时候,需要携带收货人身份证原件和所需运费,办理提货手续。

项目三　运输调度

货物在办理完托运和承运手续以后，接下来的是装车发运和运输调度工作。货物的装车和运输调度，应在保证货物和人身安全的前提下，做到快速进行，以缩短装车作业时间，加速车辆周转和货物运送。

货物运输调度的主要步骤如图 3-4 所示。

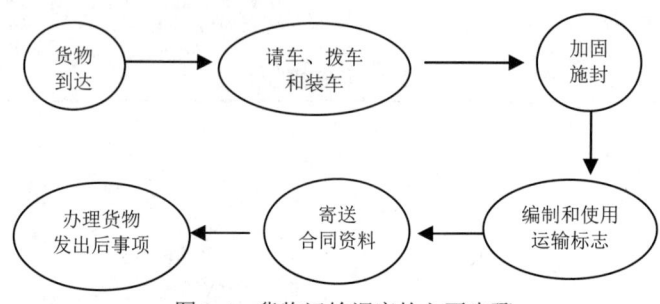

图 3-4　货物运输调度的主要步骤

任务 1　货物到达

货物应按规定的时间抵达目的地。到达目的地时，发货人应组织专人在目的地接货，并会同公路货运员对货物的包装状况、品名、件数、标记唛头与运单及随附单证等逐件进行检查。如发现问题或相互不符，要设法修复或更换，或者查明原因，予以更正。货物全部搬入车站并经货运员验收完毕、符合运送要求，发货人即同货运员办理货物交接手续，并在运单上签证确认。在专用线装车时，发货人应在货车调送前一日将货物搬至货位，并做好装车前的一切准备工作。

任务 2　请车、拨车和装车

由整车运输负责人装车的货物，有关请车和拨车均由整车运输负责人自行处理。由发货人负责装车时，不论在车站的货场内装车还是在专用线装车，发货人都应按公路批准的要车计划，根据货物的性质和数量，向车站请拨车辆。发货人要正确合理地选择车种和车辆吨位，尽量做到车种适合货种、车吨配合货吨，在保证安全的前提下充分利用车辆的载重量与容积，提高运输经济效益。整车运输在货车调送到装货地点或车辆交接地点期间，应事先通知发货人；发货人根据接车通知按时接车，同时组织装车力量，在规定时间内完成装货工作、按时交车，并将装货完毕时间通知车站。

货物装车应具备三个基本条件：第一，货物包装完整、清洁、牢固，货物标志与标记清晰完善；第二，车辆车体完整清洁，技术状况良好，具备装货条件；第三，单证齐全，内容完备，准确。由发货人装车的货物，发货人应对其负责装车的货物进行现场监装，对公路负责装车的货物一般由公路监装，在必要时可要求发货人在车站货场检查装载情况。现场监装工作的内容主要有以下几个方面：

（1）装车前，检查货位上的货物，复核点数，确定是否符合装车条件。

（2）货场调到时，合同公路货运员检查车辆是否符合装车要求。

（3）合理装载，装车时对配载货物做到心中有数，计算准确，装载合理，保证货物全部装车。检查货物是否装载恰当，确保货物运输安全。

（4）装车完毕，检查车辆是否封闭、加固、通风以及做好相应安全措施。

（5）记录车号，做好发运登记，并在出口货物明细单上填写车号、运单号和装车日期；如实际车数与原单记载有出入时，应及时修改和更正。

（6）装车结束后，及时向车站交付运费，取回盖有发站承运戳记的运单副本和副本抄件。

任务3　加固施封

对于敞车、平车及其他特种车辆装运超限货物，箱装和裸体的机械设备以及车辆等货物，应在装车时放置稳妥，捆绑牢固，以防运送途中发生移动、坠落、倒塌及相互撞击，保证安全运送。

货物出口加固工作，应由公路负责人全程负责，但发货人应检查加固情况，如不合要求，应提醒公路方面重新加固。

施封是保证货物运输安全的重要措施之一，以便分清公路运输与发、收货人之间，公路内部之间的相互责任。一般来说，装运国际联运出口货物的棚车、冷藏车、罐车都必须施封。

货物施封后，应使用只在毁坏后才能启开的封印。

公路货物装车时由公路施封，发货人装车由发货人施封，或委托公路施封，此时发货人应在运单"铅封"栏内注明"委托公路施封"字样。

对出口货物和换装接运的进口货物，各发站和进口国境站必须用10号公线将车门上部门扣和门鼻拧紧，在车门下部门扣处施封。

关于货物铅封的小知识

铅封是货物装入集装箱并正确地关闭箱门后，由特定人员施加的类似于锁扣的设备。铅封根据施加人员不同可分为海关封志、商检封志和商业封志三种。铅封一经正确锁上，除非暴力破坏（即剪开）否则无法打开，破坏后的铅封无法重新使用。每个铅封上都有唯一的编号标志。只要集装箱外观完整，集装箱门正确关闭，铅封正常锁上，就可以证明该集装箱在运输途中未经私自开封，箱内情况由装箱人在装箱时监督负责。

海关封识是不允许随意开拆的，是要负法律责任的。在以下两种情况下，海关通常会施加封志。一是海关开箱查验。海关查验就是海关人员把集装箱打开，或全部掏出来查看，为了让货主不致以为是别人非法查看的，封上一个海关封志告诉货主，这是海关行为。同时，海关的查验记录上也必须记下海关的封志号。二是海关转关。海关转关就是从口岸海关进口的货物，转送到内陆海关申报。

任务4　编制和使用运输标志

运输标志又称唛头，一般印制在货物外包装上。按照我国规定，联运进口货物在订货开始前，由经贸部统一编制向国外订货的代号，作为"收货人唛头"，分别通知各订货部门使用，各进出口公司必须按照公司统一规定的收货人唛头对外签订合同。

收货人唛头按以下顺序排列：

（1）订货年度代号。
（2）承办订货进出口公司代号。
（3）收货人代号。
（4）间隔代号。
（5）商品类别代号。
（6）合同编号。
（7）贸易国别地区代号。

以上内容分别依国家经贸主管部门规定统一执行，使用者可依其发布的代号进行查询。

任务5 寄送合同资料

当公路运载的货物属于联运进出口货物时，向国境站寄送合同资料是必不可少的一步。合同资料是国境站核放货物的重要依据，各进出口公司在对外合同签妥后，要及时向货物经由国境站的外运分支机构寄送合同的中文抄本。对于由外运分支机构接收分拨的小额订货，必须在抄寄合同的同时，按合同内容添附货物分类表。

寄送的合同资料应包括合同中文抄本及其附件、补充协议书，变更申请书、更改书和有关确认函电，提前交货清单等。合同资料的内容应包括合同号、订货号、品名、规格、数量、单价以及经由国境站、到达路局、到站、收货人唛头、包装和运输条件等项目。向国外提出的合同变更资料，应同时寄送国境站外运分支机构参考。如改变货物的经由国境站，必须将更改后的中文合同抄本寄送新经由国境站外运的分支机构，并通知原经由国境站外运分支机构注销合同资料。

任务6 办理货物发出后事项

1. 登记

发货人的运输人员在发货后，要将发货经办人员的姓名、货物名称、数量、件数、毛重、净重、发站、经由口岸、运输方式、发货日期、运单号、车号及运费等项目，详细登记在发运货物登记表内，作为原始资料。

2. 通知及上报

如合同有规定，发货后发货人要通知收货人，则发货人要及时通知；如规定要上报总公司和当地有关主管部门的，要及时上报。总之，要做好必要的通知和上报工作。

3. 修正和更改

如果货物发出后，发现单证或单货错误，要及时电告货物经口岸的外运分支机构，要求代为修正，如发货后需要变更收货人、到站或其他事项的，及时按规定通知原发站办理变更。

项目四 在途管理

货物在途管理主要指对在运送途中的货物进行的管理活动。

货物在途管理的工作步骤如图 3-5 所示。

图 3-5　货物在途管理的作业流程图

任务 1　建立收货客户档案

收货客户档案，顾名思义就是有关收货客户情况的档案资料，是反映客户本身及与客户关系有关的收货信息的所有信息的总和。其包括客户的基本情况、客户要求、到达时间、到达地点等方方面面。

建立收货客户档案的目标是缩减配送成本，有效规避配送风险，寻求扩展业务所需的新市场和新渠道，并且通过提高客户价值、满意度、赢利能力以及客户的忠诚度来提高企业的经营有效性。

1. 收集客户档案资料

建立客户档案就要专门收集客户与公司联系的所有信息资料，以及客户本身的内外部环境信息资料。它主要包括以下几个方面：

（1）有关客户最基本的原始资料，包括客户的名称、地址、电话等，这些资料是客户管理的起点和基础，需要通过销售人员对客户的访问来收集、整理归档。

（2）关于客户特征方面的资料，主要包括所处地区的文化、习俗、发展潜力等。其中对于外向型客户，还要特别关注和收集客户市场区域的政府政策动态及信息。

（3）关于客户周边竞争对手的资料，如其对竞争者的关注程度等。对竞争者的关系要有各方面的比较。对于客户产品的市场流向，要准确到每一笔"订单"。

（4）关于交易现状的资料，主要包括客户的销售活动现状、存在的问题、未来的发展潜力、财务状况、信用状况等。

2. 客户档案的分类整理

客户信息是不断变化的，客户档案资料需要不断补充、增加，因此客户档案的整理必须具有管理的动态性。根据营销的运作程序，可以把客户档案资料进行分类、编号定位并活页装卷。

（1）客户基础资料，包括客户姓名、详细地址和联系方式等。

（2）客户购买产品的信誉、财务记录及付款方式等情况。

（3）与客户的交易状况，如客户产品进出货的情况登记表，实际进货、出货情况报告，每次购买产品的登记表，具体产品的型号、颜色、款式等。

（4）客户退赔、折价情况。如客户历次退赔折价情况登记表、退赔折价原因、责任鉴定表等。

以上每一大类都必须填写完整的目录并编号，以备查询和进行资料定位；客户档案分年度清理、按类装订成固定卷年保存。

3. 建档工作的注意事项

（1）档案信息必须全面、详细。客户档案所反映的客户信息，是我们对该客户确定一对一的具体销售政策的重要依据。因此，档案的建立，除了客户名称、地址、联系人、电话这些最基本的信息之外，还应包括其经营特色、行业地位和影响力、分销能力、资金实力、商业信誉、与本公司的合作意向等更为深层次的内容。

（2）档案内容必须真实。这就要求业务人员的调查工作必须深入实际，为了应付检查而闭门造车，胡编乱造客户档案的做法是不可取的。

（3）对已建立的档案要进行动态管理。

任务 2　途中信息反馈

在运输过程中，司机要及时检查当前人员和货物的具体情况，并且及时把途中的必要和有用信息反馈给物流公司，以便更好地实现物流、信息流的及时沟通。

在货物发出之后，物流公司要及时与客户联系，确认客户的联系方式和地址是否正确，配送方式是否符合客户的要求，以及货物能否及时、准确地送到客户手中等。

现在很多比较大型的物流公司都有自己的电子商务平台，通过网上的信息，客户能够及时了解货物的具体状态，如出货、到达配送点以及在途的其他管理、配送员的联系方式等。

任务 3　跟踪记录与异常处理

货物在中途的运输过程中，司机要及时向公司的工作人员反馈货物的信息，而工作人员也必须及时将司机反馈到公司的信息发布出来，并在相应的地方填写货物的跟踪记录。

如果司机在运输的途中，发现有异常情况，如货物出现遗漏、损坏等，应及时与客户取得联系。

▲小案例

应用 KinnTMS 软件来实现公路整车运输的全程跟踪

KinnTMS 运输管理系统是面向运输物流企业提供的灵活、高效、可靠、准确、分布式的现代化运输管理系统。系统采用 B/S 架构系统，并应用 Internet 技术及符合运输企业多点联运的业务处理模式和业务拓展方式，不受地域、距离的影响，加快了各个网点信息的及时流动，解决了与客户数据的充分共享等技术问题，大大提高了企业工作效率。

KinnTMS 处理物流公司的日常业务运作，包括预约单、车辆调度、仓库管理、托运单、配载、到站配送、在途跟踪、货物跟踪等。KinnTMS 软件功能介绍如下。

1. 预约单

每个营业部把客户的委托信息和业务员的揽货信息录入到系统，记录客户联系方式、收货地点、货量和报价。

2. 车辆调度

根据预约单录入的货物信息安排司机车辆提货，根据客户要求的取货地点和取货时间安排车辆，并由取货地点自动计算出里程以考核车辆油耗。

3. 仓库管理

登记货物实际入仓信息。记录入仓时间、仓库、货物品名、件数、重量、仓位、装卸组等，根据货物入库信息统计每日库存货物清单。

管理仓库库存的货物，盘点每日入库量、每日出库量以及每日库存。

4. 托运单

仓库人员在仓库管理确认到货的同时会自动生成托运单，制单人员根据司机提供的托运清单补全托运单信息，录入实际发货人、收货人、实际的货物信息以及运费、送货人、保险费等各种费用和付款方式，托运单审核通过后可以直接打印计算机托运单。

5. 配载

根据司机车辆配载装货，首先根据货物的票面到达站把同一地点的货配载在同一部车，如果货物实际到达站有变更，也可以把其他票面到达站的货配载进来，配载完以后要输入实际的到达站、预计出发时间、预计到达时间等。

6. 到站配送

到站站点根据到货情况安排司机车辆送货，送货上门并签收。

7. 在途跟踪

跟踪每辆车的异常情况，发车时间、运行时间、到达时间、卸货时间、确认人、确认方式（异常情况多必须确认）、延时理由、总运行时间等。

8. 货物跟踪

全程跟踪货物的运输状态，主要包含以下几个状态：新委托、已派车、已入仓、已配载、已装车、在途、到站、已配送、已签收，这些状态多是由各个环节的操作自动汇总上来的，由客服统一跟踪查询。

9. 业务变更

如果货物在运输过程中发生变化，则可以由到站发起变更申请，起始站审核通过后由统计对托运单进行修改。

10. 签回单管理

统一管理客户的回单，对回单进行全程跟踪管理，包含客户签收时间、到站回收时间、寄出时间和完成时间等。

11. 理赔管理

如果客户有报平安保险，货物发生异常后客服需要统一对异常进行处理和理赔，登记货物异常情况来源、异常原因和各个部门的处理意见，每月根据各个站点汇总异常理赔统计表。

12. 智能分析决策中心

智能分析决策中心模块主要提供客户关系管理分析、业务统计分析等高级管理功能。

在运输作业平台上进行的业务管理，形成的数据关联强、数据一致性高、有序分类的高价值企业数据资产，为企业的持续发展提供有力支持。在此基础上进行业务统计分析、客户关系管理分析，为生成各种报表，建立数据仓库提供有利条件。

项目五　交货与结算

货物到达收货人指定的交货地点，接下来要做的工作就是货物交接。托运人组织装车或收货人组织卸车的货物，托运人或收货人应与承运人进行交接以保证安全，原则上装卸地点为交接地点，特殊情况下双方可商定交接地点，并对货物进行检验，明确双方责任。

货物交接的工作步骤如图3-6所示。

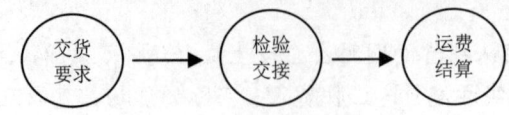

图 3-6　货物交接作业流程图

任务 1　交货要求

承托双方对包装货物要件交件收；对散装货物原则上要磅交磅收；对"门到门"重箱、集装箱及其他施封的货物要凭铅封交接。

任务 2　检验交接

货物交接时，承托双方对货物重量和内容如有疑义，可提出查验和复磅，如有不符，按有关规定处理；查验、复磅所发生的费用，由责任方负担。

货物运达指定地点后，收货人和承运人应在场交接。卸货时，承运人、收货人应在场核对货物品名、规格、数量与运单相符，并查看包装是否符合规定标准或要求，收货人确认无误后应在承运人所持的运费结算凭证上签字；如发现货损货差，双方交接人员做好记录并签认，经双方共同查明情况、分清责任的，由收货人在运费凭证上批注清楚；收货人不得因货损、货差拒绝收货。

小贴士

货物交接的注意事项

托运人组织装车或收货人组织卸车的货物，发站与托运人，到站与收货人交接下列事项：

（1）施封的货车，凭封印交接。

（2）不施封的货车，分别凭车门车窗关闭状态、篷布苫盖状态、货物装载状态或规定的标记交接。

承运人组织装车，到站收货人组织卸车的货物，交接事项如上款。但到站须派人员到卸车地点会同收货人拆封和卸车。

托运人组织装车，到站承运人组织卸车的货物，如托运人在货物运单上声明或收货人事先向车站提出要办理交接手续时，到站在卸车前应通知收货人会同卸车，但到站发出通知后超过 2 小时收货人未到场或托运人、收货人未提出办理交接手续的，到站应编制普通记录证明封印或货车现状，以收货人责任拆封卸车。

托运人组织装车的货物，发站发现有不符合运输条件并危及货物运输安全时，应由托运人改善后接收。途中发现危及安全运输时，公路应进行整理或换装，费用由处理单位垫付，由责任单位负担。

承运人对发出领货通知次日起超过 30 天无人领取的货物，按以下规定处理：

（1）建立台账，及时登记，妥善保管，在保管期间不得动用，并认真查找物主。

（2）经多方查询，超过一个月仍无人领取的货物，按国家经委颁布的《关于港口、车站

无法交付货物的处理办法》办理，但鲜活和不易保管的货物，经企业主管部门批准可不受时间限制。

为了更好地说明货物交接的具体流程，下面以某个公司的货物交接单为例进行详细展示，见表3-9。

表3-9　货物交接单

送货单位：	收货单位：
送货人：	收货人：

经双方现场验收，对所交接货物的具体情况作以下描述，并达成共识，确认所述真实、有效。

货物名称	
型号	
外观有无磨损	
型号是否与合同相符	
有无使用说明书	
有无产品合格证	
约定安装调试时间	
货物是否按期到达	
押货人签字	
送货人签字	
收货人签字	
收货时间	

任务3 运费结算

承运人按照要求计算运输相关费用之后，整理好收费票据，妥善保管。根据收费票据详单，做好收费汇总表交至客户，确认后交回结算中心。结算中心根据收费汇总表向客户收取运费，开具发票。

结算公路货物运费时，应遵守如下规定：

（1）货物运费在货物托运、起运时一次结清，也可按合同采用预付费用的方式，随运随结或运后结清。托运人或者收货人不支付运费、保管费以及其他运输费用的，承运人对相应的运输货物享有留置权，但当事人另有约定的除外。

（2）运费尾数以元为单位，不足1元时四舍五入。

（3）货物在运输过程中因不可抗力灭失，未收取运费的，承运人不得要求托运人支付运费；已收取运费的，托运人可以要求返还。

▲相关知识

一、整车运输的生产过程

整车货物运输是指公路货运运输业的劳动者运用运输车辆、装卸设备、承载器具、站场设置等，通过各种作业环节，将货物从始发地运送到目的地的全过程。因此整车货物运输的生产过程是一个多环节、多工种的联合作业系统，它由四个相互关联、相互作用的部分组成，即运输准备过程、基本运输过程、辅助运输过程和运输服务过程，这是社会物流必不可少的、重要的服务过程。

（1）运输准备过程。其又称运输生产技术准备过程，是货物进行运输之前所做的各项技术准备性准备工作，包括车型选择、线路选择、装卸设备配置、运输过程的装卸工艺设计等。

（2）基本运输过程。基本运输过程是运输生产过程的主体，是指直接组织货物，从起运地至到达地完成其空间位移的生产活动，包括起运站装货、车辆运行、终点站卸货等作业过程。

（3）辅助运输过程。辅助运输过程是指为保证基本运输过程正常进行所必需的各种辅助性生产活动。辅助生产过程本身不直接构成货物位移的运输活动，它主要包括车辆、装卸设备、承载器具、专用设施的维护与修理作业，以及各种商务事故、行车事故的预防和处理工作，营业收入结算工作等。

（4）运输服务过程。其是指服务于基本运输过程和辅助运输过程中的各种服务工作和活动。例如，各种行车材料、配件的供应，代办货物储存、包装、保险业务，均属于运输服务过程。

整车运输生产过程的各个组成部分之间的关系，既表现了一定的相互独立性，又表现了相互关联性。同时，通过运输准备过程、基本运输过程、辅助运输过程、运输服务过程活动，可以使基本运输过程能够与物流过程的各个功能环节有机地协调起来，使得运输过程的服务质量得到提高。

二、货物装卸

货物装卸是指车辆在起运点装货和在到达点卸货时所完成全部作业的总称，是在同一地域范围进行的、以改变物品的存放状态和空间位置为主要内容和目的的活动。装卸工作的质量关系货物在运输过程中的安全或完整性，装卸工作水平影响车辆载重能力或车厢容积是否得到充分利用，装卸工作的时间影响车辆的运送速度及货物的送达时间。

装卸工作包括主要作业和附属作业两部分。主要作业是指把货物自堆垛的地方或其他保管的地方取出，并"搬移"到装货的地方装上车辆，及由车上卸下"搬移"到堆放的地方堆垛或放进其他保管的地方。其中"搬移"也称搬运。附属作业是指检查货物包装、做标记，填写货物清单，为接收货物准备地方，货物捆扎与解捆，在车上用蓬布盖好货物等。货物装卸工作是道路货物运输过程的一个重要组成部分（或环节）。货物只有完成了装车和卸车作业后，才能开始和结束其运送。

（一）装卸作业的条件和基本方法

1. 货车装卸一般条件

（1）整车货物装卸：较多采用托盘系列及叉车进行装卸作业。

（2）零担货物装卸：较多地使用人力和手推车，台车和输送机等作业工具，零担货物装卸也可使用笼式托盘、箱式托盘，以提高货车装卸、分拣及配货等作业的效率。

（3）专用货车装卸：往往需要适合不同货物的固定设施、装卸设备，以满足装卸时需要的特殊技术要求。

2. 装卸作业的基本方法

（1）单件作业法。

（2）集装作业法。

（3）散装作业法。

（二）装卸作业的时间构成

（1）车辆到达作业地点后，等待货物装卸作业的时间。

（2）车辆在装卸货物前后，完成调车、摘挂作业的时间。

（3）直接装卸货物的作业时间。

（4）与运输有关商务活动等的作业时间。

三、公路货物运价价目

1. 基本运价

（1）整批货物基本运价：一等整批普通货物在等级公路上运输的每吨千米运价。

（2）零担货物基本运价：零担普通货物在等级公路上运输的每千克千米运价。

（3）集装箱基本运价：各类标准集装箱重箱在等级公路上运输的每箱千米运价。

2. 吨（箱）次费

（1）吨次费：对整批货物运输，在计算运价费用的同时按货物重量加收吨次费。

（2）箱次费：对汽车集装箱运输，在计算运价费用的同时按不同箱型加收箱次费。

3. 普通货物运价

普通货物实行分等计价，以一等货物为基础，二等货物加成15%，三等货物加成30%。

4. 特种货物运价

（1）大型特型笨重货物运价。

1）一级大型特型笨重货物在整批货物基本运价的基础上加成40%～60%。

2）二级大型特型笨重货物在整批货物基本运价的基础上加成60%～80%。

（2）危险货物运价。

1）一级危险货物在整批（零担）货物基本运价的基础上加成60%～80%。

2）二级危险货物在整批（零担）货物基本运价的基础上加成40%～60%。

（3）贵重、鲜活货物运价。在整批（零担）货物基本运价的基础上加成40%～60%。

5. 特种车辆运价

按车辆的不同用途，在基本运价的基础上加成计算。特种车辆运价和特种货物运价两个价目不允许同时加成使用。

6. 非等级公路货运运价

在整批（零担）货物基本运价的基础上加成10%～20%。

7. 快速货运运价

按计价类别在相应运价的基础上加成计算。

8. 集装箱运价

（1）标准集装箱运价。重箱运价按照不同规格箱型的基本运价执行，空箱运价在标准集装箱重箱运价的基础上减成计算。

（2）非标准箱运价。重箱运价按照不同规格的箱型，在标准集装箱基本运价的基础上加成计算，空箱运价在非标准集装箱重箱运价的基础上减成计算。

（3）特种箱运价。在箱型基本运价的基础上按装载不同特种货物的加成幅度加成计算。

9. 出入境汽车货物运价。

按双边或多边出入境汽车运输协定，由两国或多国政府主管机关协商确定。

四、公路货运的统计指标

货物运输量主要用"货运量"与"货物周转量"这两个指标来进行统计。

货运量是指在报告期内实际运送的货物重量，单位为吨，以货票记载的货物实际重量为计算依据。在计算货运量时，不论货物运距的长短或货物种类如何，只要是办理运输手续收取运费的，每运送一吨即计算一吨货运量。

货物周转量是指在报告期内实际运送的每批货物重量分别乘其运送里程的综合数，计算单位为吨千米。货物运送里程以货票上记载的起运地点和卸货地点的距离为计算依据。

货物平均运距是指在报告期内实际运送货物或旅客的平均距离，计算单位为千米。

截至2014年底，全国营业性货运车辆完成货运量333.28亿吨、货物周转量61016.62亿吨千米，比上年分别增长8.3%和9.5%，平均运距为183.08千米。

单元小结

本单元主要讲述了公路整车运输的作业流程，包括从受理托运开始，经过接收货物、运输调度、货物在途管理、货物交接到运费结算的全部业务过程。公路整车运输必须严格按照作业流程来进行,各个单证要认真详细地填写,货物托运和交接要及时准确,在最后的收费步骤中更是要求客观、实际,如实进行。

思考题

一、简答题

1. 绘制整车运输的作业流程图。
2. 整车运输调度的主要步骤有哪些?
3. 阐述货物交接的作业流程。其注意事项有哪些?
4. 整批货物运费由哪些部分构成?

二、实训题

【技能训练目标】

理解公路整车货物运输运费计算的要求,清楚公路货物运输运费计算的程序,会根据公式计算运费。

【技能训练任务】

货物运输基本情况见表3-10。已知武汉到北京的距离是1253千米,试计算货物运费。有关货物计费标准参照公路货物运输参考价目表和货物分类表。

表3-10 货物运输基本情况表

序号	货物名称	重量/吨	始发地	目的地
1	涂料	20	湖北 武汉	北京
2	生石灰	18	湖北 武汉	北京

【技能训练准备】

公路里程表、公路货物运输参考价目表、货物分类表。

【技能训练步骤】

整车货物运费的计算训练:

(1)确定货物的种类、等级和基本运价;假定一等货物的运价是 0.5 元/(吨·千米),二等货物、三等货物的运价分别在一等货物运价的基础上加成15%、30%。

(2)确定货物的计费重量。

(3)确定货物的计费里程。

(4)确定货物运输的其他费用。

【技能训练注意事项】

(1)运费的计算是公路运输中比较重要的内容。训练时,按步骤仔细计算。

(2)公路货物运输的运费计算没有绝对统一的标准,要根据具体情况具体分析。

【技能训练评价】

公路整车运输运费的计算技能训练评价表见表3-11。

表 3-11　公路整车运输运费的计算技能训练评价表

被考评人				
考评地点				
考评内容	公路货物运输运费的计算			
考评标准	内　容	自我评价	教师评价	综合评价
	知道运费核算的程序			
	清楚运费计算的具体要求			
	会计算公路货运的运费			
	能准确地计算货运业务的运费			
该项技能能级				

注：能级标准如下所述：

1级标准：在教师指导下，能部分完成某项实训作业或项目。

2级标准：在教师指导下，能全部完成某项实训作业或项目。

3级标准：能独立地完成某项实训作业或项目。

4级标准：能独立地、又快又好地完成某项实训作业或项目。

5级标准：能独立地、又快又好地完成某项实训作业或项目，并能指导其他人。

单元四 零担运输业务操作

通过本单元的学习，学生应熟悉零担运输的条件和要求，熟练掌握零担货物运输的作业流程，能够准确计算运费，正确填写零担运输的单据，及时高效地执行零担运输的作业程序。

（1）零担运输的条件和要求。
（2）零担货物运输的作业流程。
（3）计算零担运输任务的运费。

技能点

（1）能够根据运输任务性质和零担运输管理要求，完成零担运输的托运受理工作。
（2）能够根据货物性质和要求，完成有效配载，准确填制装车清单。
（3）能够根据公司资源、客户要求和客观环境，进行调度安排，设计优化运输路线。
（4）能够正确填写零担运输运单等单据。
（5）能够对在途货物进行有效管理，保证货物安全交接。
（6）培养独立思考能力和团队合作能力，具备完成零担货物运输的职业素质。

零担货物是指托运人一次性托运货物的计费重量为3吨及以下的零散货物。根据《汽车货物运输规则》规定，对托运人一次性托运货物的计费重量为3吨及以下（不足一整车），且承运人运用汽车等运载工具致使零担货物发生空间位移的运输活动，称为公路零担货物运输。

根据规定，按件托运的零担货物：单件体积一般不得小于0.01立方米（单件重量超过10千克的除外），不得大于1.5立方米；单件重量不得超过200千克；货物长度、宽度、高度分别不得超过3.5米、1.5米和1.3米。

"三零"（零散客户、零星货物、零担整装车）货物，既有别于前面所述的整车货物，也有别于UPS、顺丰、中通等快递包裹。与整车货物相比，零担货物呈现出公路运输两端货物的批量较小、批次较多、客户零散、流向分散、快速及时、机动灵活的特点，从而能有效地补充公路整车货物运输的不足；与邮政快递包裹相比，零担货物单件体积相对较大，单件重量相对较重，业务处理相对繁杂，而单件货物所承担的运资费率却相对较低。因此，对零担货物来说，需要采取"集配"的业务运作模式。也就是说，在物流干线的两端需要分别设置"集货"与"配送"的业务操作环节。

基于公路货运企业的真实工作情境,公路零担货物运输业务操作流程如图 4-1 所示,左边部分属于"集货流程",右边部分属于"配送流程"。

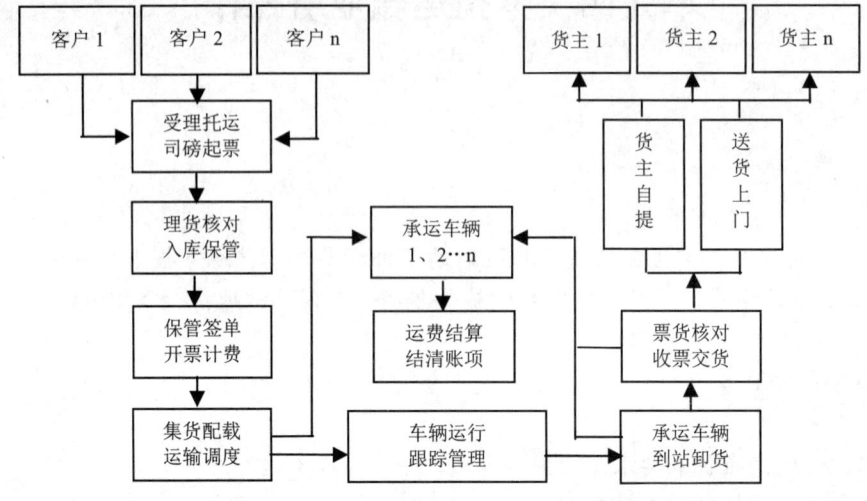

图 4-1　公路零担货物运输业务操作流程

公路零担货物运输的特点和营运形式

1. 公路零担货物运输的特点

(1) 批量较小,批次较多。公路零担货物运输的货物批量较小、批次较多,一辆承运车辆所装货物往往由多个托运人的货物汇集而成,并需交由几个收货人接货。货物流量、货物流向具有一定的区域性和不确定性,多为随机性发生,对货物配载、运输调度的要求也较高。而难以通过运输合同方式将零担货运业务纳入计划管理轨道,使得每一笔业务操作流程具有一定的差异性。这就要求货运企业能够定期进行货物流量、货物流向的经常性调查,采取积极妥善的应对措施,以确保公路零担货物运输业务的有序运行。

(2) 客户零散,流向分散。公路零担货物托运,具有客户零散、流向分散的鲜明特征。当货运企业受理托运后,对零担货物实行"零散受理、全程负责"的运作模式。为此,货运企业对需要经过几个站点中转的零星货物,一般都使用厢式货车,从而有效减少货损、货差事故的发生。此外,货运企业为货主提供上门提货、包装加固、送货上门等业务,既能方便托运客户,又能缩短运输时间。

(3) 快速及时,机动灵活。在正常情况下,公路零担货物运输车辆往返都是实载实运,核定吨位或车厢容积的利用率较高,极大地提高了车辆运行效率,从而表现为公路零担货物运输的运送速度较铁路或水路运输方式迅速快捷。例如,对装卸作业来说,公路零担货物运输的装卸作业基本上是一装一卸,而铁路或水路零担货物运输的装卸作业,却需要三装三卸。

由于零担货物周转环节多,容易出现货损、货差,赔偿费用较高。因此,货运企业应配备一定的仓库或货棚,以及相适应的装卸、搬运、堆置性机具和专用厢式车辆,以便及时地对容易出现货损、货差的零担货物进行作业处理，能够以机动灵活的作业流程去适应特殊情况的需要。

2. 公路零担货物运输的营运形式

由于公路零担货物托运人对货物的运送时间、运送方式、收货发货和装卸交接等方面具有不同的要求，因此公路零担货物运输须采取不同的营运形式。

按照公路零担货车发送时间的不同，可将公路零担货物运输的营运形式，划分为定期零担货运班车（简称"零担班车"）和不定期零担货车（简称"零担货车"）两大类。

（1）定期零担班车的营运形式。零担班车一般是依据营运范围内零担货物的流量、流向和货主的实际需要组织运行的。运输车辆主要以厢式专用车为主，实行定车、定期、定线、定时运行，有固定的停靠站点，并可以装卸货物。其营运形式主要有以下几种：

1）直达式零担班车。直达式零担班车是一种在起运站将各个发货人托运的同一路线、同一到达站且性质允许配载的各种零担货物，同车装载并直接运达目的地的货运班车。

直达式零担班车运行示意图如图 4-2 所示。

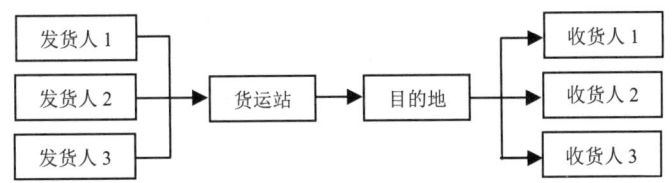

图 4-2　直达式零担班车运行示意图

2）中转式零担班车。中转式零担班车是一种在起运站将各个发货人托运的同一路线、不同到达站且性质允许配载的各种零担货物，同车装载并运至规定的中转站，卸货复装后重新组成新的零担班车，然后直接运达目的地的货运班车。

中转式零担班车运行示意图如图 4-3 所示。

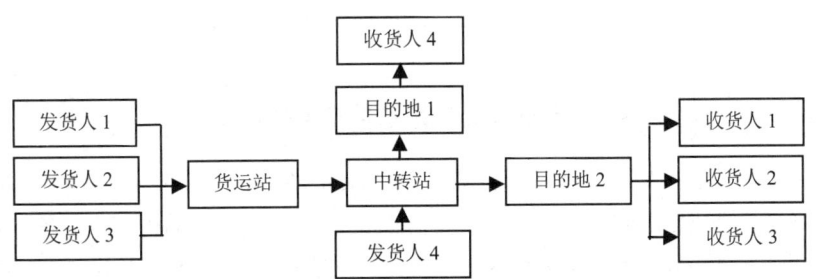

图 4-3　中转式零担班车运行示意图

3）沿途式零担班车。沿途式零担班车是一种在起运站将各个发货人托运的同一路线、不同到达站且性质允许配载的各种零担货物，同车装载并运至沿途的各个规定的停靠站，卸货复装后重新组成新的零担班车，而后直接运达目的地的货运班车。

沿途式零担班车运行示意图如图 4-4 所示。

在上述三种零担班车营运形式中，"直达式零担班车"营运形式具有以下优点：第一，减少了货物在仓库内的集结待运时间，提高了仓库货位的利用效率；第二，避免了换装作业，节省了中转费用，有利于运输安全和货物完好；第三，减少了在途时间，提高了运送速度，有利于加快车辆周转和物资调拨。直达式零担班车是公路零担货物运输的基本形式。中转式零担班车能够适应零担货物批量少、流向分散的业务。沿途式零担班车能够满足沿途货主发货或收货的需要。因此,上述三种营运形式,存在一种相互补充、相辅相成的依存关系。

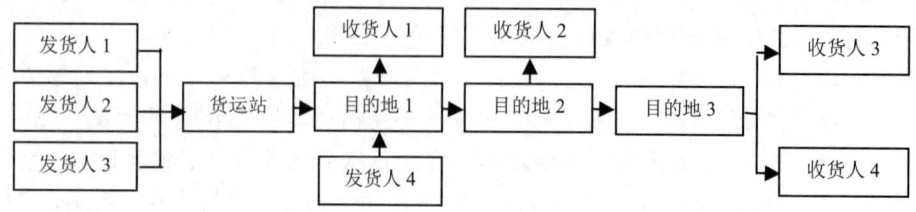

图 4-4 沿途式零担班车运行示意图

在实际工作中,定期零担班车划分为"普通零担班车"和"快件零担班车"两种。

a. 普通零担班车。普通零担班车是指在起运站同车配载的货物,经过沿途停靠站点进行卸货复装后重新配载的定期或定时的零担班车。

普通零担班车停靠站点多,运行时间长,车辆利用系数低,但能为沿线的货物托运人提供零担货物运输条件,从而承运车辆的运载率也能得到一定提高。

b. 快件零担班车。快件零担班车即直达零担班车,是指在起运站同车配载并运至同一到达站的货物,经过沿途站点时不再办理卸货复装并直接运达目的地的零担班车。

快件零担班车运送速度快,车辆利用系数高。在采取双班制运行的条件下,对相距 600 千米左右的两地,当天即可到达。

(2)不定期零担货车的营运形式。不定期零担货车也称"加班车",是一种在新开辟的零担货运路线或季节性的零担货运路线上,当受理托运的零担货物达到一定数量时,不定期组织运行的零担货车。

不定期零担货车通常作为定期零担班车的补充。

案例导入

德邦物流领跑零担快运业

面对长期低水平的竞争,国内零担行业亟须打破价格战和小作坊经营的发展模式,寻求通过提升服务和品牌价值实现转型升级。在零担市场整体发展放缓的形势下,德邦物流作为零担快运业的领头羊,依然保持了较快增速。

1. 德邦物流简介

德邦物流创建于 1996 年 9 月,总部设在上海,德邦致力成为以客户为中心,覆盖快递、快运、整车、仓储与供应链等多元业务的综合性物流供应商。德邦物流是国家 AAAAA 级综合服务型物流企业,连续多年保持 60%以上的发展速度,目前已经跃居公路零担货运全国第一。公司相继获得"2011 年中国物流业最佳雇主""2014 年中国年度最佳雇主"、2014 年世界经济论坛"全球成长型公司"荣誉称号。

2014 年,德邦业务(快运、快递)收入首次突破百亿元,直营网点数量突破 5000 家,服务网络遍及全国,自有营运车辆 9000 余台,全国转运中心总面积超过 123 万平方米,日吞吐货量超过 6 万吨。

2. 零担市场整体发展放缓

2014 年中国宏观经济发展速度明显放缓，市场竞争更加激烈，零担市场增长随之开始放缓，究其原因，一是货量减少，二是成本增加。整体而言，受累于宏观经济状况，采取网点直营的零担快运企业营业收入增长不多，甚至持平或略有下降。但是行业领头羊德邦物流——在 2014 年的增速仍然不低，尽管已是百亿规模的体量，但依然实现了 20% 的增速，这与德邦积极开拓新兴业务有关。2014 年德邦快递正式发力，而 2015 年，整车运输也成为其新的业务增长点。值得注意的是，德邦的网点平均收入超过 200 万元，高于其他全国网络型零担公司，这说明德邦在网络扩张的同时，保证了持续的优化。

2015 年我国零担快运 30 强名单见表 4-1。

表 4-1 2015 年我国零担快运 30 强名单

排名	公司	营业额/亿元	网点	员工/人	车辆/辆
1	德邦物流	112	5400	75000	9300
2	中铁物流	26.9	4160	32000	8230
3	天地华宇	21.3	1500	16000	—
4	佳吉快运	20.8	1700	10000	3500
5	盛辉物流	19.3	330	6700	1500
6	安能物流	18	2100	自有 4000，加盟 8000	3000
7	恒路物流	14	—	自有 2000	可支配 2500
8	新邦物流	12.96	400	加盟 2000	700
9	盛丰物流	12.5	180	8000	1300
10	新杰物流	9.87	—	4100	500
11	佳怡物流	9.7	1200	2400	3500
12	长通物流	8.9	300	3000	1000
13	宇鑫物流	8.3	680	6000	自有 600，合同 350
14	百世物流	8	900	8000	6000
15	三志物流	8	—	6000	160 车头，320 挂
16	中通物流	8	300	3000	自有 189 关联车辆 800
17	大田物流	6	—	自有 600，关联 5000	—
18	城市之星	5	—	—	700
19	阿凡提	4	168	2800	自有 76 辆
20	亚风快运	3.1	1495	2000	3266
21	新南方物流	3.1	75	4385	300
22	金桥物流	2.91	137	722	148
23	奔腾物流	2.9	216	2100	650
24	苏驰物流	2.83	300	1600	200

续表

排名	公司	营业额/亿元	网点	员工/人	车辆/辆
25	孟源物流	2.7	120	1000	300
26	政成物流	2.5	18	210	196
27	大道物流	2.2	—	1600	可控 500 多
28	金正物流	2.15	224	2300	400
29	万家物流	2	—	自有 300，加盟 2000	300
30	安东物流	2	48	760	200

3. 德邦物流的成功运作模式

德邦物流的成功，归因于其管理层多年来坚持的独特运作模式。

（1）德邦一直坚持自建车队，培训司机。这一模式有效地解决了车辆挂靠或外包导致的司机与公司目标不一致的问题，保证了运输质量，进一步提升了客户服务的安全性、快捷性和精准性。

（2）公司自建营业网点，提供标准化的服务，提升品牌形象。自建网点还有效地激励网点员工不断提高物流服务水平。

（3）公司具有独特的员工培养机制。一方面，公司非常重视引进没有工作经验的大学应届毕业生，从头培养管理型人才，截至 2015 年底，通过校园招聘，德邦累计招聘本科应届生突破 7400 人、硕士研究生 739 人、博士研究生 15 人，建立了优于行业竞争、难以复制的人才优势；另一方面，通过"蓝领人才"保留计划，降低了技术员工的工作强度，提供了职业发展通道。

经过多年的坚持，"德邦模式"已经成为公司的核心竞争力。

（资料来源：http://www.deppon.com；http://www.360che.com/news/150626/42026.html）

项目一　受理托运

受理托运是公路零担货物运输业务操作流程的最初环节，是指公路零担货运企业根据营运范围内的路线、站点、运距、中转范围、车站装卸能力，以及货物理化性质、货物收运限制等规定，所受理的零担货物运输业务。

受理托运包括托运人"送货上门"和承运人"上门提货"两种业务形式。其中，"送货上门"业务形式类似于邮政网点的业务模式，零散客户一般采取这种业务形式，而合同客户大多采取"上门提货"的业务形式。

公路零担货物受理托运（送货上门）工作步骤如图 4-5 所示。

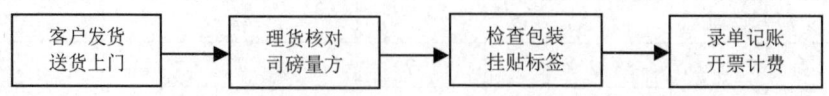

图 4-5　公路零担货物受理托运（送货上门）工作步骤

公路零担货物受理托运（上门提货）工作步骤如图4-6所示。

图4-6 公路零担货物受理托运（上门提货）工作步骤

以承运人"上门提货"为例，其与客户送货上门的主要区别如下：

（1）受理登记。业务受理部门通过电话记录客户名称或联系人姓名、联系方式、提货地址、提货时间；了解货物流向、重量、体积、性质、包装等信息；填写上门提货运行通知单，并递交运输调度部门。

（2）派车提货。根据业务受理部门上门提货运行通知单所记录的货量，合理安排车辆；在派车通知单上标明相邻路线的送货客户与收货客户，并标注上门提货运行通知单号码；驾驶员（含承运车辆）到运输调度部门领取派车通知单，并在运输调度登记簿上签收确认。

任务1 客户发货，送货上门

客户送货上门办理公路零担货物托运时，应由客户自行填写一张货物运单，准确表明托运人和收货人的名称（姓名）、地址（住所）、电话、邮政编码，货物的名称、性质、件数、重量、体积与包装形式，以及货物运单的其他有关事项。

必须注意的是，一张运单托运的货物，应该是同一托运人和收货人；危险货物与普通货物或性质相互抵触的货物不能用一张货物运单；托运人要求自行装卸的货物,经承运人确认后，在货物运单内注明；应使用钢笔或圆珠笔填写，字迹清楚，内容准确，需要更改时，必须在更改处签字或盖章。

业务员开单前，应详细了解客户的费用结算方式（现付、到付、回单付或按月结算）。对新客户应尽量争取做"现付"的货运业务，并动员客户参加保价运输（保价费不能含在运费中，对高保价物品要开箱验货，防止骗保）。

业务员开单时，应依据客户填写的货物运单填制公路零担货物托运单并一式三联。其中，第一联由仓库留存，登记货物入库与出库账目；第二联由仓库保管人员签字后，向财务会计部门报账；第三联由仓库保管人员签字后交给客户，到财务会计部门缴纳现金（或办理转账），然后传递到仓库保管部门，在货物发运时"随货同行"。

公路零担货物托运单的格式见表4-2。

总之，业务受理部门在开单后，应审查托运单上的内容与实际情况是否相符，这主要包括以下内容：

（1）审查货物品名、包装标志、托运件数是否与托运单上的内容相符。到达站与收货人地址是否相符，防止误运误送。

（2）审查托运人同一批次托运而有不同包装的货物，有无在托运单的特约事项栏详细记录货物包装情况，并审查是否符合零担货物运输的相关规定。

（3）审查托运人是否自愿投保汽车货物运输险或保价运输险，有无在托运单的特约事项栏注明相关险种，经承运人审查同意后，由承托双方签章生效。

表 4-2 公路零担货物托运单

开单日期： 年 月 日 №

起运站＿＿＿＿＿＿＿＿＿＿到 达 站＿＿＿＿＿＿＿＿＿＿计费里程＿＿＿＿＿＿＿＿＿＿

托运人＿＿＿＿＿＿＿＿＿＿详细地址＿＿＿＿＿＿＿＿＿＿联系电话＿＿＿＿＿＿＿＿＿＿

收货人＿＿＿＿＿＿＿＿＿＿详细地址＿＿＿＿＿＿＿＿＿＿联系电话＿＿＿＿＿＿＿＿＿＿

货物品名及规格	包装形式	件数	件重（千克）	计费重量（千克）	计费体积（立方米）	保险保价价格（元）	货物等级	运费（元）	装卸费（元）
托运人特约事项									
起运站备注事项									

司磅量方（签字）＿＿＿＿＿＿＿仓库保管（签字）＿＿＿＿＿＿＿仓库库位＿＿＿＿＿＿＿

约定起运日期＿＿＿＿＿＿＿约定到达日期＿＿＿＿＿＿＿经 办 人（签字）＿＿＿＿＿＿＿

凡货物到达站在承运车辆运行路线范围内的，称为直达零担，可填写公路零担货物托运单；凡货物需要中转换装的，称为联运零担，应填写联运零担货物托运单。联运零担货物托运单的格式，可在公路零担货物托运单的基础上，增加"中转换装"的相关内容。

零担货运企业的仓库库位，一般可分为急运库位、待发运库位和待交货库位等三种。在实际工作中，应根据仓库通道的位置，划分为"一列式"或"双列式"库位排列形式。

托运人货物卸货入库时，仓库保管人员应及时进行单货核对。若单货相符，则在托运单上签字确认，并注明库区、库位；若单货不符，应及时与业务受理部门进行核对、确认，以防止发生不必要的人为货损。

任务 2 理货核对，司磅量方

经审查，托运单上内容与实际情况完全相符，即可进入理货核对的工作步骤。在实际工作中，理货核对的工作内容主要包括以下几个方面：

（1）对普通货物的检查，着重检查单体货物的重量。在人力装卸搬运条件下，以不超过 40 千克为宜，且在普通零担货物中不得夹带危险、禁运、限运和贵重物品。

（2）对长大件货物的检查，着重检查货物的长度、宽度与高度，看是否符合零担货车车厢的装运条件。具体来说：

1）以到达站为中途站的，长大件货物应不超过零担货车后门的宽度和高度。

2）以到达站为终点站的，长大件货物应不超过零担货车车厢的长度和高度。

（3）对笨重货物的检查，着重检查货物能否适应起运站、中转站、到达站的起重与装卸能力。受理货物时，应以不超过起运站、中转站和到达站的起重与装卸能力为限度。

（4）对危险物品的检查，着重检查在托运货物中是否夹带限制运输的易燃易爆、有毒有害物品。经确认为危险物品的货物，必须按交通部颁发的《汽车危险货物运输规则》办理危险物品托运手续。

（5）对禁运、限运物品的检查。对政府法令禁运、限运以及需要办理公安、卫生检疫或其他准运证明的零担货物，托运人应同时提交上述有关证明。

在实际工作中，公路零担货物司磅量方的业务操作要求如下：

（1）普通货物的司磅量方。

1）货物外包装有重量标志的可按标志重量计量。

2）货物外包装没有重量标志的需要过磅确认。

3）用卷尺测量每一件货物的最大外廓尺寸，计算出货物的体积（保留一位小数）。

（2）长大或笨重货物的司磅量方。如果不具备长大件或笨重货物的司磅条件，难以对长大件或笨重货物进行直接称重计量，在测量货物体积后，依据货物单位体积比重，可确定该货物的重量，并收取大件运输费。

货物重量的涵义

货物重量可划分为实际重量、计费重量和标定重量三种：

（1）实际重量是指货物（含包装物在内）在司磅后所形成的毛重。但是，对散装货物（如砖、瓦、砂、石、矿石、木材等）来说，可按重量计算，也可按体积折算。

（2）计费重量可分为不折算重量和折算重量两种。

1）不折算重量是指货物的实际重量。在实际工作中，零担货物计费重量是以千克为单位进行计算的（即起码计费重量为1千克）。当计费重量在1千克以上，尾数不足1千克的，四舍五入。对于一般货物来说，整批、零担货物的计费重量均按毛量计算。

2）折算重量是指根据《汽车运价规则》规定对货物实际重量的计算。例如：零担运输轻泡货物以货物包装的最长、最宽、最高部位尺寸计算体积，并按每立方米折合333千克计算重量。同时，装运整批轻泡货物的长度、宽度、高度，以不超过有关道路交通安全规定为限度，按车辆核定载重量计算重量。

（3）标定重量是指对特定货物所作的统一计费规定。例如，轻泡货物是指每立方米重量不足333千克的货物。但对公路零担货运企业来说，只要是运输轻泡货物，就必须按每立方米折合333千克作为标定重量进行计费。

任务3　检查包装，挂贴标签

公路零担货物的包装是指根据货物的类别和特性，在运输、装卸、仓储、中转过程中，为保护货物质量所采取的特定保护手段。因此，货物包装的优劣，直接关系到运输过程安全和托运货物质量。

公路零担货物的包装必须符合国家和交通运输部门的规定和要求。在检查货物包装时，对无包装的货物不予受理；对不符合包装标准的货物，由托运人改善包装或进行二次包装后予以受理；对暂时不会造成运输设备及其他货物污染或货损的货物，若托运人坚持采用原包装运输，托运人应在托运单的特约事项栏内注明"自行承担由此可能造成的货损"等内容，方可受理。

在实际工作中，公路零担货物检查包装的业务操作要求如下：

（1）外表直观法。观察包装物外表有无破损或污损的情况。对使用旧包装物的必须彻底清除旧标志、旧标签，必须符合货物包装的规定和要求。在笨重货物的外包装上，必须使用醒目标记，用以标明机械装卸作业的重心点或起吊位置。

（2）内部感官法。摇晃货物的外包装，用耳朵听包装内有无异声外传，用鼻子闻包装内有无异味散发，并凭经验感觉包装内的货物或衬垫物是否有松动的情况。

零担货物必须在检查包装、挂贴标签以后，才能进入指定的库区、库位。

货物标签是指标明零担货物品名与货票号码、托运人与收货人、起运站与中转站或到达站、货物总件数与货物包装情况等事项，在托运货物外包装上反映装卸、中转和交接等运输标记的标识。

在货物外包装上用标识进行反映，具有两个目的：一是建立货物与运输票据的相互联系；二是当运输票据丢失或发生票货分离时，便于将货物运抵到达站，并交付收货人。

公路零担货物标签的格式见表 4-3。

表 4-3　公路零担货物标签

货物品名		货票号码		
托运人		收货人		
起运站		中转站		
到达站		货物件数	第　　件/共　　件	
货物包装情况		备注		
起运日期	20　　年　　月　　日			

小贴士

如何挂贴标签？

（1）企业受理零担货物后，必须清晰填写与运输票据内容一致和注有运输号码的货物标签，并在每件货物包装两端的明显处分别拴挂、粘贴或钉固。

（2）采用纸质标签时，必须使用坚韧的纸张。不宜使用纸质标签的，可使用棉布、塑料、木材、金属等材料制成的标签，或用油漆在货物包装上书写标记。

（3）对包装规格相同而到达站（或收货人）不同的货物，可选用颜色不同的标记加以区别，或事先在货物包装内放置标签，以便在外部标签失落时仍可确定货物的所属和去向。

（4）对托运人需要特殊装卸、堆码、保管的货物，应在每件货物包装两端的明显处加贴

相关指示标志，并在托运单的特约事项栏予以说明。

任务4　录单记账，开票计费

公路零担货物的录单记账是指仓库保管人员将货物入库保管后，在托运单上签字确认，并向财务会计部门报账；财会部门审核托运单后录入会计管理系统，从而在会计管理系统中生成客户信息、货量信息、车辆信息、站点信息和运费信息等，并形成相应的会计记录。

根据司磅人员和仓库保管人员签字的托运单，按照相关收费标准的规定和货物性质、重量、体积、运距等因素计算运输费用。

《汽车运价规则》是计算汽车运费的依据，公路零担货物的运价单位为元/（千克·千米）。在确定货物运价时，应当考虑货物种类、车辆类型、营运形式等因素，即按不同运输条件对零担货物进行计价。货物运输的计费重量，一般以起运地过磅重量为准。货物运输的计费里程，按装货地至卸货地的营运里程计算（以千米为单位，尾数不足1千米的，四舍五入）。

公路零担货物运费包括基本运费和运杂费两个构成项目，其计算步骤如下：

（1）计算基本运费。可按下列公式计算：

基本运费（元）=零担货物运价[元/（千克·千米）]×计费重量（千克）×计费里程（千米）

（2）计算运杂费。按下列规定计算：

1）调车费：应托运人要求，车辆调出所在地而产生的车辆往返空驶，计收调车费。

2）延滞费：车辆按约定时间到达约定的装货或卸货地点，因托运人或收货人责任造成车辆和装卸延滞，计收延滞费。

3）装货落空损失费：因托运人要求，车辆行至约定地点而装货落空造成的车辆往返空驶，计收装货落空损失费。

4）排障费：运输大型、特型笨重物件时，需对运输路线的桥涵、道路及其他设施进行必要的加固或改造所发生的费用，由托运人负担。

5）车辆处置费：因托运人的特殊要求，对车辆改装、拆卸、还原、清洗时，计收车辆处置费。

6）检验检疫费：在运输过程中，国家有关检疫部门对车辆的检验费，以及因检验造成的车辆停运损失，由托运人负担。

7）装卸费：零担货物的装卸费用，由托运人负担。

8）通行费：货物运输需支付的过渡、过路、过桥、过隧道等通行费，由托运人负担，承运人代收代付。

9）保管费：货物运达后，明确由收货人自取的，从承运人向收货人发出提货通知书的次日（以邮戳或电话记录为准）起计，第四日开始核收货物保管费；应托运人的要求或由托运人的责任造成的，需要保管的货物，计收货物保管费。货物保管费由托运人负担。

10）其他费用：包括标签费、标识费、快件费、退票费、联运服务费、中转包干费、保价（保险）费等。

（3）计算零担货物运费。可按下列公式汇总计算：

零担货物运费=零担货物运价×计费重量×计费里程+车辆通行费+其他法定收费

公路零担货物运费的计算要素

1. 计费重量

零担货物运输以千克为计量单位,起码计费重量为1千克,尾数不足1千克时,四舍五入;轻泡货物每立方米折算重量333千克。

按重量托运的货物一律按实际重量(含货物包装、衬垫及运输需要的附属物品)计算,以过磅为准。由托运人自理装车的,应装足车辆额定吨位,未装足的,按车辆额定吨位收费。统一规格的成包、成件货物,以一标准件重量计算全部货物重量。散装货物无过磅条件的,按体积和省交通行政主管部门统一规定的重量折算标准计算。接运其他运输方式的货物,无过磅条件的,按前程运输方式运单上记载的重量计算。拼装分卸的货物按最重装载量计算。

2. 计费里程

(1)货物运输计费里程以千米为单位,尾数不足1千米的,四舍五入。

(2)计费里程以省交通行政主管部门核定的营运里程为准,未经核定的里程,由承托双方商定。

(3)同一运输区间有两条(含两条)以上营运路线可供行驶时,应按最短的路线计算计费里程,或按承托双方商定的路线计算计费里程。拼装分卸按从第一装货地点起至最后一个卸货地点止的载重里程计算计费里程。

3. 运杂费用

(1)货物运杂费在货物托运、起运时一次结清,也可按合同采用预付费用的方式,随运随结或运后结清。托运人或者收货人不支付运费、保管费以及其他运输费用的,承运人对相应的运输货物享有留置权(对当事人另有约定的除外)。

(2)运费以元为单位。运费尾数不足1元的,四舍五入。

4. 其他说明

(1)货物在运输过程中因不可抗力灭失,未收取运费的,承运人不得要求托运人支付运费;已收取运费的,托运人可以要求返还。

(2)国际道路货物运输价格,按双边或者多边汽车运输协定,根据对等原则,由经授权的交通运输主管部门协商确定。

公路零担货物的开票计费,是指货运企业在受理零担货物后,托运人根据仓库保管人员签字确认的托运单到财务会计部门缴纳现金(或办理转账),财会部门据以填制公路零担货物运输货票。托运人缴款(或转账)后,托运单应传递到仓库保管部门于发运客户货物时"随货同行"。

公路零担货物运输货票一式六联,包括起运站留存联、收货人提货联、财务记账联、签收回单联、送货费结算联、到达站留存联等。

公路零担货物运输货票的格式见表4-4。

表 4-4　公路零担货物运输货票

开票日期： 年 月 日							№		
起运站		中转站			到达站			运输里程	千米
托运人					详细地址				
收货人					详细地址				
货物品名及规格	包装形式	体积（立方米）	件数	件重（千克）		计费重量（千克）		运价（千克·千米）	运费
合计运费（大写）			万 仟 佰 拾 元				￥		
备注	1. 计费重量：以千克为单位进行计算（即起码计费重量为1千克）。当计费重量在1千克以上，尾数不足1千克的，四舍五入。 2. 轻泡货物：按每立方米折合333千克计算重量。								

在实际工作中，公路零担货物开票计费的业务操作要求如下：每天营业终了，开票收费人员必须将当天开出的零担货物运输货票（对账联）的营业收入累计数，与当天实际收取的现金数、支票数或欠费单据数的累计金额进行核对。票款核对无误后，由开票收费人员据以编制营业收入日报表，并向财务会计部门报账和缴款。

项目二　集货配载

集货配载是指公路零担货运企业的货物配载部门，根据货物托运人提出的托运要求，为具体营运路线的承运车辆理货、备货、集货、配货，最终编制装车清单（包括货物品名、件数、包装、重量、体积、装货单号及卸货站点等）。其主要任务如下：

（1）理货、备货、集货、配货：按照货物流向进行理货，按照营运路线进行备货，按照承运车辆载重量进行集货，按照货物重量与体积进行配货，做到科学、合理配载货物。

（2）编制装车清单：按照零担货物"理货、备货、集货、配货"的要求，编制装车清单，并说明特殊货物的装载要求。

▲工作步骤

公路零担货物集货配载工作步骤如图 4-7 所示。

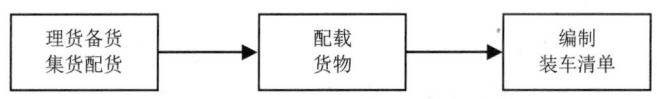

图 4-7　公路零担货物集货配载工作步骤

任务1 理货备货，集货配货

理货、备货、集货、配货是公路零担货运企业对托运货物履行保管责任和兑现运输承诺的开始。当货运企业接收货物以后，仓库保管人员必须按照货物流向进行理货，按照营运路线进行备货，按照承运车辆载重量进行集货，按照货物重量与体积进行配货，并按指定库位将货物堆码整齐。

在实际工作中，公路零担货物理货、备货、集货、配货的业务操作要求如下：

（1）凡未办理托运手续的货物，一律不得办理理货核对、入库保管的手续。

（2）坚持"先接单、后接货，先验货、后入库"，并将货物按流向堆码在指定货位上。

（3）货物在待运期间，保管人员要经常对仓库进行检查，做到以票对货、票货相符。

（4）仓库内分区堆码的货物，保管人员要做到货物标签向外、箭头向上。

（5）仓库外露天堆放的货物，保管人员要做到上盖、下垫，确保货物安全与完整。

任务2 配载货物

长期以来，公路零担货运企业都是凭经验对货物进行配载，无法考量是否已经达到运输工具使用效率的最大化或配载效益的最大化。在实际工作中，公路零担货运企业实施货物配载时，通常都是以货物的重量或体积来计量的，这样可以测算出货物密度的近似值，从而也就可以推算出轻重货物的配载比例。

配载装车最理想的状态是车辆的体积和载重量都达到最大，此时配载装车的效率最高。车辆配载技术要解决的主要问题是在保证货物质量和数量不变的前提下，尽可能提高车辆在容积和载重两方面的装载量，充分利用运力。在实际工作中，一般遇到的问题是客户的订单不能拆散，所以单一品种货品的重量和体积特性就变成了一个订单的特性。比较简单的方法是确定总订单的优先指标是重量还是体积，然后按优先次序进行安排。例如，当体积是运输安排的最关键因素时，将车辆按最大体积装满，就达到了装车配载的最佳效率。较复杂的装车和路线计算方法可以由计算机程序来完成，将订单的信息和车辆的信息输入系统，由系统给出最优答案。

一般来说，按照货物重量与体积进行轻重搭配，完全可以做到科学、合理配载货物。轻重搭配的配载原则如下：以笨重货物铺底，充分利用承运车辆的载重量；以轻泡货物搭配，充分利用承运车辆的上层可用空间。通过轻重搭配可以做到：轻、重货物的总重量加起来能无限接近于限定载重量的最大值，轻重货物的总体积加起来也能无限接近于限定体积数的最大值。

在实际工作中，公路零担货运企业配载货物的业务操作要求如下：

（1）"一站"运距的零担运输。配载货物时，所运载的货物不得少于承运车辆核定吨位的50%，或车厢容积的90%。

（2）"两站"运距的零担运输。配载货物时，第一到达站的货物不得少于承运车辆核定吨位的20%，或车厢容积的30%；第二到达站的货物不得少于承运车辆核定吨位的40%，或车厢容积的60%。两站必须在同一营运路线上，且空间距离不得超过250千米。

（3）在配载货物时，应该做到"中转先运、急件先运、先托先运、合同先运"。一般情况下，应采用直达运输方式，需要中转换装的，应合理安排流向。

（4）在配载货物时，必须执行有关货物混装限制的规定，做到轻重配载、大小配载，既要充分利用承运车辆的核定吨位和车厢容积，又要确保货物完好无损和运输安全。

（5）加强中途站点货物待运量的信息管理，及时制订与之相适应的货物配载计划，既不能任意分批中转，也不能曲折迂回中转。

 小贴士

配载货物应注意的问题

（1）货与货之间，货与车辆之间应留有空隙并适当衬垫，防止货损。
（2）包装不同的货物应分开装载，如板条箱货物不要与纸箱、袋装货物堆放在一起。
（3）重不压轻，大不压小，轻货应放在重货上面，包装强度差的应放在包装强度好的上面。
（4）具有尖角或其他突出物的货物应和其他货物分开装载或用木板隔离，以免损坏其他。
（5）为了减少或避免差错，尽量把外观相近、容易混淆的货物分开装载。
（6）不将散发臭味的货物与具有吸臭性的货物混装。
（7）尽量不将散发粉尘的货物与清洁货物混装。
（8）切勿将渗水货物与易受潮货物一同存放。
（9）在装载易滚动的卷状、桶状货物时，要垂直摆放。
（10）尽量做到"后送先装"。
（11）装货完毕，应在门端处采取适当的稳固措施，以防卸货时，货物倾倒造成货损或人身伤害。

任务3 编制装车清单

装车清单是指反映货物品名、包装、件数、重量、体积、装货单号及卸货站点等内容的派车凭证。装车清单一式五联，包括起运站查询联、配货核对联、随货同行联、送货上门结算联、到达站查询联等。

公路零担货物装车清单的格式见表4-5。

表4-5 公路零担货物装车清单

开单日期：　年　月　日　　№										
车属单位_____　驾驶员_____　车牌号_____　吨位_____										
营运路线			中转路线			装货单号	品名	包装	件数	重量	体积
起运站	到达站	里程	中转站	到达站	里程						
备注										

起运站（签章）　　　　制单人（签章）　　　　驾驶员（签章）

项目三　运输调度

公路零担货物的运输调度是货物装车起运前的重要环节。对每一个运次的零担货物运输来说,运输调度部门必须根据承运车辆的核定吨位或车厢容积、运输方式、货物流向和货物理化性质等情况,切实做好每一个运次货物的配载调度工作。其主要任务如下:

(1)调度车辆:根据货物流向、重量或体积等,统筹安排车辆,编制调度命令登记簿和物流公司调车单,并进行计算机录单。

(2)装车起运:检查车辆总体情况;办理提货出库手续;提货装车,盖好车棚,关锁厢门;办好起运手续,电话通知收货客户,预定到达时间;填写货物运输在途跟踪反馈表。

公路零担货物运输调度工作步骤如图 4-8 所示。

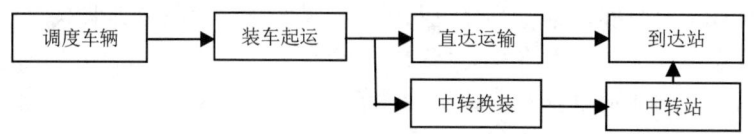

图 4-8　公路零担货物运输调度工作步骤

任务 1　调度车辆

调度车辆是调度人员根据承运车辆的核定吨位和车厢容积,配载货物的流向、重量、体积、包装状况、理化性质,以及兑现承托双方共同约定的运输期限等,由零担货物起运站所进行的运输作业安排。运输期限是指由承托双方共同约定的货物起运、到达目的地的具体时间。若未约定运输期限,可从起运日起按 200 千米作为 1 日运距,并用运输里程与每日运距相除,即可计算出运输期限。

车辆调度具体通过调度命令的发布、登记和交付等工作步骤来完成。调度命令是指在按规定进行某些行车作业时,向行车值班员、列车司机发布的一种命令。它具有严肃性、授权性和强制性。调度命令只能由值班行车调度员发布,且必须一事一令,先拟后发。调度命令登记簿的格式见表 4-6。

表 4-6　调度命令登记簿

月日	发出时刻	命令			复诵人姓名	接受命令人姓名	调度员姓名	阅读时刻（签名）
		号码	受令及抄知处所	内容				

续表

月日	发出时刻	命令			复诵人姓名	接受命令人姓名	调度员姓名	阅读时刻（签名）
		号码	受令及抄知处所	内容				

物流公司调车单的格式见表4-7。

表4-7 物流公司调车单

司机信息			
姓名		年龄	
籍贯		以往信誉	
性别		身份证号码	
联系方式			
车辆信息			
载重		车长	
车型		车牌号	

此次承运从_____起,至_____,托运单单号为_____。
提货时间:_____
提货地点:_____
调度员签名_____ 客户代表签名_____

任务2 装车起运

公路零担货物的装车起运,是指对仓库内库位上集结的货物,在制订完善的货物配载计划的基础上,根据营运范围内的路线、站点、运距、中转换装范围、车站装卸能力等,所做出的装车运输安排。

公路零担货物的装车起运,通常表现为起运站与承运车辆的货物交接。交接时,依据零担货物装车清单逐批点交、逐批装车。装车完毕后,由承运车辆驾驶员或随车理货员在装车清单上签字确认。

货物交接后,业务人员需要按照承运车辆的核定吨位和车厢容积,以及配载货物的重量、体积或理化性质等,编制运费结算清单。

在实际工作中,为了便于按承运车辆进行单车绩效考核,可将装车清单与运费结算清单合二为一，从而设计为公路零担货物装车及运费结算清单。该清单为一站一单，以便于点收点交和运杂费结算。

公路零担货物装车及运费结算清单的格式见表4-8。

表4-8 公路零担货物装车及运费结算清单

开单日期： 年 月 日 №

车属单位_____ 驾驶员_____ 车牌号_____ 吨位_____

原票记录			中转记录		票号	收货单位	品名	包装	营运路线			
起运站	到达站	里程	中转站	到达站					件数	里程	计费重量	运费

合计运费（大写）

零担货票	货物发票	托运证明
附件		

上列货物已于__月__日经点件验收入库。随带附件，收讫无误。

中转站（签章）

到达站（签章）

　　　　年　月　日

起运站（签章）　　制单人（签章）　　驾驶员（签章）

小贴士

公路零担货物装车须知

1. 装车准备工作

按承运车辆载重量、容积和货物的形状、性质进行合理配载，填制货物装车清单（或货物配载清单、货物交接清单）。填单时，应按货物"先远后近、先重后轻、先大后小、先方后圆"的顺序填写，以便按清单顺序装车。对不同到达站和中转站的货物要分单填制，将整理后的各种随货单证分别附于装车清单后面，按单核对和清点货物台账、货物品名、货物数量、货物到达站、货物堆放位置，检查包装标志、票签或贴票，并做好装车标记。

2. 装车注意事项

货物装车前：仓库保管人员在接到备货的装车清单后，应认真清查核对有关货物的台账、货位、品名、数量（或件数）、货物性质、装车顺序、装车要求、防护设施、货物到达站等，检查货物包装上的标签、标志或其他运输标记，并与零担货物配载人员在仓库内办理交接手续。

货物装车时：仓库保管人员应按交接清单的顺序和要求点件装车，将贵重物品放在防压、防撞的位置，均衡货物，紧密堆放，防止偏重，确保安全。

（1）零担货物配载人员应按品名、性能、件数，向承运车辆的驾驶员或随车理货人员交接货物配载情况，并告知承运车辆的车次和发车时间。

（2）同一批货物应堆放在一起，以免错装、漏装，货物外包装上的标签应朝外，以便识别。运距较短的货物，应堆放在车厢的上层或后端，以便进行卸货作业。

（3）根据承运车辆的核定吨位和车厢容积紧密地堆放货物，以便提高运载效率。对某些长大件或偏重货物，宜堆放在车厢的底层并铺垫一些枕木，使货物重心稳固于车厢底部的中轴线，防止车辆在运行中因颠簸而引起货物侧翻或毁损。

货物装车后，承运车辆的驾驶员或随车理货人员，必须认真检查车辆主体的车况，认真检查车辆的关锁，仔细检查货物的捆绑或遮盖措施是否良好，以确保运输安全和零担货物无损。承运车辆必须按照规定的发车时间起运，按照规定的营运路线行驶。驾驶员或随车理货人员应清点随车单证是否齐全，并签字确认。

3. 站车交接手续

起运站与承运车辆的交接，应按照零担货物装车清单办理"一站一单"的交接手续。交接时，不仅按照交接单的栏目进行逐批交接，而且要由驾驶员或随车理货人员在装车清单上签字确认。

任务3 中转换装

中转换装是指将来自不同方向但仍需继续运输的零担货物重新集结待运，直至将零担货物运送到目的地（或到达站）的作业。它是一个按零担货物流向进行分类整理，先集中、再分散的作业过程。

由于公路零担货物的中转换装，是一个先集中、再分散的运输作业过程，因此合理选择中转站点和划分中转范围，对于加快零担货物送达速度，减少不必要的中转环节，均衡分配中转站作业量具有一定作用。中转站点的选择和中转范围的划分，必须按照经济区划设置站点原则，以及零担货物货源货流的特点，在充分做好市场调查的基础上，再加以确定。

此外，公路零担货物中转站，必须建立在"公路沿线、营运路线、物流干线"的"三线"交会之处，必须配备一定数量、容积和标准的仓库（或货棚）等硬件设施，并具备良好的采光、照明、通风、防潮、防火等条件，以适应零担货物中转换装作业的需要。

在实际工作中，公路零担货物中转换装的业务操作要求如下所述。

1. 卸车换装

将承运车辆上的零担货物全部卸车入库，并按货物流向（或到达站）在仓库货位上重新集结，然后进行重新配载。采用这种换装方法，业务操作简便易行，车载吨位利用饱满。但是，货物装卸量较大，作业速度比较慢，卸车换装时占用的场地和仓库面积也比较大。

2. 原车换装

承运车辆由起运站开出，车上装运的部分货物要在运输途中的某地中转站卸下换装转运至另一路线的目的地，同时在该中转站再加装其他货物，连同未卸载的货物一并由原承运车辆继续运送至到达站。采用这种换装方法，留在车上的部分货物暂不卸载，减轻了货物装卸量，提高了装卸作业效率，加快了中转换装速度。但是，在加装货物过程中，也会发生卸车和倒装等附加作业的情况。

3. 异车换装

当几辆承运车辆同时到站时，可以按货物流向（或到达站）组织中转换装。其即将某一承运车辆的中转货物，由该车直接换装到另一辆车上。采用这种换装方法，装车作业与卸车作业同时完成，减轻了货物装卸量，提高了装卸作业效率，加快了中转换装速度。但是由于对"到""发"车辆在中转站的时间衔接度要求较高，因此当某一承运车辆受到意外因素影响时，很容易造成误时、误车的尴尬情况。

目前，货物中转站大都采用卸车换装的做法。在条件许可时，也可推行原车换装或异车换装的做法。但是，采用后两种做法，零担货物在起运站配载装车时，应预先为中转站的换装作业创造条件；中转站也应认真编制零担货物中转换装的配载计划。当然，如果能够灵活采用上述三种方法，将会产生良好的中转作业效果。

项目四 跟踪管理

货运市场的无序竞争和市场管理的不规范化，迫使公路零担货运企业必须加强运营管理。在公路零担货运企业的运营管理中，货物在途运输的跟踪管理显得尤为重要。这就要求公路零担货运企业加强运行管理监管，完善安全监督机制，提供运输变更信息，并积极推动公路零担货物运输信息化管理。

（1）规范运行。通过路线稽查、运营稽查等手段，实时了解驾驶员的行为，及时地与驾驶员进行沟通，从而可以解决承运车辆的应急调度问题，并有效形成车辆的排线、排班和车次安排的应急能力。

（2）规范管理。加强承运车辆的追踪管理，可以对总里程、分段里程、平均车速、分段车速、停车次数等进行统计，再结合月度油耗、班次统计、轮胎使用、车辆使用率、营业收入统计等指标进行综合分析，提高货运企业的管理水平。

（3）推动信息化管理。借助车载终端的实时导航、实时指引、超速报警、安全报警、报警求助等功能，可以有效地防止车辆安全意外的发生。

公路零担货物跟踪管理工作步骤如图4-9所示。

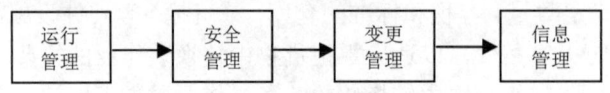

图4-9 公路零担货物跟踪管理工作步骤

任务1 运行管理

货运企业对承运车辆的运行管理，是指根据公路运输条件、汽车行驶里程、货物运行流向，使用合适运力、经过较少环节、消耗最低费用，以最快速度将货物从起运站运送到目的地。

在实际工作中，对承运车辆的运行管理，已成为货运企业考量承运车辆单车绩效的关键指标。

 小贴士

运输管理的考量指标

1. 运输工具。在零担货物公路运输条件下,货运企业应根据货物种类、货物批量、货物流向、理化性质,对承运车辆核定吨位和车厢容积进行优化配载,最大限度地发挥承运车辆的优势,这是衡量运输合理化的首要环节。

2. 运输距离。在货物运输活动中,由于运输方式、运输工具、运输时间、运输费用、运输成本、运输工具周转等,与运输距离形成一定的正比关系。因此,货运企业在完成既定任务的条件下,缩短运距是衡量运输合理化的基本环节。

3. 运输环节。对于货运企业来说,每一项零担货物运输业务,都会发生包装、装卸、搬运等附属作业环节,而且每多一项附属作业环节,就必然会增加运输时间与费用,也会形成货损与货差。因此,中间附属作业环节的多少,也是衡量运输合理与否的基本指标。

4. 运输时间。在货物流转过程中,运输环节花费时间较多,尤其是远程运输。因此,缩短运输时间,既有利于货运企业充分发挥运力、加速运输工具周转,也有利于货运企业加快营运资金周转,提高企业的经济效益。

5. 运输费用。由于运输费用在货主企业物流成本中占近50%的比重,因此,降低运输费用,不仅关系到货主企业的生产和销售成本,而且会影响到货主企业的经济效益。

任务2 安全管理

公路零担货物的承运车辆,必须按规定的日期和时间发车运行,并按规定的路线行驶。凡经过中转换装的承运车辆,均应由中转站点人员在"路单"上签字确认。

承运车辆装载货物或在途行驶时,必须做到:①装载的货物不准出现超高、超宽、超载的情况,必须均衡装载货物;②承运车辆的信号、制动、连接、安全防范等装置,必须符合国家交通管理部门的规定要求;③驾驶人员必须系好安全带,并督促坐在前排的随车理货人员也系好安全带;④承运车辆在车道较少的路段或路口,遇到前方机动车辆排队等候或缓行时,必须减速慢行;⑤承运车辆在行驶过程中,必须注意各种禁止通行的标志。

任务3 变更管理

公路零担货运企业所受理的零担货物托运业务,在承运人未将货物交付收货人之前,托运人可以要求承运人中止运输、返还货物、变更到达地或者将货物交付给其他收货人(但应当赔偿承运人因此遭受的损失)。

当托运人向承运人提出运输变更要求时,应提交书面形式的普通信函或特快邮件等。在一般情况下,承运人应尽量满足托运人的运输变更要求,并及时予以处理。

托运人提出运输变更要求时,可能是由不可抗力的自然灾害造成道路阻塞导致运输阻滞等客观原因所造成的。在这种情况下,承运人应及时与托运人进行联系,积极协调,妥善处理。由此而发生的货物装卸、接运和保管费用,可按以下规定处理:

(1)接运时:货物装卸、接运费用由托运人负担,承运人收取已完成运输里程的运费,

退回未完成运输里程的运费。

（2）回运时：收取已完成运输里程的运费，回程运费免收。若托运人要求绕道行驶或改变到达地点，收取实际运输里程的运费。

（3）保管时：货物在受阻处存放的保管费用，由托运人负担。

任务 4　信息管理

信息管理是企业的战略目标。企业信息化的过程，本质上也是管理提升的过程。公路零担货运企业作为一种准物流企业，不可能长期停留在目前的运作模式之下。企业要生存、发展，必然会不断向提供更多增值服务的第三方和第四方物流业态发展。

由于公路零担货运企业具有小批量、多批次、货物杂、客户散的业务特点，因此零担货运企业每天必须处理大量的单证。例如：在一般情况下，一辆9米/10吨厢式卡车所装载货物的单证大概有100张。若某一个公路零担货运企业有10条运输路线，每条路线平均每天运行2个车次，则每天需要填制单证2000张左右。如果将信息化技术有机结合到业务操作过程中，就能促使企业管理系统产生新的反应和进化。因此，企业信息化与企业管理创新的过程，其实也是一个相互促进的过程。在这个过程中，企业信息化必然会推动企业的其他各项管理工作的发展。

在零担货运企业中，若安装有车辆跟踪系统，则可以通过基站随时掌控承运车辆在途运输的全部情况。

小贴士

ERP 系统与中小型零担货运企业

上海赛勤信息的零担货运管理，其核心模块是业务管理。根据零担货运企业需要，可在原来的基础上按照业务流程方式进行组合，搭建起能够提供客户管理、业务管理、财务管理，以及相关决策支持的管理系统。系统模块功能主要有以下几项。

1. 客户管理

（1）信息管理。客户与联系人信息管理；定义客户类别；潜在客户跟踪管理；对照客户货品信息，将客户分配给指定的业务员。

（2）合同管理。计费标准管理；以基准价格为基础提供快速报价；客户业务合同管理；提供合同的价格变动情况；追踪业务合同的执行情况。

（3）销售管理。满足客户索取资料要求；记录客户投诉情况；向相关部门反馈客户投诉情况；分析客户投诉结果；依据过往性记录评估客户信用度。

2. 业务管理

（1）订单管理。根据客户订单，手工录入托运以及附加作业信息；修改或注销已经进入系统的托运指令；网上订单经过审核确认后自动转化为托运指令；回单管理；根据客户的订单指令编号查询订单执行情况。

（2）配载管理。制定运输路线；制订配载计划；根据中转站每条路线的集货情况调度车辆；打印配载顺序单；与外协车辆或临时车辆签订运输协议；跟踪车辆运行情况；货运量确认；

打印装车清单及卸货清单；与司机交接相关单证；发车确认。

（3）车辆管理。车辆基本资料；自有车辆管理；协议车辆管理；协议车辆合同管理；车辆承运计划；送（接）货任务调度；紧急任务调度；货运量统计；单车绩效管理。

（4）中转站管理。中转站区域划分；中转站路线分派；中转货物签收；中转货物库存统计；中转货物统计分析。

3. 财务管理

（1）费用结算。根据货物性质（重量、体积、面积等）等条件定义仓库收费标准；自动生成每个客户的应收账款；自动显示某段时期内客户的未收账款；对预付款项进行余款结算；自动生成催款通知；自动对欠款超过一定期限的客户停止业务关系；支持采用多种结算方式；支持收款、付款都要有权限人的审核；支持开具发票；支持相关费用数据产生财务凭证后导入专业财务系统（如金蝶、用友等）。

（2）绩效考核。根据承运车辆所发生的费用，计算单车运营成本，并按承运车辆、营运路线等指标进行绩效考核。

项目五　交付与结算

承运车辆到达目的站后，必须按照零担货物到站卸货的业务流程和注意事项，与到达站办理货物交付手续，到达站应采用一定的方法发放到货通知。收货客户到站提货时，必须按照一定的程序和注意事项办理提货手续。其主要任务如下：

（1）到达签收。用电话或传真确认到达时间；签收运输单，并将回单用 EMS 或 FAX 传回企业；与企业保持畅通联系，以便企业应急调度营运路线的相关车辆。

（2）货票签收。按时准确到达指定卸货地点，进行货物交付与货票签收，确保托运货物的数量和质量与客户出库单相一致。

公路零担货物交付与结算工作步骤如图 4-10 所示。

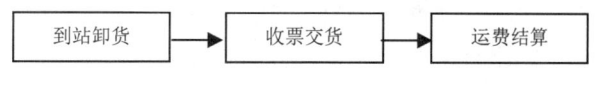

图 4-10　公路零担货物交付与结算工作步骤

任务 1　到站卸货

承运车辆到达目的站后，对普通零担货物及中转零担货物应分别进行理货与卸车。根据仓库设施情况，对普通零担货物卸车后可按流向进入指定货位；对中转零担货物应填制货物驳仓、拼装或分运移交凭证，办理中转或入库手续，以便将中转货物分别移送有关货运组或指定仓库。

零担货物到站卸货完毕后，应及时登记零担货物到站备查登记簿。货物到达站，对于合同客户的货物，应立即组织送货上门。对零散客户的货物，以到货通知单或电话通知形式，及时通知收货人提货，并将通知方式与通知日期一并记入备查登记簿。

在实际工作中，公路零担货物到站卸货的业务操作要求如下：

承运车辆到站卸货时，接货人员应向驾驶员或随车理货人员索取公路零担货物装车及运费结算清单及随货同行单证，并将单证与货物品名、件数和票签号码进行核对。

核对后，若有票无货，原票退回；若货物流向错误、越站错运，原车带回；若票货相符，签章确认；若发生货物短缺、损坏、受潮、污染等情况，应在清单上签注实际情况，双方共同签字确认；若发生有货无票，应确认货物的到达站，并填制收货清单，双方盖章后寄给货物起运站。

任务 2 收票交货

零担货物交付时，应认真清点核对货物品名、件数、票签号码。如交付的货物较多，应该逐一点交，以免发生差错。货物交付完毕后，驾驶员或随车理货人员应收回货票（提货联），并以此向财会部门报账。

在实际工作中，公路零担货物收票交货的业务操作要求如下：

（1）为了防止货物误提、误交，不得凭白条提货或凭信用交货。

（2）凭货票（提货联）提货者，由收货人在货票（提货联）上加盖与收货人名称相一致的印章，并凭提货人的有效身份证件在货票（提货联）上签字后交货。

（3）凭到货通知单提货者，由收货人在到货通知单上加盖与收货人名称相一致的印章，并凭提货人的有效身份证件在货票（提货联）上签字后交货。

（4）凭电话通知的提货者，由收货人凭收货单位加盖印章的提货介绍信，经站方检验确认后，并凭提货人的有效身份证件在货票（提货联）上签字后交货。

（5）收货人委托他人代理提货，由收货人凭收货单位加盖印章的提货委托书，经站方检验确认后，并凭代理提货人的有效身份证件在货票（提货联）上签字后交货。

任务 3 运费结算

业务受理人员在填制公路零担货物托运单前，需要了解客户的费用结算方式（现付、到付、回单付或按月结算）。运输费用的结算，有的是在货物托运时一次结清，有的则采用预付费用并实行随运随结或运后结清。如果零散客户选择"到付"或"回单付"的结算方式，就会存在事后结算运费的情况；如果合同客户在签订合同时选择预付费用和按月结算方式，也会存在事后结算运费的情况。

运费结算是指公路零担货运企业根据《汽车运价规则》相关条款的要求，对采用"现付"结算方式以外的各项运输活动而产生的运费和运杂费进行结账与清算。经过结算，可使客户与公路零担货运企业之间的运费往来账项两清。

▲相关知识

一、公路零担货物运输企业的开办条件

1. 配备运输车辆，建设仓库、货棚

配备运输车辆，是开办公路零担货物运输业务的根本保证。因为运输车辆是公路零担货物运输的唯一运载工具，即便其他条件均已成熟，若没有运输车辆，也不能实现零担货物的空间位移。

建设仓库或货棚，这是开办公路零担货物运输业务的必备条件。零担货物具有小批量、

多批次、种类繁多、流向分散的特点，这就决定了零担货物在受理托运后不可能及时装车发货，也不可能在货物到站卸货后立即交付，它必须有一个"集货"与"配送"的业务操作过程。此外，有的货物需要中转换装，也必须要在货运站短期保管。所以货运企业必须根据零担货物吞吐量的大小，建设具有一定容积的货物仓库或货棚。

2. 开辟货运站点，构建运输网络

开辟货运站点，是开办公路零担货物运输业务的受理窗口。货运站点是货源、货流的业务操作者，既能发挥集结和疏散货物的作用，又能为运载工具包揽运输业务，它是运载工具和货源、货流之间的纽带。货运站点一般位于专业市场附近或"三线"交会处，这样既可以开设直营网点，也可以加盟中介代理。

构建运输网络是开办公路零担货物运输业务的运行基础。零担货物运输网络，是指由运输车辆、货运站点和运行路线所组成的具有实体循环功能的零担货物运输系统。运输车辆是零担货物运输网络的基本组成部分，公路零担货运企业应根据货源、货流的实际情况，及时制订或调整运输车辆的运行方案。

3. 组织货物联运，架构立体运输

组织货物联运，是开办公路零担货物运输业务的拓展关键。货物联运，是指通过两种以上不同运输方式，或虽属同种运输方式但须经过中转换装的接力式运输过程。

由于公路零担货物运距长短不一，公路货运企业的运输车辆不可能将国内的每个站点、每条路线都跑遍。因此公路货运企业必须与铁路、水路或航空企业联合开展立体化联运，这样才能满足企事业单位或个人对零担货物托运业务的广泛需求。

二、公路零担货物运输的网络组建

在我国，社会主义市场经济的快速发展，为公路零担货物运输业务的开办与发展，提供了充足货源与"三零"货流。组建公路零担货物运输网络，除了需要依托一定层级和范围的行政区划外，还需要按照区域经济、产业结构、公路路网等方面的发展状况，确定零担货物的营运路线和货运站点，组建相应层次的零担货物运输网络，并为形成更高层次的零担货物运输网络奠定基础。因此，货运企业应充分发挥零担货物运输网络的规模经营优势，并在此基础上取得最大化的经济效益与社会效益。

1. 县域运输网络

县域运输网络，是指依托县域内的公路干线，以县级城市为中心、以乡（镇）运输网络为基础而形成的县域运输网络系统。县域运输网络将对县域内的零担货物进行集结和疏散。

2. 市域运输网络

市域运输网络，是指依托市域内或市际的公路干线，以地区级城市为中心、以县域运输网络为基础而形成的市域运输网络系统。市域运输网络将对市域内的零担货物进行集结和疏散。

3. 省域运输网络

省域运输网络，是指依托省域内或省际的省道干线，以省城或省辖经济中心城市为中心、以市域运输网络为基础而形成的省域运输网络系统。省域运输网络将对省域内的零担货物进行集结和疏散。

4. 区域性运输网络

区域性运输网络，是指依托区域性或省际的高速公路干线，以区域性（如长三角地区或珠三角地区）经济中心城市为节点，以沟通中心城市的公路干线为网络，而形成的区域性运输网络系统。区域性运输网络的建立，为发展远距离的零担货物运输创造了必要条件。

5. 全国性运输网络

全国性运输网络，是指依托全国性的国道干线，以省会城市为中心、以国道干线为支撑而形成的全国性运输网络系统。只有建立全国性运输网络，才能最大限度地将零担货物在全国范围内进行流通，并实现零担货物运输的网络化。

三、公路零担货物货源的组织路径

1. 公路零担货物货源信息搜集

开展公路零担货物货源信息搜集，是公路零担货运企业经营管理的基础性工作。

公路零担货物货源信息搜集，是指通过广泛而有效的市场调查，搜集公路零担货物货源货流的基本信息，并在对收集的基本信息进行有效分析处理后，挖掘潜在客户、发现新的商机，从而提高货运企业经营管理水平的过程。

搜集、分析和处理公路零担货物货源信息，不仅是公路零担货运企业作出经营决策的重要依据，而且是公路零担货运企业提高应变能力的重要手段。

（1）货源、货流与流量、流向。

1）货源是指公路零担货物在一定时间与一定区域内的来源情况。

2）货流是指公路零担货物在一定时间与一定区域内的流动情况（包括货物的流量、流向、流时、流程等要素）。

3）流量是指公路零担货物在一定时间与一定区域内的流动数量。

4）流向是指公路零担货物流动的方向。货物流向，分为"顺向货流"和"反向货流"两种。在实际工作中，货物流量大的流动方向的货流，称为"顺向货流"；货物流量小的流动方向的货流，称为"反向货流"。

（2）搜集方式与搜集程序。任何企业都必须根据市场状况来决定自己的经营方向和经营策略，因此开展市场调查研究就显得尤为重要。一般来说，市场调查研究的目的，是为企业开发新的产品、开拓新的市场、顺应市场变化、选择合适的市场定位，或者说为企业调整经营战略而提供决策性依据。

公路零担货物货源信息是指与零担货物的来源地、流量、流向、流时、流程及其变化有关的各种信息的总称。

1）货源信息搜集方式。公路零担货物货源信息的搜集调查，是一项涉及面很广的工作。在货源信息搜集调查中，既要确保搜集调查的准确性，又要确保取得良好的预期效果。为此，调查者就应该尊重市场客观规律，按科学的程序和方法进行调查研究。

按公路零担货物货源信息搜集方式，可将其划分为全面调查、典型调查和专题调查三种。

全面调查是指在一定时期内，对运输市场拓展区内的自然资源（土地、矿山、森林等）、人口、学校、机关、企事业单位的基本概况，对工农业产品、农副产品及土特产的产销、数量、包装、流通等，对工业生产所需燃料、原材料、辅助材料的品种、消耗量、自产量、流入量等，对商品流通的数量、区域等，对交通运输网络布局、竞争对手发展变化等，进行全面综合的搜集、调查与分析。

典型调查是指根据企业业务拓展需要，随机选择一些具有代表性的地区或单位或运输路线，用由此及彼的推理方法进行典型性解剖与分析，从而了解公路零担货物运输市场中所存在的特殊规律性的信息。

专题调查是指为研究公路零担货物运输的某些专项问题（如开辟新的公路零担货物运输路线或货运站点等）所进行的专门市场调查。

2) 货源信息搜集程序。目前，公路零担货物运输行业竞争比较激烈，在某些地区可能会存在"供大于求"的现象。但是由于公路零担货物运输承运人所提供的运输工具和运输服务存在一定的差异，因此随着公路零担货运市场需求的不断变化，公路零担货物运输承运人应不断地调整经营策略，以主动适应公路零担货运市场所发生的各种变化。

货源信息搜集程序可分为以下三个阶段：

第一阶段，调查准备阶段。其包括确定调查的范围与目标，制订调查方案等。例如：对某一个公路零担货运市场进行调查，目标就是剖析这个零担货运市场的现状，包括竞争对手的运行情况、运价情况等，从而据此形成相应的调查方案。

第二阶段，调查实施阶段。其包括选择搜集资料的方法，设计相应的调查表，并开展实地调查等。

第三阶段，调查结果处理阶段。其包括整理、分析调查资料，撰写调查报告，得出调查结论等。

2. 公路零担货物货源组织路径

（1）推行合同运输。推行合同运输，是公路零担货运企业行之间有效的货源组织方式之一。它有以下优点：①有利于加强货运市场管理，组织合理稳定货源；②有利于加强货运企业责任，提高运输服务质量；③有利于简化受理托运手续，节约人力、物力、财力；④有利于改进产、运、销关系，促进地方经济发展。

（2）设立代办站点。由于零担货物具有零星、分散、种类多、批量少、流向广的特点，因此可以通过设立代办站点来集散"三零"货源。因此，借鉴客运站点设置经验，利用公路沿线单位或个人的闲置资源设立代办站点，是适合农村地区组织零担货源的好方法。

设立代办站点，不仅弥补了货运企业营运资金、仓储容积与人力资源的不足，而且在客观上为货运企业扩大了货源组织渠道。公路零担货物运输的代办站点，一般只负责公路零担货物的受理、中转或到站的业务，并不负责公路零担货物的营运业务。

（3）建立合作关系。由于货物联运公司、邮政局等单位社会接触面广，具有较固定的货源联系渠道，因此与之建立合作关系，委托其代理公路零担货物运输受理业务，是一种较为有效的零担货源组织方法。

受托合作单位办理公路零担货物运输受理业务，一般可向承运人收取一定比例的手续费或劳务费用。

（4）创建网络平台。利用现代信息技术，创建数字化的公路零担货物托运受理平台，形成虚拟的公路零担货物运输网络，开展网上受理托运与起票工作。

3. 公路零担货物货源组织策略

（1）确定市场调查方式，拟订多种调研方案。

（2）搜集货源货流信息，挖掘潜在客户渠道。

（3）设置合作货运站点，改变常规经营业态。

（4）充分剖析运输网络，科学制定营销策略。

▲延伸阅读

佳怡物流　无盲区公路零担货物运输供应商

山东佳怡物流有限公司（以下简称："佳怡物流"）1999年成立于山东济南，是中国物流百强企业，国家AAAA级物流企业。公司现有员工2200余人，干线及配送车辆1000多辆，仓库面积18万平方米，是一家可为用户提供基于公路运输管理的一体化、全方位综合物流服务的第三方物流企业。

经过多年的发展，佳怡物流凭借在全国范围内24小时无盲点的物流运营网络和信息网络，秉承物流服务从点点滴滴做起的服务理念，与国内外众多知名企业建立了长期的战略合作关系，如南方李锦记、松下电器、中国重汽、一汽、和记黄埔、东港印物、修正药业、统一银座、中远物流等，截至目前已拥有各类用户2000多家。

一、全国配送体系构建模式及优势特点

1. 搭建山东区域内网

从2000年至2004年间，佳怡物流在山东建立了以济南为轴心的集散中心（HUB），辐射山东省内所有地、县设立的全资分支机构，构建了山东省区域性物流配送服务实体网络。其是全国范围内除中国邮政以外省级区域性24小时无盲点物流配送服务的企业，成功搭建了山东省区域性物流配送公共服务平台。

2. 区域间外网建设

佳怡物流在以山东为根据地建立了区域性物流配送服务平台和研究了区域经济的理论模型后，开始在全国范围内复制山东模式，先后在华北、华东、东北、中南地区的各省铺设区域网。结合中国区域经济特点，在全国建立了十二个大区的集散中心（HUB），通过集散中心的设立实现了大区与大区间的货物交换，并实现了区域范围内进行货物的整合、分拨、中转的集散功能，在两个大区内网区域的集散中心（HUB）之间建立起网际路由模式，形成了佳怡物流的轴辐式网络模型的物流配送体系。

3. 轴辐式网络模型的优势特点

①减少了货物运输的不平衡性；②减少运输工具的配置数量；③提升了货物运输质量；④路由简单，便于会计核算和进行成本控制等。

二、储运一体化的项目管理体系

1. 国内某知名民营企业物流项目管理介绍

以佳怡物流为某国内知名直销民营企业提供的物流配送解决方案为例，为了确保该企业储运一体化综合物流服务运作，满足"库存管理、订单处理、二次拆零、分拣、再包装、配送（包括县乡等所有门店）及信息处理"等多个环节的精细化服务，佳怡物流提出了"物流网络结构优化，合并货仓，降低整体总成本的最优方案"，即在300~500千米的最佳公路配送运距范围内，通过优化路径，增加资源投入，提高运输配送能力，在保持服务质量水平稳定的情况下，减少该企业RDC（区域配送中心）的投入数量。2007年将太原货仓并入北京货仓；2008年将长春货仓并入沈阳货仓。同时，配合支持企业物流网络结构优化调整，降低了整体成本及

风险机会，提高了客户的资金周转率，也节省了10%以上的物流配送成本。

2. 物流项目管理目标

（1）根据客户要求提供仓储运输配送服务，并不断扩大合作空间，在安全性、及时性、信息反馈、服务态度等方面满足客户需求并长期服务于客户。

（2）不断沟通和探讨实施降低双方物流成本的合作模式，缩短流通周期，不断提高客户对商品满意度。

（3）利用物流信息技术与物流信息网络，按照客户要求进行系统接口，形成信息集成共享。

3. 运输及配送流程（图4-11）

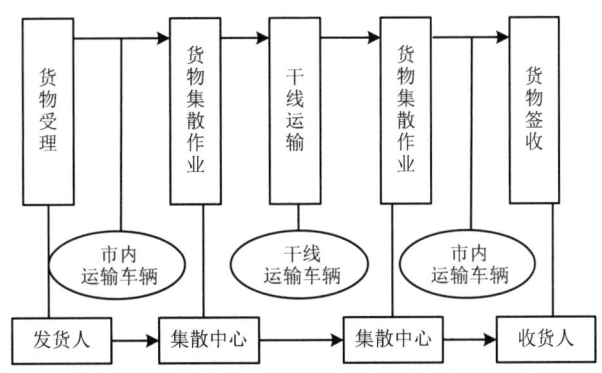

图 4-11　佳怡物流零担货物运输流程图

三、运力情况及管理制度

1. 运力介绍（表4-9）

表 4-9　佳怡物流载货车辆统计表

车辆品牌	车辆类型	载重量/吨	货箱尺寸/米	数量/辆
金杯、瑞风、江淮、福田、跃进	市内运输车辆	2T、中巴、面包车	4.2×1.8×8	700
解放、东风、跃进、陕汽	干线运输车辆	8T、10T、15T、20T	12.7×2.4×2.5 9.5×2.3×2.4 7.6×2.4×2.5 7.2×2.3×2.3	300

2. 车辆管理

佳怡物流对于车辆的管理主要分为两个方面，一是整合社会加盟车辆，二是自行购置车辆。公司会根据实际班线的货量情况来组织车辆，确定所需车辆的车型、配置条件及使用要求。其主要通过以下手段实现管理：

（1）对外协车辆的管理。

1）车辆的引入：制定加盟政策，设置车辆引入标准（如车况要求、车辆保险、运输押金等）。

2）制定车辆运输费：公司结合每条班线和车辆的情况，研究出车辆的运输费定价模型，并将其分解为固定费用、变动费用和运输利润三部分。这成为佳怡物流对公司车辆运输成本进行控制的重要方式。

3）运输合作合同签定：公司与加盟车辆约定双方的权利和义务，加强对合作双方的管理，明确车辆运输费的支付方式等。

4）营运过程中的管理：由车辆管理权所属的大区每月对车辆进行考核，并公示考核结果，对各加盟车辆进行评分排名，评分的结果直接与车辆的收入挂勾，通过对车辆考核的加强，提高车辆的运作效率和积极性。

5）车辆的退出：在合作过程中，双方不能满足需求时，公司会根据车辆的退出机制，明确车辆退出的条件和公司内部各个环节的对接办法。

（2）对自购车辆的管理。自购车辆的管理所涉及的内容比整合社会加盟车辆更复杂，管理的方面更广。

1）驾驶员的管理：主要包括驾驶员的招聘（招聘的把关、面视、路试、办理相关的担保手续）、驾驶员的培训（岗前培训和在职培训，岗前培训主要是介绍公司的企业文化、标准和业务流程，在职培训主要是机械常识培训和安全培训，在职培训是一个持续的过程）、驾驶员的日常管理（主要是工资管理、日常考勤管理、驾驶员行为管理）、驾驶员的人性化管理（思想沟通、组织文艺活动、解决生活困难等形式）。

2）车辆的管理：主要从车辆的采购（从采购的计划申请、车型的选择、代理商的选择、正式采购、新车检验来实现）、车务管理（新车的上牌、新车的保险、车辆年审、证件管理、车辆检验、随车工具管理）、车辆的维护和保养（车辆的定期保养、车辆的非定期保养、维护）、维修与油耗（车辆的故障与修理、车辆油耗管理）等几大方面加以管理。

四、提高运输竞争力的四项控制

佳怡物流主要通过四个方面来提高运输全程的质量和效率。

1. 运输风险方面

从货物的受理直到客户签收的整个过程，佳怡物流将每个环节中存在的风险进行细分并加以分析，通过风险自留和风险转移的思路来解决。除从硬件设施、设备进行完善外，对于风险概率和风险幅度较小的环节，公司内部通过推行保价运输业务实现对客户货物的保险，如出现丢失、破损将按原价赔付客户。对于风险概率和风险幅度较大的环节，佳怡物流与保险公司建立了长期稳定的合作关系，并帮助客户取得最低的运输费率。另外，对于运输车辆，不是加盟车辆还是自购车辆，本身的安全性均要求较高，并且要求车辆购置保险，除基本险外，附加险中必须有货物运输险，这样对整个运输过程中的风险控制便会尽在掌控之中。

2. 运输时效方面

通过制定JIT（Just In Time）运作标准来管理，运作标准中明确指出从货物的收取、运输途中、交接过程、装卸车过程、签收过程等的时效规定。运输时效的制定是结合公司的运作能力和客户的需求两方面，真实有效地记录每个环节的实际操作时间。同时对在这个过程中不按规定操作的进行考核通报，情节严重者要求提出整改方案，对于配合良好的环节给予奖励。通过对标准的制定、监督实施、考核、改进来完成在运输时效方面的控制管理。

3. 运输成本方面

通过对所有运输班线制定控制运输成本率和相关的考核，操作部门在完成运输任务时，必须将运输成本和实际发运货物的营业额的比例控制在规定的成本率范围内,对于超出运输成本率的,公司会对运作部门进行考核处罚。在车辆方面,按照公司车辆运输费制定模型,提前制定出车辆的运输成本。操作部门在执行时必须按提前制定的车辆运输费执行,车辆运输费结算部门在支付给车辆运输费时也必须参照此标准执行。如果运行的班线、车型、相关费用发生变化,经公司批准后,结算部门方可根据批准的书面申请做出相应结算调整;在与其他合作物流公司合作方面,操作部门支付其的运输费用与所发运货物营业额的比例是控制在规定范围内的,运输费结算部门也凭此标准。

4. 运输质量方面

运输质量控制的关键是杜绝或减少货物在运输过程中货损、货差事故的发生,便于划清企业内部的运输责任,货物在运输途中发生的装卸、保管、运输等作业,承运人与起运站和到达站工作人员之间,要求办理交接检查手续,要求按货物件数以及货物的状态进行交接,如接收方发现有异状,双方在书面的运输承运协议中要做出记录备案。

五、高效配送的信息化保障

佳怡物流有专门的信息技术服务中心,并研发了"佳怡物流运输管理系统(ETMS)""佳怡物流电子仓储系统(WMS)""佳怡物流客服呼叫中心系统(CTI)""佳怡物流办公自动化系统(OA)"。同时,在车辆方面,其还装载了 GPS 卫星定位系统。

1. 运输管理系统(ETMS)(图 4-12)

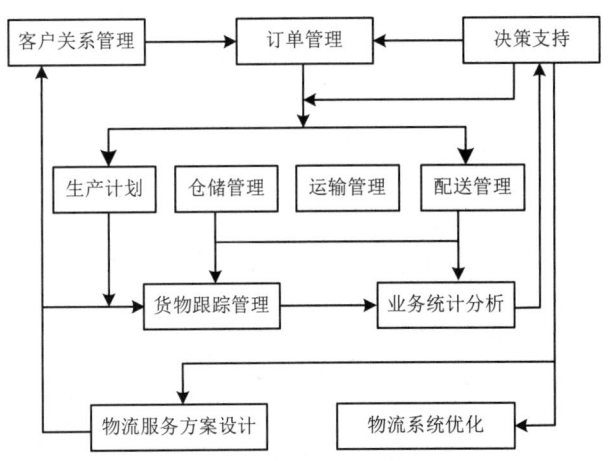

图 4-12 佳怡物流运输管理系统图

(1)从市内调度取货、接货运单受理、装车、制作运输协议、市内运输、集散入库、干线运输、到货配送、回款处理(含代收款)再到客户回单签收,进行全程跟踪管理,为公司各业务层和管理层提供更为及时、准确、有效的运营决策支持,并就物流企业平时最为关心的数据提供灵活方便的统计查询及打印功能。

(2)货物跟踪、货物查询。物流系统可以实现全天 24 小时货物跟踪,查询到货物所在地及货物所处状态等。

(3)资金管理。方便统计当日和当月所有连锁店应收及应存运费,有效控制资金回收。

(4)代收款管理。总部可以查询、确认各连锁店的代收款明细,并从系统中直接实现代收款的发放。

2. 配送应急预案

车辆在运输过程中,如出现交通堵塞、交通故障和交通意外等意外情况,车辆会利用GPS车载终端向调度中心发出信号,调度中心在收到信息后,会立即与车辆进行联系。如果属于运输时间延误,调度中心将立即通知客服中心,客服中心将在第一时间内通知客户货物将会延时到达,并告之原因,以做好紧急配送准备。若属于交通意外,除通过客服中心通知客户外,调度中心将会立即就近调车援救,并将货物在最短时间内配送至客户手里,将对客户产生的影响降至最低。

(资料来源:贺小轩. 佳怡物流 无盲区公路零担货物运输供应商[J]. 物流技术与应用(货运车辆),2008(8):86-88,有删减)

单元小结

本单元主要讲述了公路零担货物运输从受理托运到费用结算的全部业务操作流程。受理托运必须做好理货核对和包装检查工作,准确计算运费,正确填写各种单证;要明确理货备货、集货配载等业务操作的基本要求;运输调度应高效匹配车辆资源和货物性质、重量、体积等;跟踪、管理、注重在途运行安全和信息沟通;交付货物时注意核对签收,收票交货,最后进行运费结算。

思考题

一、简答题

中国最大的公路零担货物运输企业——华宇物流集团,经过多年的打拼,现已成为一家集公路运输、航空货代、铁路货代、国际货代、市区快递、仓储配送于一体,具有区域化、网络化、信息化、智能化和供应链管理能力的大型第三方物流企业。

华宇物流集团拥有各种运输车辆2500台,各种先进的物流设备近300台套,仓库、堆场面积达500万平方米,年吞吐能力1000万吨,年产值逾10亿元。目前,在全国33个省(市、自治区)近500个大中城市设有近1000家全资子公司。400多条长途专线和150多条中短支线,通达近千个城市,堪称中国公路零担货物运输"第一网"。

华宇物流集团尽管起步较晚,却率先推出了"上门服务、免费提送"的"门对门""库对库"的服务举措,率先实践了"网络运输"的发展理念。在此基础上,华宇集团通过资本运营、品牌经营、战略联盟和并购整合,将在国内15个中心城市打造现代化的物流配送中心,网络覆盖1000个城市,年产值突破25亿元。

请你进入华宇物流集团的案例情境,联系本单元学习目标,回答下列问题:

1. 什么是零担货物?什么是公路零担货物运输?与公路整车货物运输相比,公路零担货物运输具有哪些特点?

2. 在运输调度时,如何组织公路零担货物装车配载?装车配载原则有哪些?

3．在公路零担货物中转作业中，如何选择中转站点和划分中转范围？中转换装的业务操作要求有哪些？

4．请绘制公路零担货物运输业务操作流程图，并用文字说明所包含的工作任务。

5．结合市场调查，试述组建公路零担货物运输网络的层次。组建公路零担货物运输网络对企业发展有何意义？

6．公路零担货物货源的组织路径有哪些？如何快速有效地拓展公路零担货物货源？

7．公路零担货物运输的营运形式有哪些？各自的特点是什么？

8．请分别画出直达式零担班车、中转式零担班车、沿途式零担班车的运行示意图。

9．请为华宇物流集团在某市连锁开办的某一家公路零担货运企业，设计一份零担货物货源组织方案。

10．请为华宇物流集团在某市连锁开办的某一家公路零担货运企业，开展公路零担货运市场发展前景的全面调查，并写一份调查报告。

二、实训题

（一）填写托运单

成祥通运输公司客服代表王明（联系电话：010-83999***；手机：18551201***）接到来自北京海达科技有限公司的运输申请。

北京海达科技有限公司张清（联系电话：010-72319***；手机：13100099***）申请 2010 年 3 月 22 日从北京市朝阳区青年路 36 号森达大厦起运一批货物，包括：纸箱包装 HP3100 打印机（外包装尺寸 1000 毫米×800 毫米×400 毫米，单箱重量 20 千克，价值 2000 元/台）10 台，纸箱包装 HP7400 扫描仪（外包装尺寸 700 毫米×700 毫米×600 毫米，单箱重量 15 千克，价值 800 元/台）15 台。

发货至天津市河西区幸福里 10 号楼 1302 室天津森美科技有限公司，接收人：李萍（联系电话：022-76004***；手机：13511000***）。

计划采用零担运输方式，使用全封闭式厢式货车，提供门到门服务，预计货物运送时间 3 天，货物运费 320.22 元，提货费用 110 元，送货费用 90 元，按照货物总价的 1.5 倍投保，保险费为投保金额的 0.5%，由中国人民保险公司北京分公司承保。托运方要求在运输、装卸过程中注意防止货品跌落和碰撞。

请将以上信息填写到表 4-10 所列的运输托运单相应栏内。

（二）普通货物运输方案设计

【学习情境】

2014 年 12 月 7 日北京阳光贸易有限公司（位于北京市通州区新华大街 25 号）向山东青岛酿酒厂（位于青岛市海尔路 83 号）购得 1000 千克白酒和葡萄酒（其中白酒和葡萄酒各 500 千克）。货物内包装为玻璃瓶，外包装为纸箱（50 厘米×40 厘米×30 厘米），共 50 箱，白酒和葡萄酒各 25 箱。在买卖交易合同中规定了买方负责办理运输并支付运费。

表 4-10 公路运输托运单

单号：								
客服代表：		TEL/FAX			手机			
托运人：		预计装货时间：						
联络人：		TEL/FAX			手机			
装货地址：								
收货人：		要求到货时间：						
联络人：		TEL/FAX			手机			
卸货地址：								
序号	产品名	件数	包装材料	包装尺寸（厘米）	单件重量（千克）	装卸要求	运输要求	
1								
2								
3								
运输方式：零担 　　　　　整车：　5T　　　8T　　　10T								
车厢要求：全封闭　　　　半封闭低栏　　　　　　　离栏　　　平板								
运输条款：门/门　　　　　门/站								
运输金额：　　　　　　　运费：　　　　　送货费：								
保险费：　　　　　　　　投保价值：　　　　投保方：								
特别约定：								
说明： 1. 上述资料均由托运人提供并确认；　　　　　（盖章） 2. 客户代表须出具我司盖章的托运单作为提货凭证； 3. 和本公司有合约的，带*处可不填。 　　　　　　　　　　　　　　　****物流有限公司							托运方（盖章）经办人签名：	
							收货方（盖章）经办人签名：	
托运单一式四联 　第一联　托运联；　第二联　托运方联；第三联　收货方联；第四联　留底								

北京阳光贸易有限公司与北京通达运输公司（通州区八里桥市场 13 号）签订了长期的运输合同，并规定每次运输需要由阳光贸易有限公司派人上门到通达运输公司办理托运手续，计费里程根据《全国主要城市间公路里程表》确定，计费重量根据交通部《汽车货物运输规则》执行，具体的运价率、杂费及其他特殊事项等可以由承托双方根据实际情况协商确定。具体的运输方案根据办理托运时的情况确定。

2014 年 12 月 9 日，阳光贸易有限公司货运部经理派员工马国盛到通达运输公司办理该批货物运输的托运手续，通达运输公司的李军锋为该批货物办理承运手续。双方人力资源部规定，由于员工个人疏忽造成企业损失的，需要由个人承担相应的赔偿责任。

注：通达运输公司所使用的运单为交通部道路运输企业统一的运单格式。

【任务与要求】

根据上述工作情况，2个同学一组，分别代表马国盛（托运人）和李军锋（承运人）模拟完成该批货物的整个运输业务处理过程，具体工作任务如下：

（1）承托双方将运单的内容填写完整，并根据需要填写物品清单，签名以自己的真实姓名分别代替马国盛和李军锋。

（2）承运人要对托运人填写的运单进行审核。

（3）托运人和承运人必须将运单中的内容填写完整，其他相关事项由承托双方协商将其填入运单中。

（4）根据提供的《全国主要城市间公路里程表》《公路运费费率表》等资料，双方可以协商运费率，准确计算公路运费。

（5）根据运单内容，正确填写货票。

（6）承托双方协商确定具体运输方案，要求确定运输路线、装车方案、卸车方案等。

【成果与检验】

1. 完成运单（表4-11）的填写与审核，并根据需要填写物品清单（表4-12）。

表4-11 道路货物运单

2. 自行查询确定货物等级、城市间计费里程，计算该批货物的运费，精确到个位。公路运价表见表4-13，装卸费表见表4-14。

表 4-12 物品清单

起运地点						运单号	
装货 日期						封志号	
装货人名称							
编号	货物名称及规格型号	包装方式	件数	体积 长×宽×高（CM）	重量（KG）	保险保价价格	
备注							

托运人：（签章） 承运人：（签章）

年 月 日

规格：长×宽＝220×170（mm）

货物的类别：

说明：凡不属同品名、同规格、同包装的以及搬家货物，在一张货物运单上不能逐一填写的，可填交本物品清单。

表 4-13 公路运价表 单位：（元/吨·千米）

货物分等	一等货物	二等货物	三等货物	特等危险货物
运价	0.50	0.55	0.6	0.75

表 4-14 装卸费表（标准） 单位：吨

项目	货物分等	一等货物	二等货物	三等货物	特等危险货物
短途运输	装	1.50	1.70	1.90	2.10
	卸	0.00	1.50	1.70	1.90
	装卸	1.50	3.20	3.60	4.00
长途运输	装	2.00	2.30	2.60	3.10
	卸	0.00	1.60	1.90	2.40
	装卸	2.00	3.90	4.50	5.50

3．运输方案设计和优化

请记录下本次货物运输的具体设计方案，要求简单说明选择方案的理由。

（1）运输路线的确定。

（2）运输工具的确定。

（3）装卸车方案的确定。

（4）其他（在途监控、收益核算等）。

单元五　城市配送业务操作

通过本单元的学习，学生应能够熟悉货物的常用拣选方式和拣选策略，理解配送路线规划的原则，能够运用最短路径法、节约里程法进行配送路线规划，掌握车辆积载的原则和具体办法。

（1）拣选方式和拣选策略。
（2）配送线路规划的原则。
（3）车辆积载的原则。

技能点

（1）能够熟练、准确填写拣货单、配送单、发货检查清单、运输工具检查清单等单据。
（2）能够运用节约里程法优化配送路线。
（3）能够对货物进行合理积载。

案例导入

构建智慧绿色城市配送新体系

1. 城市物流之痛

2014年，国务院印发的《物流业发展中长期规划（2014—2020年）》中提出，在城市社区和村镇布局建设共同配送末端网点，且将城乡物流配送工程列为九大工程中重要的内容之一。其中提到了推进城市绿色货运配送体系建设，这意味着城市物流发展上升到国家战略层面。具体任务里提出了：第一，优化道路运输通行管理，完善城市配送车辆通行的管理政策，开展公共配送和夜间配送；第二，在第十项任务里提到，加强对物流业发展的规划和用地支持，统筹安排物流及配套公共服务设施用地选址和布局，确保规划和物流用地落实，禁止随意变更。

结合北京市实际情况分析城市物流的配送痛点和难点。北京是世界级特大城市，城市物流配送难度极大，具有以下特点。第一，运量需求大。数据显示，2016年北京市人口规模达2173万，全年完成货物量2.4亿吨，居民日常生活类物资需求量2300万吨，平均一天需要7万吨。第二，以建材和日用消费品为主。北京市的建材和日用消费品合计货运量、运次占整个城市货运比例分别为75%和70%。第三，进出交通压力大。北京市是典型的输入型城市，进出货运量比例达到 2.6，而全国城市的平均水平只有 0.9 左右；北京市的自有货车约 10 万辆，外加每天约 1.7 万辆外地车辆在为北京提供服务，交通压力非常之大。第四，配送需求高度分散。尤其在电子商务快速发展的今天，碎片化需求越来越明显，多品种、少批量、多批次的需求非常旺盛。第五，城市配送的供应模式日趋多元。目前城市配送的方式很多，其中第三方物流专业配送依然是核心，但北京越来越多的商贸企业也开始自建物流，参与到城市配送中。目前，第三方物流企业的服务能力、供给水平依然无法满足业态变化的需求，因此很多企业选择走自建物流的道路。

聚焦短板。到目前为止，城市配送领域还存在着五个问题。第一，公共配送基础设施严重短缺。城市缺乏专业化、规模化公共配送中心，用地审批难、获取难、成本高，企业投资顾虑多。第二，城市配送通行环境没有明显改善。第三，城市配送车辆的通行证发放与需求未形成良好匹配，且通行证在发放过程中缺乏公开、透明的申报条件和流程。第四，配送车辆的车型非常庞杂，给交通安全、大气污染治理带来了很大的隐患，并给企业的投资、运营带来了极大的不确性和风险。第五，先进的组织方式推广缓慢。虽然关于共同配送、统一配送、夜间配送的方式很早就提出来了，但实际情况不容乐观。因此，我们需要像云鸟这样的大型化、网络化的龙头骨干企业，带动和推广规模化的公共服务配送平台建设，改进城配物流的组织方式。

对于城市配送，需建设好三大基础：第一，车辆的合法合规；第二，公共配送基础设施；第三，良好的通行环境。这三大基础不牢，会造成整体的社会物流成本、城市运行的压力居高不下，更会抑制城市发展的活力。因此，不论是政府、企业，还是行业协会、研究机构，都要足够重视。

解决问题必须找到症结所在，城市配送出现痛点、难点的原因，总结为五个缺失、五个不到位。第一，系统化思维的缺失，认识不到位；第二，顶层谋划的缺失，规划不到位；第三，制度体系的缺失，管理不到位；第四，统计监测的缺失，精细不到位；第五，政策引导的缺失，政府投入严重不到位。就交通领域而言，现在国家在高速公路网、国家公路网、干线铁路网、内河水运网和航空网络等方面构建起了一个非常发达的干线运输网络，但在城市内部的微循环上，在公共基础设施的建设上，包括在新型装备的研发、信息系统的建设上，政府的投入和扶持力度远远不够。

2. 城市配送发展和变革

目前，我国总体正处于城市化快速发展的阶段。例如，正在发展的千亿级城市群，未来我国的城镇化水平如果达到 70%、80%，则城市化发展空间还是非常大的。但是，目前城市物流配送体系建设的滞后，也给未来发展带来了新的挑战。总结城市配送管理的新变化和新气象，主要有六方面表现。

第一，城市配送管理在逐步得到更多地方政府的重视，而且实实在在地给予落地。比如深圳市，目前在发力绿色智慧高效物流体系的建设，到 2020 年深圳市的整个物流业增加值达到 2760 亿元。深圳市政府专门出台了《城市配送发展规划及实施方案》，在国内率先对纯电动运营车辆进行资助，而且特别明确了要持续优化新能源物流车辆通行和停靠环境。2017 年，深圳市新能源配送车辆保有量达到 3.5 万辆，这个数字在全国是最高的，而且深圳已经被列入到交通部关于城市配送示范工程的城市名单中。将来深圳还将投入更多的新能源车辆用于城市配送领域。

第二，无车承运+城市配送新模式在不断创新发展。2016 年，交通运输部组织开展了全国无车承运试点，无车承运人对于改善整个社会组织化、提高物流组织效率和集约化水平，作用非常大。根据交通运输部的统计监测，在 283 家试点企业中，从事城市配送的占 8.3%，包括易货嘀等企业开展模式创新，给整个城市发展增添了新的活力。

第三，交通运输部组织开展的绿色货运配送示范工程，在全国确定了22个城市绿色货运示范城市，下一步该工作还会继续扩大，目标是到2020年在全国建成100个左右的城市货运配送示范项目。

第四，积极推广新能源配送车辆，例如深圳市，到2020年力争全市营运新能源车利用率达到80%，这个比例是非常高的。同时，公安部、交通运输部也对新能源车辆的推广应用给予了足够的支持。

第五，铁路开始发力城市配送物流。北京市京铁物流已在建立"外集内配绿色高效"配送体系，这项方案也已被列入到国务院即将发布的运输结构调整的重大专项行动中去。其基本框架为，通过铁路干线、中转仓、周转仓到末端，形成以铁路网络为核心、为骨干的配送体系。

此外，智慧物流助力城市配送物流发展。以云鸟为代表，其发展定位是"互联网+配送"领域的先行者、引领者和改革者，通过科技创新来提升整个城市配送的效率。应该说，城市物流配送体系是物流领域发展的最后一块短板，而短板也意味着机遇，意味着未来发展的潜力。

（资料来源：李彦林.构建智慧绿色城市配送新体系[J].中国物流与采购，2018(15):42-43，有删减）

配送是指在经济合理区域范围内，根据客户要求，对物品进行拣选、加工、包装、分割、组配等作业，并按时送达指定地点的物流活动。

配送是"配"与"送"的有机结合，在送货活动之前必须依据顾客需求对其进行合理的组织与计划。只有"有组织有计划"的"配"才能实现现代物流管理中"低成本、快速度"的"送"，进而有效满足顾客的需求。

配送中的"送"是运输中的末端运输、支线运输，是较短距离、较小规模、较高频率的运输形式，一般用汽车做运输工具。配送运输由于配送客户多，城市交通路线又较复杂，因此如何组合成最佳路线，如何使配装积载和路线规划有效搭配等，是配送运输的特点，也是难度较大的工作。

城市配送业务的操作步骤主要包括拣货、发货、路线规划、积载发运、追踪回单五个环节。其作业流程如图5-1所示。

图5-1 城市配送业务流程

项目一 拣货

拣货作业是配送作业的中心环节，又称拣选作业、分拣作业等，是配送中心依据顾客的订货要求或配送中心的作业计划，尽可能迅速、准确地将商品从其储位或其他区域拣取出来，并放在指定位置的物流作业活动过程。

在配送中心的所有作业里，拣货作业是人力、时间及成本投入最多的作业。根据统计资料显示，拣货作业的人力投入占整个配送中心的40%～50%，时间投入占30%～40%，而人工成本则占配送中心总成本的 15%~20%。其中行走环节的时间占分拣时间的 55%，因此，规划合理的拣货作业方式和拣货策略，对整个配送中心的运作效率具有决定性的作用。

任务 1　认识拣货信息

配送中心分拣人员在执行拣货作业时，需要借助拣货信息，就像为了组织聚餐配料，去超市购物前制作的购货清单。

拣货信息是拣货作业的指令和原动力，是拣货人员的指示依据，主要目的在于指示如何拣货，其资料产生于客户的订单，为了使拣货员在既定的拣货方式下正确而迅速地完成拣货，拣货信息成为拣货作业规划设计中重要的一环。拣货的信息传递方式有利用传票、拣货单等纸质方式，也有使用计算机、条码及一些自动传输的无纸化系统等传递方式来辅助拣货系统。

1. 传票

传票是直接利用客户的订单（分页、复印件或影印本）或以公司的交货单来作为拣货指示凭据。其优点在于，使用传票无须再利用计算等设备处理拣货信息，适用于订购品种数较少或小量订单的情况。

使用传票存在一定的不足，具体如下：

（1）传票容易在拣货过程中受污损，或因存货不足、缺货等注记直接写在传票上，导致作业过程发生错误，甚至无法判别确认。

（2）未标示储位的产品，必须靠拣货员的记忆在储区中寻找存货位置，增加搜寻时间及行走距离。

使用传票来拣选货物仅适合于拣选货物品种少、数量少的商品拣货，当拣选货物品种多、数量大的时候，以这种方式传递信息会严重影响拣货效率，难以满足客户对服务的需求。

2. 拣货单

拣货单是将原始的客户订单输入计算机后进行拣货信息处理，再打印出拣货单据的方式。表 5-1 和表 5-2 分别是按客户和商品品种形成的拣货单。

表 5-1　拣货单（客户别）

拣货单编号					客户订单编号			
客户名称								
出货日期					出货位号			
拣货时间		年　月　日　时　分至　时　分			拣货人			
核查时间		年　月　日　时　分至　时　分			核查人			
序号	货位编码	品名	规格	商品编码	数量（包装单位）			备注
					托盘	箱	单件	
1								
2								
3								
4								
打印人：			打印时间：					

表 5-2　拣货单（品种别）

拣货单号		包装单位				储位号码	
货物名称		数量	箱	整托盘	单件		
规格型号							
货物编码							
生产厂家							

拣货时间：　　年　　月　　日　至　　年　　月　　日　　拣货人：

检查时间：　　年　　月　　日　至　　年　　月　　日　　核查人：

序号	订单编号	客户名称	包装单位			数量	出货货位	备注
			箱	整托盘	单件			

拣货单的优点在于：

（1）避免传票在拣取过程中受污损。在检品过程中使用原始传票查询时，可修正拣货过程或拣货单打印发生的错误。

（2）产品的储位编号显示在拣货单上，同时可按路径先后次序排列储位编号，引导拣货员按最短路径拣货。

（3）可充分配合分批、分区、订单分割等拣货策略，提高拣货效率。

拣货单的缺点表现在：

（1）拣货单处理打印工作耗费人力、时间。

（2）拣货完成后仍要经过检品过程，以确保其正确无误。

3. 拣货标签

拣货标签是由印表机印出所需拣货的物品名称、位置、价格等信息的标签，数量等于拣取量，在拣取的同时贴标签于物品上，以作为确认数量的方式。在标签贴于货品的同时，物品与信息立即同步一致，所以拣货的数量不会产生错误。

在标签上，不仅是打印出货品名称及料架位置，如果条码一起打印出来，利用扫描器来读取货品上的条码，即使同一产品而交货供应商不同时也能有所区分，且该货品的追踪调查也能同时进行。

拣货标签的优点表现在以下方面：

（1）结合拣取与贴标签的动作，缩短整体作业时间。

（2）可落实拣取时边清点、边拣取的步骤（如果拣取未完成标签便贴完，或拣取完成但标签却仍有剩，则表示拣取过程可能有错误发生），提高了拣货的正确性。

（3）可以对拣货人员工作情况做量化统计。

拣货标签的的缺点表现在以下方面：
（1）若要同时打印出价格标签，则必须统一有售卖点的商品价格及标签形式。
（2）价格标签必须贴在单品上，至于单品以上的包装作业则较困难。
（3）当拣货数量大时，需要耗用大量的标签。

4. 显示方式

显示方式最初为在货品料架上安装灯号来显示拣货位置，而后发展成通过网络连接的电子标签（如表示器、应答装置）安装在货架或料架上，从灯亮情况指示商品的位置，根据显示器上显示的数字来拣取商品的数量。

显示方式中操作人员无须阅读拣货单据，不会发生读错情况，也不需要寻找货位，节省了寻找的时间也不需要核对商品，不会取错商品，同时这种方式使作业人员无须手拿单据，解放了双手，作业更方便。

5. 无线电识别器

无线电识别器又称为资料携带器、射频识别器，其运作方式为，将无线电识别器安装在移动设备（如堆垛机）上，同时将接收并发射电波的 ID 卡或标签等的信息反应器安装在货品或储位上，当移动设备接近货品或货架时，识别器立即读取反应器上的信息，并通过识别电路传至计算机，进行控制管理。必要时也可利用此方法将反应器上的信息予以改写。例如：把 ID 卡安装在栈板上，而把识别器安装在堆垛机上，堆垛机一接近该栈板，栈板上的信息即能被堆垛机上的传递器迅速读取并传达至计算机。

6. 计算机随行指示

在堆垛机或台车上设置辅助拣货的计算机终端机，拣取前先将拣货资料输入此计算机，拣货员即可依靠计算机屏幕的指示至正确位置拣取正确货品。

7. 自动拣货系统

自动分拣系统拣取的动作由全自动分拣设备负责，电子信息输入后机械自动完成拣货作业，无须人工介入，这是目前国外在拣货设备研究上的发展方向。配送中心的自动化能够提高作业能力，提高劳动生产率，减少作业差错。

任务 2 识别拣货方法

1. 按单串行摘果法

按单串行摘果拣货是根据订单中的订货项目按顺序一件件拣货。这种方式下拣货员要么走过所有库存区域进行拣选作业，要么将一个订单从一个特定区域的拣货员传递给另一个区域的下一个拣货员，直至订单执行完成。

一个订单只由一名拣货员来处理能够很容易发现错误的根源，因为只有当拣货员完成了一个订单之后，他才接受下一个订单。如果每个库存区域由一名拣货员处理一个订单，那么这就构成了带有交接处的按单串行摘果拣货。例如当一个订单中包含三个不同的库存区域时，则订单的处理由三名拣货员来执行，拣选的货物就由一个区域传递至另一个区域。按单串行拣货是一种单级拣货形式。

按单串行摘果拣货的优点是拣货员在较小的拣货区域内活动，这样就缩短了路程和订单流转时间。交接处相对易于组织管理，并且由于订单没有被分割开而是传递下去，也就无须进行合并。

按单串行摘果拣货的缺点是在不同库存区域的拣货过程中必须将订单暂时存放于交接

处，同时也存在着不同库存区域的拣货员作业不均衡的风险。

2. 多人按单并行摘果法

并行拣货作业是将一个订单分割为不同的拣选区域同时进行拣选。

与按单串行摘果法相比，并行摘果法是指较大订单的拣货作业被拆分开，在不同的库存区域内同时执行拣货，但拣货作业并非从一个库存区域转交到下一个库存区域先后进行，而是将这些子订单在不同的库存区域在同一时间平行拣货。一旦各子订单执行结束，就会在汇总处重新合并为整体订单。

按单并行摘果法的优点是将拣货区分割成多个较小区域，这能够明显缩短拣货员的路线，其结果就是订单流转时间减少。

按单并行摘果法的缺点是需要一个合并汇总点，使各子订单重新汇集在一起。整个流程必须由仓库管理系统进行协调和控制。

3. 按货品并行拣货

与单级拣货作业相反，两级拣货作业是将多个订单集合为一个总订单，即合流。先按照商品进行拣选，之后才根据订单进行分拨包装，即通常所说的播种法。采用后续分类程序使得拣货作业与订单之间的关联更加松散。

二级拣货作业中，拣取以及客户订单汇总的过程彼此分开处理。对于数量不等的多个订单来说，一般在拣货作业中拣选的所有出现的同一种商品的总量，即仓储单位（纸箱或其他容器）最好一次性流转完成。

任务3 分析拣货策略

拣货策略是影响拣货作业效率的关键，常用的主要包括分区、订单分割、订单分批、分类四个拣货策略。

1. 分区策略

分区就是将拣货作业场地作业区域划分。根据分区的原则不同来分类，可分为以下四种：

（1）按货品特性分区。按货品特性分区就是根据货品原有的性质，将需要特别储存搬运或分离储存的货品进行分隔，以保证货品的品质在储存期间良好。此分区往往与商品储存分区相一致。

（2）按拣货单位分区。将拣货作业按拣货单位划分，如箱装拣货区、单件拣货区、具有特殊性的冷冻品拣货区等，这一分区基本上与储存单位分区是相对应的。其目的在于使储存单位与拣货单位分类统一，以方便分拣与搬运单元化，使分拣作业单纯化。例如，某配送中心根据不同的配货单位划分出三个配货区域，形成三种不同的分拣系统配置：托盘拣货系统、箱拣货系统和单品拣货系统。一般来说，拣选单位分区所形成的区域范围是最大的。

（3）按拣货方式分区。不同的拣货单位分区中，依拣货方法及设备的不同，又可划分为若干个分区。分区的原则通常按商品销售的A、B、C分类而来，按各品类的出货量大小及拣取次数的多少，进行A、B、C群组划分。再根据各群组的特征，决定合适的拣货设备及拣货方式。这种方式可将作业区单纯化、一致化，以减少不必要的重复行走所耗费的时间。

（4）按工作分区。在相同的拣货方式下，将拣货作业场地细分成不同的分区，由一个或一组固定的拣货员负责拣取区域内的货物。这一策略的优点在于能减少拣货员所需记忆的存货位置及移动距离，缩短拣货时间。同时也可配合订单分割策略，运用多组拣货员在更短时间内共同完成订单的提取，但需要注意工作平衡的问题。

2. 订单分割策略

当订单上所购的商品种类较多，或是拣货系统要求及时快速处理时，为了使其能在短时间内完成拣货处理，可利用订单分割策略将订单切分成若干个子订单，交由不同的拣选区域同时进行拣货作业，以加速拣货的完成。将订单按拣选区域进行分解的过程叫订单分割。

订单分割一般是与分区策略配合运用的，对于采用拣选分区的配送中心，其订单处理过程的第一步就是要按区域进行订单的分割，各个拣选区根据分割后的子订单进行分拣作业，各拣选区子订单拣选完成后，再进行订单的汇总。

3. 订单分批策略

订单分批是为了提高拣货作业效率，把多张订单集合成一批进行批次拣取的作业。若再将每批次订单中的同一商品种类汇总拣取，然后把货品分类至每一顾客订单，则形成批量拣取。这样不仅缩短了拣取时平均行走搬运的距离，也减少了储位重复寻找的时间，进而提高了拣货效率。

订单分批方式有以下四种：

（1）总合计量分批。拣货作业前，将所有累积的订单中每一商品项目的总量进行合计，再按这一总量进行拣取。这样便可将拣取路径减至最短，同时储存区域也比较单纯化，但需要功能强大的分类系统来支持。此种方式适合于周期性配送，例如，可将所有的订单在中午前搜集，在下午做合计处理，隔日一早再进行拣取、分类工作。

（2）时窗分批。当订单要求紧急发货时，可利用此策略，开启短暂而固定的时窗，如5～10分钟，再将这一时窗中所到达的订单做成一批，进行批量拣取。这一方式常与分区及分割订单联合运用，特别适合于到达时间间隔短而均匀的订单形态，同时订购量及种类不宜太多。

各拣货分区利用时窗分批同步作业时，会因分区工作量不平衡和时窗分批拣货量的不平衡产生作业的等待问题。因此，如果能将作业等待的时间缩短，将大幅度提高拣货的产出效率，这种分批方式较适合密集频繁的订单，且能应付紧急插单的需求。

（3）固定订单量分批。订单分批按先到先处理的原则，当订单量累计达到设定的固定量时，开始进行拣货作业。这种方式的订单形态与时窗分批类似，但这种订单分批的方式更注重维持较稳定的作业效率，在处理速度上慢于时窗分批方式。

（4）智慧型分批。将订单输入计算机汇总并经计算处理后，将拣货路径相近的订单分成一批同时处理，可大量缩短拣货行走搬运距离。采用这种分批方式的配送中心通常将前一天的订单汇总后，经过计算机处理，在当日产生拣货单据，速度较快。

4. 分类策略

若采用分批拣货策略，拣选完后还必须进行分类，即将集中批量拣出的商品分至各订单或用户项下，因此需要与之相配合的分类策略。分类策略大致可分为两类：

（1）拣货时分类。在拣取的同时将货物按订单分类，这种分类方式常与固定订单量分批方式或智慧型分批方式配合，因此须使用计算机辅助台车作为拣货设备，以加快拣货速度，同时避免错误发生。这种方式较适合于商品少量多样的场合，且由于拣选台车不可能太大，所以每批次的客户订单量不宜过大。

（2）拣取后集中分类。分批按合计总量拣取后，再进行集中分类。实际的做法一般有两种：一种是以人工作业为主，将货物总量搬运到空地上进行分发，而每批次订单量及货物数量不宜过大，不得超过人员负荷；另一种是利用分类输送系统进行集中分类，这是较自动化的作业方式。当订单分割较细、分批品种较多时,常使用后一种方式来完成集中分类工作。

以上四大类拣货策略可单独或联合运用,也可不采用任何策略,直接按订单拣取。

项目二　发货

发货包括备货、复核、交接等主要工作环节。

任务 1　备货

备货作业是将拣出货物送至备货区后进行的流通加工、二次包装、贴标记(也称置唛)、合流、核对等工作。

常见的流通加工包括计量、分包、组配等作业,这种情况下的出库单元与入库单元往往不一致,需要加工后再出库。二次包装是将拆零出库的货物按单装箱并打包,在 BtoC 电子商务的配送中心是必需环节,而在以箱为出库单元的情况下一般不需要。置唛是在货物外包装上刷制收货单位、配送地址等信息,以便送货方识别交付。合流是指将货物按待装车辆集中放置发货月台,并根据装车先后次序排队的作业。核对是要仔细进行单货核对,确保货物按发运单(一般一车一单)分堆放置,必须逐车、逐批地进行,以确保单货数量、品唛、去向完全相符。

备货作业的最终目的是使货物按订单(客户)或装车配载情况清点放置以备装车。

任务 2　复核

为了保证发运货物不出差错,备货后、装车前还应进行复核。复核的内容包括品名、规格、数量是否同发货单(或配送单)一致;随货单据是否齐全;外观和包装是否完好。复核能防止错发、漏发和重发等异常情况的发生。备发货检查清单见表 5-3。

表 5-3　备发货检查清单

在备发货过程中有如下操作要点,请逐一检查确认:			
NO	操作要点	是否已注意	说明
1	货物品名是否同发货单(或配送单)一致		
2	货物规格是否同发货单(或配送单)一致		
3	货物数量是否同发货单(或配送单)一致		
4	随货单据是否齐全		
5	外观和包装是否完好		
6	收货单位、配送地址等信息是否清晰、完整		
其他/提示			
检查员签名			

任务3　交接

货物复核无误后,仓库发货负责人需与司机(来自本公司或其他承运方)交接货物,双方应签署交接文件,如配送单或发货交接单。发货交接单见表5-4,配送单见表5-5。

表5-4　发货交接单

日期:　年　月　日		车牌号:		司机:		库管:	
货品编号	客户名称	货物名称	规格	数量	单位	备注	
合计							

表5-5　配送单

发货库:		发货日期:　年　月　日			配送车牌号:	
托运人单位			收货人单位			
托运人电话			收货人电话			
客户订单号			收货地址			
序号	货品编号	名称	规格	包装单位	数量	备注(批次、状况等)
1						
2						
3						
4						
5						
发货库确认已经恰当包装、贴签,适于运输	状况、数量是否吻合 库管签字:	司机确认收到以上货物 司机签字:		状况、数量是否吻合	收货方确认收到以上货物	状况、数量是否吻合 收货方签字:

项目三　路线规划

路线规划的目的是将货物在准确的时间,以正确的数量和所要求的质量,以最佳的成本送至正确的客户处。在配送运输线路设计中,需根据不同客户群的特点和要求,选择不同的线路设计方法;适时适当地利用现有的运输工具和道路状况,及时、安全、方便、经济地将客户所需商品准确地送达客户手中;最终达到节省时间、缩短运距和降低配送运输成本的目的。

在规划路线时，首先要对货物的性质、体积、重量等信息和车辆载重量、容积等进行匹配，以确定不同客户的送达顺序。客户送达顺序对运输车辆的装载很重要，因为先卸载的货物必须最后装车，使得货物刚好位于舱门旁边，就是说路线规划对于货车的装卸顺序也非常重要。为此，有必要在地理位置和经济性的基础上对路线进行规划。

如今的趋势是将路线规划与移动通信和卫星导航结合到一起，由此可以使调度员在很短时间内与司机取得直接联系，以便在出现堵车，需要额外取货时安排最新的路线。

任务1　确定送货方式

原则上配送货物的交付可以通过两种方式进行。

1. 单独送货

如果某客户订单的需求量与车辆的大小相符，则能够单独运送至客户处，即单独送货。

2. 集体送货

如果各个订单需求产品的体积和重量较小，需要将多个准备发送的订单组合成一个送货路线，称为集体送货。

不论是采用手工还是借助于计算机程序来制定路线规划，其构成都始终遵循着相同的基本原则（见单元二）。

路线规划时送货量必须在可使用的运输车辆的基础上，根据核载重量及装运体积进行调整。车辆的时间安排原则上取决于企业的工作时间。而安排好的车辆使用时间又与行车路段、道路情况以及行车和停留时间有关。行车路线越优化，行经的距离就越短，行车的时间就越短。行车时间也取决于所使用的道路（高速公路、城市道路）。此外还必须考虑到道路交通网络的限制，例如工地、拥堵路段、绕路、禁行及单行路等。

针对每一个客户，必须规定一个客户时间窗口，在此要考虑到收货检查、午休时间、停留时间以及排队时间（例如在入口等候或等待卸货）等与客户有关的服务时间，以及其他的困难因素，如对车辆尺寸和类型的限制、调度需要、外部库存等。

进行时间规划时还要注意规定的驾驶中断时间（休息时间）。

以上需要注意的因素在实际工作中会使当长期客户超过50家时，多数都采取信息化手段来完成路线规划。传统的使用小旗子、细线及分好类的送货单来规划路线的方式已经过时，因为路线规划所必须考虑的因素众多。

任务2　直送式配送的线路规划

直送式配送适用于单独送货，是指由一个供应点对一个客户的专门送货。从物流优化的角度看，直送式客户的基本条件是其需求量接近于或大于可用车辆的额定重量，需专门派一辆或多辆车一次或多次送货。因此，在直送情况下，货物的配送追求的是多装快跑，选择最短配送线路，以节约时间、费用，提高配送效率。直送问题的物流优化，主要是寻找物流网络中的最短线路问题。

适用条件：

（1）由配送中心的单一车辆向每一位客户开展专门送货。

（2）该客户的送货量一般必须满足配送车辆满载。

适用的线路规划方法：最短路径法，详见单元二。

任务 3　分送式配送的线路规划

分送式配送适用于集体送货,是指由多个供应点向多个客户的送货运输。它的宗旨是将货物从多个供应点分别送到多个客户手中,既满足客户对货物的配送需要,又满足各供应点存出货要求,并最终做到费用最省。

适用条件:
(1) 由配送中心的单一车辆向多位客户开展拼装送货。
(2) 每位客户的送货量都不能满足配送车辆满载。

适用的线路规划方法:节约里程法,见单元二。

项目四　积载发运

调度员规划好配送路线后,可以对交接的货物进行积载装车。

任务 1　制作积载图

积载图是对货舱或集装箱的真实比例的呈现。积载图中记录或描绘装载的货物应如何码放,由此来改善货舱的容积利用率,更好地利用所提供的空间。使用积载图可以弄清货物装载和卸货的顺序,此外还可以更好地确定码放辅助工具和货物系固工具的合理位置。

为了制作一个积载图,必须了解货物单元的准确尺寸和重量,并根据行车线路图确定送达的顺序,同时也必须了解允许的最大装载重量及运输车辆或集装箱的尺寸。货物积载图如图 5-2 所示。

图 5-2　货物积载图

任务 2　车辆积载的原则

配送车辆的载重能力和容积能否得到充分利用，与货物本身的包装规格有很大关系。小包装的货物容易降低亏箱率，同类货物用纸箱比用木箱包装亏箱率要低一些。但是亏箱率的高低还与采用的积载方法有关，恰当的积载方法能使车箱内部的高度、长度、宽度都得到充分利用。

车辆积载时应遵循的基本原则包括：后送先装，先重后轻，易碎侧立，轻拿轻放，标贴朝上，同一票货应放在一起，同一个下货地点的货应放在一起，防止车厢内货物之间碰撞、玷污。装车一般由专门的装卸人员完成，装载时还应该遵循以下原则：

1. 重货不压轻货的原则

车辆装货时，必须将重货置于底部，轻货置于上部，避免重货压坏轻货，并使整箱货物重心下移，从而保证运输安全。怕压、易碎、易变形的产品，在装载时要采取防护措施。

2. 大小搭配的原则

到达同一地点的同一批配送货物，其包装的尺寸有大有小，为了充分利用车厢的内容积，可在同一层或上下层合理搭配不同尺寸的货物，以减少箱内的空隙。

3. 货物性质匹配的原则

拼装在一个车厢内的货物，其化学属性、物理属性不能互相抵触。特别注意食品不能和有异味的、有毒的货物混装。在交运时托运人已经包装好的而承运人又不得任意开封的货物，在箱内因性质抵触而发生损坏，由托运人负责；由此造成承运人的损失，托运人应负赔偿责任。

4. 确定合理的堆码层次及方法

可根据货物外包装来确定堆码层次及方法。

车辆积载作业中为了充分利用车厢载重量、容积而必须采用的堆码方法称为装车堆积。一般是根据所配送货物的性质和包装尺寸及车厢的尺寸、容积，来确定堆积的行、列、层数及码放的规律。堆积的方式有行列式堆码方式和直立式堆码方式两种。

装车堆积应注意堆码方式要有规律、整齐，堆码高度不能太高，而且货物堆积横向不能超过车厢宽度。

5. 车辆载重量限制及均匀分布原则

积载时不允许超过车辆所允许的最大载重量，并且积载时车厢内货物重量应分布均匀，避免整箱货物的重心发生偏离，影响运输安全。

任务 3　运输工具的检查

1. 装载货物前运输车辆的检查

根据货物及车辆情况，货物积载图已经制作完毕，在进行货物装载之前，应对运输工具进行必要的检查。运输工具的外部检查，不允许存在损伤（孔洞、裂缝）或变形，篷布上不许出现明显的裂口，车门的闭锁装置必须功能正常。如果是集装箱，还必须额外具备一个有效的CSC安全许可标牌，并且必须从集装箱上清除掉上一批货物的所有粘贴标识。

在装载货物前还要进行运输工具的内部检查，不允许出现运输工具的内部损伤和变形。另外，货舱应当密闭防水，清洁干燥并且尽可能无异味；必须具备必需的货物固定用具，不允许有钉子或类似的突出物，以免对货物造成损伤。同时，还要检查固定用具是否齐备，捆绑牢固且使用状态良好，特别要检查捆扎部位。对集装箱还必须进行防水测试，方法是将门关闭并观察集装箱内是否有透光处。

2. 货物装载后运输车辆的检查

装载好的货车离开月台前要再进行一次彻底的检查，务必注意以下几点：

（1）运输工具不得超载。

（2）货物的装载应尽可能平均分布。

（3）要再一次检查货物的系固。

（4）必要时要交给司机额外的系固工具，使其在卸载部分货物后能够重新进行系固。

（5）货舱门及顶部遮盖物必须仔细锁紧。

（6）运输危险货物时，须在可见处张贴必要的海报和贴纸。

（7）集装箱的门锁必须用铅封或封印进行安全保护。

（8）必须清除集装箱上旧的张贴物。

（9）冷链运输工具必须将冷却装置调至正确的温度。

（10）送货单和装载方案必须交至司机手中。

3. 填制检查清单

（1）检查清单的作用。检查清单是对每一个检查步骤的列表，为完成工作任务提供帮助。尤其在涉及范围较为广泛的任务或较大且重要的项目时始终要用到检查清单。

检查清单用于所有包含了多个子任务，并且在实际中按照同样或类似的程序而进行的同类型、反复发生的工作。它既适合于经常出现的例行工作，也适合于很少重复的工作任务。检查清单向员工提供了一种工作过程中所要依据的某种行动和导向框架的可能性。

（2）检查清单的设计原则。检查清单的设计要保证所有涉及的检查点能够简单地用画勾和画叉的方式确认，当出现例外时也应当留出简短说明的空间，此外清单中还要有检查日期和检查员签字等信息。

检查清单应简洁明了，一目了然，检查清单中的每一个检查点都应当按照逻辑进行排列。特别是当各个工作步骤需要按照某种顺序来完成时，建议将这些检查点按所要求的顺序列入检查清单中。

检查清单中所有的检查点都应当描述得具体而精确，让人明确易懂。在不清楚的情况下有必要在检查清单中加入简短的描述性提示或说明。

运输工具检查清单见表5-6。

4. 更新账卡与信息系统记录

货物发运后，仓库人员应及时更新垛卡，填写仓库台账，并及时更新信息系统中的库存记录，保持货物的账、卡、物一致。

表 5-6　运输工具检查清单

运输工具及编号：_____

检查员：_____　　日期：_____

以下所有检查点必须在"正常"栏中画勾，否则不予放行，请根据实际检查情况填写。

1.外部	正常	说明
车顶及四壁无变形		
无孔洞		
门锁功能正常		
舱门可通过		
支撑部分无缺陷		
所有贴纸均已清除		

2.内部	正常	说明
舱内干燥清洁		
无异味残留		
无突出的钉子或螺栓		
有捆绑点位且无缺陷		
无明显变形		
集装箱密封防水（关门后进行透光检测）		

其他提示或说明

检查员签名

项目五　追踪回单

根据货物及车辆情况，货物积载图制作完成后，对运输工具进行必要的检查，在装车完毕后，可以开始货物运输。

任务1　货物跟踪

货物跟踪系统是指配送企业利用物流条形码和网络技术，及时获取有关货物运输状态的信息（如货物品种、数量、货物在途情况、交货期间、发货地和到达地、货物的货主、送货责任车辆和人员等），提高物流运输服务的方法。

在配送中心积载装车后，在向顾客配送和交货时，通过网络将货物的配送单号、发货时间、预计到货时间、车辆和司机信息、在途信息以及到货后客户验收货物的信息进行汇总并传至服务器中，这样所有被配送货物的信息都集中在服务器里，方便配送中心对货物进行统一管理，便于客户了解货物的状况，及时收取货物并反馈验收情况。货物跟踪系统提高了配送中心

的服务水平和配送效率,其具体作用表现在以下三个方面:

第一,当顾客需要对货物的状态进行查询时,只要输入货物的发票号码,就可以马上知道有关货物状态的信息。查询作业简便迅速,信息及时准确。

第二,通过货物信息可以确认货物是否能在规定的时间内送到顾客手中,能即时发现没有在规定的时间内把货物交付给顾客的情况,便于马上查明原因并及时改正,从而提高运送货物的准确性和及时性,提高顾客服务水平。

第三,通过货物跟踪系统所得到的有关货物运送状态的信息,丰富了供应链的信息分享源,有关货物运送状态信息的分享有利于顾客预先做好接货以及后续工作的准备。

建立货物跟踪系统需要较大的投资,如购买设备、标准化工作、系统运行费用等,随着信息产品和通信费用的低价格化以及互联网的普及,许多中小物流配送企业也开始应用货物跟踪系统。

任务2　货运回单

货运回单是根据要求在规定的送货时间将货物送到指定的送货地址后,让收货人在接收货物时签收的重要手续。货物回单按其提供者划分,有客户回单和配送企业自制回单两类。由于回单的签收意味着物权的转移,因此回单签收工作非常重要,和收货人交接货物时一定要让对方签回单,即使发货人未提供客户回单,也应该拿出货运公司的自制回单来让对方签收。对于配送中心而言,客户在配送单的相应位置签字即代表客户收到符合要求的货物,配送单返回配送中心相应部门留存,作为计收配送费用的依据。

经过收货人签收的回单一般会沿货物运动相反方向返回。一般的做法如下:货运公司在目的地营业点的工作人员将货物交到收货人手里,取得签好的回单交到目的地的营业点。目的地营业点收集各票货物的回单,定期用特快专递或其他渠道寄回发货的营业点。发货营业点将收到的回单进行登记,并按客户进行汇总,最后将汇总结果和各票货物回单收集在一起,定期(一般是按月或按季度)向客户结算。

回单签收的内容主要是货物的品种、数量、包装是否与订单一致,货物是否按期到达等。如果实物与订单要求不一致,就是存在货物品种和数量的差错、损坏或包装污染、损坏,延迟送达等情况。这些情况是运输合同规定不允许的情况,配送中心对托运人负有赔偿责任,同时要调查出现问题的原因,由相关责任人对配送中心承担赔偿责任。

如果出现货运回单丢失的情况,会导致发货人无法得到收货人收到货物的凭据,可能会造成严重的经济纠纷,致使发货人无法顺利得到(甚至根本无法得到)收货人的货款。这时,配送企业不仅无法得到运费,还可能被要求承担相应的经济责任。

配送中心的货运量较大,相应的回单票数也较多,要求对回单的信息处理能够及时、准确,否则就有可能导致一些应收的回单款项由于没有及时处理,而变成烂账。有条件的配送企业可以考虑采用具有回单处理功能的货运软件,杜绝应收回单款项变成烂账的情况。

单元小结

本单元以配送中心的核心业务操作为主要内容,分析了拣货、发货、路线规划、积载发运、追踪回单等业务操作的策略、原则和方法。拣货时可以使用分区、订单分割、订单分批、分类等策略与摘果法或播种法结合进行分拣;备发货时,需要认真复核,如实准确填写检查清单、交接单和配送单;根据送货方式确定线路规划方法,依据车辆积载的原则,制作积载图;完成货物在途追踪和交接回单工作。

思考题

一、简答题

1. 常用的拣货策略有哪些?
2. 备货环节的主要工作内容有哪些?
3. 车辆积载的原则有哪些?
4. 运输工具的检查内容是什么?

二、实训题

【技能训练目标】

理解公路整车货物运输运费计算的要求,清楚公路货物运输运费计算的程序,会根据公式计算运费。

【项目工作情境】

鑫通配送中心位于通州马驹桥物流基地,苏宁商城是其合作的长期客户。现接到苏宁送货订单,需求见表5-7。车辆在配送中心进行装货作业,装货完毕后要求司机将表中电器分别送至指定客户,全部送完货后车辆返回配送中心。

表5-7 苏宁商城送货订单表

序号	货物名称	数量	长度/米	宽度/米	高度/米	单个重量/千克	总重量/千克	送货目的地
1	联想电脑	75	0.6	0.4	0.4	15		通州区二中
2	海信液晶电视	160	0.75	0.3	0.4	10		平安聚源建材家居
3	HP打印机	50	0.45	0.3	0.3	5		民航总医院
4	格兰仕微波炉	30	0.4	0.35	0.45	7.5		北京天桥艺术中心
	合计		/				/	

送货车辆信息:厢式货车　　车牌号:京H10649
额定载重:3.5吨　　车厢尺寸:长=6.5米 宽=2.4米 高=2.2米

【技能训练任务】

假设自己是鑫通配送中心的业务人员,请完成如下作业:

1. 判断这批货物能否全部装在货车上,要求不超载。
2. 依据配送目的地的位置,规划配送线路,说出送货顺序,并说明原因。
3. 绘制积载图,请说出合理的货物装车顺序。

单元六　特种货物运输业务操作

本章导读

通过本单元的学习，学生应熟悉特种货物运输的作业流程，能够熟练掌握鲜活易腐货物、危险品货物的特征及其对运输作业的特殊要求和注意事项。

知识点

（1）鲜活易腐货物的特性及对运输的要求。
（2）危险品货物的特性及对运输的要求。
（3）大件货物的特性及对运输的要求。

技能点

（1）能够组织与执行鲜活易腐货物的公路运输作业。
（2）能够组织与管理危险货物的公路运输作业。
（3）能够组织与管理大件货物的公路运输作业。

特种货物是指在装卸、储存、保管、运输及交付过程中，因货物本身的性质、价值或重量等条件，有危险、超限、笨重、鲜活易腐、贵重等特点，需要进行特殊处理，满足特殊运输条件的货物。常见的特种货物运输业务包括鲜活易腐货物运输业务、危险品货物运输业务和大件货物运输业务。

案例导入

DGM CHINA 成功因素分析

DGM（Dangerous Goods Management Ltd）是总部设在荷兰阿姆斯特丹的专业危险品服务公司，它持有国际航空运输协会（IATA）及荷兰民航局颁发的特别执照，有资格提供有关危险品运输的任何特殊服务，包括咨询、危险品鉴定、代理运输、仓储、包装、准备文件、服务、办理豁免等，同时它被授权 IATA 危险品操作培训。DGM 接受货主的委托，同时为鉴定结果承担法律责任，它在瑞士 ZURICH SCHADE 保险公司投的危险品意外事故险，在发生事故时，保险公司将承担赔偿责任，其年保费额为 17 500 000 欧元。DGM 在全球范围内已自成体系，它采用最先进的技术与管理办法，为全球的危险品运输安全提供了可靠的保障，其成员现已分布在荷兰、丹麦、英国、挪威、比利时、意大利、西班牙、澳大利亚、新加坡、俄罗斯、美国、南非、中国等 20 多个国家，30 多个城市。

DGM CHINA[Dangerous Goods Management（China）Ltd]成立于 1996 年，总部设在北京，在天津设有办事处，在上海设立分公司，拥有国际危险品组织（DGM）在中国大陆地区的独家经营授权。DGM CHINA 成立多年来，业务量及利润均持续稳定增长。其服务的出运业务主要涉及的危险品有化学品、医药品、汽车、电池、磁性物质、化妆品等。1999 年已成为国际航空运输协会认证的培训学校，现已为中国各大航空公司、地面服务公司、民航管理部门培训危险品运输专业人员数百人。

DGM CHINA 的成功可以归因为下述三方面。

1. 掌握充分的技术资料

DGM CHINA 的识别分类报告以当年版的 IATA DGR 为基本技术标准，并拥有英国、美国、德国、荷兰、比利时等国及国内的最新版有关各种化学品的中英文资料可供参考。同时作为 DGM 全球网络的一员，可以利用 DGM 国际网络及时获得最新技术信息并可查找到国内无法得到的技术资料。

2. 拥有标准的实验室

DGM CHINA 实验室为符合 IATA 规定的标准实验室，可做易燃液体、固体，自燃物品及遇水易燃物，氧化剂强弱的，腐蚀性强弱的，某些纯净化学品的真伪辨别、判断，以及磁场强度的测定。根据某些政府部门的检验，可以判断爆炸品、放射物品的分类，以及高压容器的制造标准。

3. 拥有专业的技术人员

DGM CHINA 拥有一批高素质、极富责任感的专业技术人员，他们不仅具有丰富的专业知识，而且熟悉航空运输及危险品空运的国际法规，操作严格按国际规范执行，竭诚为客户提供最优服务。

项目一　鲜活易腐货物运输业务操作

鲜活易腐货物是指在装卸、储存和运输过程中，由于外部环境变化和人为因素可能发生变质或失去原有价值的物品。此类货物归属于紧急货物，一般指农、牧、渔等物品及其加工品，常见的主要有鲜鱼虾、鲜花、肉类、水果蔬菜、水产品，观赏野生动物、花木秧苗、种蛋、蜜蜂等。

鲜活易腐货物与一般货物有质的不同，在储运过程中，一是要保持适宜的温度，二是要快速送达目的地。鲜活易腐货物要保证连续冷却，即鲜活易腐货物从生产、加工、储藏、运输、销售直到消费各部门之间要建成一条连续冷藏链条，才能保持易腐食品的质量。

鲜活易腐货物运输作业流程如图 6-1 所示。

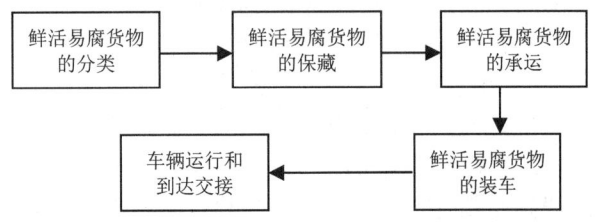

图 6-1　鲜活易腐货物运输作业流程

任务 1　鲜活易腐货物的分类

鲜活易腐货物按其温度状况（即热状态）的不同，分为冻结货物、冷却货物和未冷却货物三类。

（1）冻结货物是指经过冷冻加工成为冻结状态的鲜活易腐货物。冻结货物的承运温度（除冰外）应在 0℃以下。

（2）冷却货物是指经过预冷处理后，货物温度达到承运温度范围之内的鲜活易腐货物。冷却货物的承运温度，除香蕉、菠萝为 11～15℃外，其他冷却货物的承运温度在 0～7℃之间。

（3）未冷却货物是指未经过任何加工处理，完全处于自然状态的鲜活易腐货物。如采摘后以初始状态提交运输的瓜果、蔬菜之类。

按热状态来划分鲜活易腐货物，是为了便于正确确定鲜活易腐货物的运输条件（车型的选用、装载方法的选取以及运输方式、控温范围、途中服务等），合理制定运价和便于采取相应的管理措施。

鲜活易腐货物的运输季节是根据各地的平均气温规定而不是按照历法来划分的，即外界平均气温在 20℃及其以上为热季；外界平均气温在 0℃以上，不满 20℃为温季；外界平均气温在 0℃及其以下为寒季。

虽然鲜活易腐货物的运输季节是按平均气温划分的，但同一运输季节的温度幅度比较大。例如温季的幅度就有 20℃，并且冷藏车运行的各地区都可能不处于同一运输季节，所以实际运输过程中应视具体气温采取不同的运输方法。

任务 2　鲜活易腐货物的保藏

鲜活易腐货物运输中，除了少数部分的确因途中照或货车辆不适造成死亡外，其中大多数都是因为发生腐烂。对于动物性食品来说，腐烂的主要是由微生物的作用造成的。细菌、霉菌和酵母在食品内的繁殖，使得蛋白质和脂肪分解，变成氨、流离氮、硫化醛、硫化铜、二氧化碳等简单物质，同时产生臭气和有毒物质。此外还使维生素受到破坏，有机酸分解，使食物腐败变质不能食用。对于植物性食品来说腐烂主要是呼吸作用所致。呼吸作用是一种氧化过程，能抵抗细菌入侵，但是同时也不断地消耗体内的养分。随着体内的各种养分的消耗，抗病性逐渐减弱，到了一定程度，细菌就会乘虚而入，加速各种成分的分解，使水果，蔬菜很快腐烂。而水果、蔬菜在被碰伤后，呼吸就会加强，也就加快了腐烂过程。因此，凡是能够抑制微生物的滋长，减缓呼吸作用的方法，均可达到延长鲜活易腐货物保藏时间的目的。

影响易腐食品保藏的重要因素有下述几个。

1. 冷藏

在某一个温度下，食品本身的代谢和因微生物引起的变质程度会降到最低，而对食品进行冷藏处理的目的就是通过将食品的温度维持在这样一个温度从而实现保质并延长其货架寿命。在储藏和配送过程中，一个理想的储藏温度是保证易腐食品质量损耗得以降低的重要原因。易腐食品的质量损耗是由随意设定储藏时间和储藏温度而共同引起的。即使只是在装货、运送和卸货时短时间的随意处理都可能会使货物到达目的地后产生极为严重的质量损失。

在温度方面的随意设定是指将温度设得过高或过低。比如，高温会引起芦笋中维生素 C 的损失，也会引起新鲜甜玉米中糖分或蔗糖含量的减少，而低温则会引起果蔬的冷害。这些在储藏的过程中不会立即表现出来，只有到了零售商店或消费者的餐桌上才会显示出来，比如，消费者会发现这些食品没有成熟、没有风味、变色、有斑点或是有其他质量方面的问题。

在用车辆运送食品的过程中，冷藏可以去除其中多余的热量，并对其温度进行控制。热量的流动方向总是从高温流向低温。一辆车辆制冷系统必须能产生足够量的冷量来去除由下述热源所产生的热量。

（1）拖车里的空气所带来的余热，以及拖车里的绝缘层和内衬里的热量。

（2）由地板、墙壁和天花板所传递进来的外部的热量。这个主要取决于内外空气的温度差、绝缘层的类型和厚度以及传导面的面积。当拖车辆暴露于太阳中时，太阳辐射会提高拖车外表面的温度。

（3）由外部通过小孔、裂缝和门的密封圈而进入的渗入热。它会提高制冷要求。

（4）货物本身高于所需运输温度的那部分余热。

（5）所有的新鲜果蔬都会产生的呼吸热。一些农产品，比如芦笋、玉米和草莓，与其他农产品（如苹果、桔子和马铃薯）相比，其呼吸速率较大。呼吸热产生的速率也会因农产品本身的温度不同而有所差异。在近冰点处，农产品的呼吸热产生速率会比在一般的采收温度下低得多。

冷藏货大致分为冷冻货和低温货两种。冷冻货是指货物在冻结状态下进行运输的货物，运输的温度范围一般在-20～-10℃之间。低温货是指货物在还未冻结或货物表面有一层薄薄的冻结层的状态下进行运输的货物，一般允许的温度调整范围在-1～16℃。

常见冷冻货和低温货的运输温度见表6-1和表6-2。

表6-1 常见冷冻货的运输温度

货名	运输温度 / ℃	货名	运输温度 / ℃
鱼	-17.8～-15	虾	-17.8～-15
肉	-15～-13.3	黄油	-12～-11.1
蛋	-15～-13.3	浓缩果汁	-20

表6-2 常见低温货物的运输温度

货名	运输温度 / ℃	货名	运输温度 / ℃
肉	-1～-5	葡萄	6～8
腊肠	-1～-5	菠萝	11 以内
黄油	-0.6～0.6	桔子	2～10
带壳鸡蛋	-1.7～15	柚子	8～15
苹果	-1.1～16	红葱	-1～15
白兰瓜	1.1～2.2	土豆	3.3～15

2. 拖车设计和结构

（1）隔热。用于运送易腐食品的车辆一般都要有很好的隔热效果，从而减缓通过车身进行热传导。

目前，用于制造隔热冷藏车的主要材料是泡沫塑料，因为它的 U 值（通过拖车车身的热传导系数很低，而且质轻、防水、耐腐蚀。而在制造过程中进行"现场发泡"会得到更好的隔热效果，这样做可以填充车体上的缝隙，防止空气渗漏。

车体的外壳一般采用高度抛光钢或铝，它们能反射太阳光或公路表面辐射出来的热量，从而进一步保证了运送车辆的隔热效果，而且车体还会被涂上反光漆。但是，如果车体外表不干净，那么这些材料的对热反射的效果就会降低。

如果门的密封性不好，则高质量的隔热效果是没有什么意义的，所以我们要对门进行彻底密封，并时常对其进行检修。

（2）空气循环系统。在保证易腐食品的冷藏运输时，空气循环是最重要的因素之一。如果不能进行冷气循环以保持农产品的温度，那么制冷能力就变得毫无意义。

空气在循环过程中会带走农产品本身的热量，也会带走那些从门、地板和拖车的顶部渗透进来的热量。热空气可能会循环流动，从而保证新鲜农产品不会产生冷害或冻害。空气循环对于保证整个空气温度的一致性也很重要。

在冷藏车里，空气循环可以通过两个方法实现：一是传统的顶部送气法；二是底部送气法，几十年来这种方法已经被广泛地运用于远洋航行的大型集装箱，而在公路运输中则运用得较少。

（3）顶部送风。在装有顶部送风系统的拖车里，下面的结构特点会强化空气循环和随之而来的车体内部的温度控制强度。

顶部输送管会将空气从风扇吹送到拖车后面。国家易腐食品物流协会冷藏运输基金建议空气输送滑槽应从车辆的前端一直延伸到距车体后部 10~15 英尺（3~5 米）处，其截面积最少应为 240 平方英寸（1548 平方厘米）。除了车体前面 10 英尺（3 米）外，其余部分都要对传送过程中的空气泄漏进行补足。在空气输送滑槽下面的墙壁上应画上一条最大载货高度线。

货物运输过程中，如果货物发生移位，则后门上竖直的凹槽以及整个货物后方的交叉撑条会有助于货物和后门之间的空气循环，而不至于使空气流动受阻。

货车内部的地板应较高，且应能容空气通过，从而可以实现货物底部的空气循环。如果想让拖车内的制冷风扇 100%地工作，那么回流空气的量大概为 240 平方英寸（1548 平方厘米）。假如地板设计得不好，使得货物底部的空间不足以进行空气循环，那么这些货物就应放置在拖盘或垫舱板上。

侧壁或间隔装置应带有棱纹，其棱纹深度至少应有 1 英寸（3 厘米），从而可以使顶部的气流通过侧面而到达货物底部。这样可以减少由壁面向货物传导或由货物向壁面传导的热量。高达 20%的顶部气流应由侧壁向下流动。

前封式隔离壁可以使空气回流到制冷系统中。如果空气回流受阻，则风扇会转，却不会吹动空气。NPLA/RTF 建议隔离壁与前壁的距离至少应有 3 英寸（8 厘米）。而在地板底部与隔离壁的底边之间至少应留出 6 英寸（15 厘米）的空间。隔离壁的顶部应存有一个 30~50 平方英寸（196~323 平方厘米）的空间可以让顶部和底部的空气进行混合，也可以使一些因为装载不当或因货物发生偏移而流向恒温器的回流空气的流动受阻。在隔离壁的底部空间里应安上缓冲器或垂直条幅木板，它们可以使空气不会受到货物的阻碍而回流至隔离壁下面的鼓风机。

（4）底部送风。一些冷藏车和大部分用于海外贸易的大型集装箱都采用了底部送风形式。在这个送风系统中，空气以 3000~5000 立方英尺/分钟（85~142 立方米/秒）的速度从下而上的从货物间强制通过，其静压为1.5～3英寸水柱（0.37～0.73kPa）。空气回流到货物顶部的制冷系统，并通过隔离壁的顶部。

任务3　鲜活易腐货物的承运

鲜活易腐货物的承运是保证运输质量的第一关，直接影响运输全过程的其他环节。承运鲜活易腐货物时，除像普通货物一样，检查货物运单上所填记的事项是否符合规定运输条件和发、到站的营业办理范围外，还应核查其热状态，并在货物运单"货物名称"栏内填记货物名称，并注明其品类序号及热状态，同时在"托运人记载事项"栏内注明鲜活易腐货物容许运到期限（日数）。鲜活易腐货物的容许运到期限至少须大于规定的运到期限3天时，发站方可承运。

托运人托运需检疫运输的鲜活易腐货物时，应按国家有关规定提出检疫证明，在货物运单"托运人记载事项"栏内注明检疫证明的名称和号码，并将随货同行牢固地粘贴在运单背面，车站凭此办理运输。

不同热状态的货物不得按一批托运。按一批托运的整车鲜活易腐货物，一般限同一品名。但不同品名的鲜活易腐货物，只有在冷藏车内保持或要求的温度上限（或下限）差别不超过3℃，才允许拼装在同一冷藏车内按一批托运。此时托运人应在货物运单"托运人记载事项"栏内记明："车内保持温度按××品名规定的条件办理。"

为了明确途中的服务方法，避免发生差错造成事故，托运人办理托运时，也应在"托运人记事栏"内注明运输服务方法。如"途中加冰""途中制冷""途中加温""不加冰运输""途中不制冷""途中不加温"等字样。

托运人托运鲜活易腐货物时，货物的质量、温度、包装和选用的车辆，均须符合"鲜活易腐货物运输条件表"和"鲜活易腐货物包装表"的规定。不规定条件运输和组织试运的鲜活易腐货物，车站与托运人应签订运输协议，货物质量由托运人负责。

此外，托运禽畜产品和鲜活植物时，托运人应出具县级以上卫生防疫站盖章的"检疫证明书"。

任务4　鲜活易腐货物的装车

鲜活易腐货物的装车必须在保证货物质量良好的前提下，充分利用车辆的装载容积和载重力。鲜活易腐货物的装车基本上有两种装载法。

1. 紧密堆码法

例如，冻货不需要外界再提供冷量，但必须防止车身冷量散失；又如夹冰运送的货物，内部有冰块提供冷量满足货温要求，也可以采用这种装车方法。

2. 留有间隙法

留有间隙法常用的有品字形装车法、井字形装车法、"一二三、三二一"装车法、筐口对装法、吊挂法和分层装载法几种。

（1）品字形装车法，又称为棋盘式装车法，适用于箱装货物、桶装货物，上一层骑缝装载：箱间小通道为2～3cm，端部大通道为5～7cm，如图6-2所示。

（2）井字形装车法。适用于长条形包装的货物。各层纵横交错，可根据车辆内部尺寸而定，如图6-3所示。

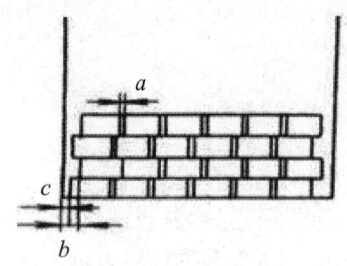

图 6-2　品字形装车法示意图

注：空隙值 $a=2\sim3cm$，$b=5\sim7cm$，$c=2\sim3cm$

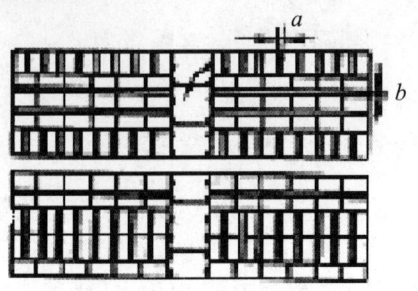

图 6-3　井字型装车法示意图

注：空隙值 $a=2\sim3cm$，$b=2\sim3cm$

（3）"一二三、三二一"装车法。这是我国冬天运送柑橘常用的装车法，如图 6-4 所示。

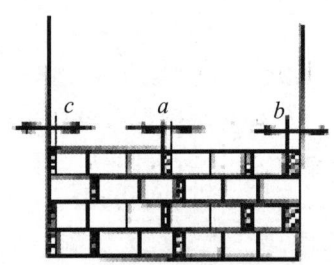

图 6-4　"一二三、三二一"装车法示意图

注：空隙值 $a=2\sim3cm$，$b=5\sim7cm$，$c=2\sim3cm$

（4）筐口对装法。这种装车法适合于喇叭形竹筐、柳条筐装载的水果、蔬菜堆码用。由于这些筐形包装本身的形状特点，装载时货件之间自然形成一定间隙，便于冷空气的流通，可不必留专用风道，如图 6-5 所示。其中图 6-5（a）适合香蕉装车，图 6-5（b）、图 6-5（c）适合坚实水果、蔬菜装车。

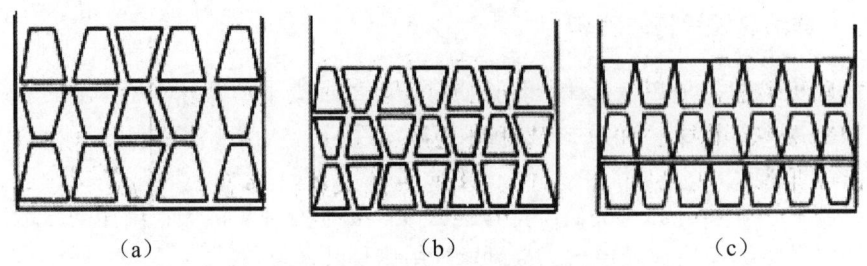

（a）　　　　　　　　　　（b）　　　　　　　　　　（c）

图 6-5　筐口对装法装车示意图

（5）吊挂法。适合于冷却肉装车用，即用钩子将一片片肉吊挂于冷藏车内，互相保持一定间隙，避免肉与肉之间皮肤的粘连，可以让空气轻轻拂过，防止细菌在粘连处繁殖。

（6）分层装载法。在冷藏车内用木板或竹片将其高度分隔成许多层，让娇嫩水果平放其上，不致受上面货物的挤压，可避免娇嫩水果受损伤而腐烂。

使用冷藏车装运鲜活易腐货物前，须对车内进行预冷。机械冷藏车装运冻结货物要预冷到 $-3\sim0$℃，香蕉为 $12\sim15$℃，菠萝、柑橘为 $9\sim12$℃，其他鲜活易腐货物预冷至 0℃~3℃。

装车后的鲜活易腐货物，上层距循环挡板至少要留出 50 毫米空隙，货物不能直接装于车地板上，应装于沥水格子之上，以免冷凝水污损货物。

需要途中通风的鲜活易腐货物，可支起车顶上对角通风窗并加以固定，或开启运行方向左侧车门，但侧宽不得超过 1750 毫米，并加以固定，不至于影响区间会车或碰撞线外其他建筑物。

 小贴士

冷藏汽车介绍

冷藏车是用来运输冷冻或保鲜的货物的封闭式厢式运输车，是装有制冷机组的制冷装置和聚氨酯隔热厢的冷藏专用运输汽车，常用于运输冷冻食品（冷冻车）、奶制品（奶品运输车）、蔬菜水果（鲜货运输车）、疫苗药品（疫苗运输车）等。冷藏汽车广义上泛指运输鲜活易腐货物的专用汽车，是公路冷藏运输的主要工具。

冷藏车的特点如下：

（1）密封性。冷藏车的货柜需要保证严格的密封来减少与外界的热量交换，以保证冷藏柜内保持较低温度

（2）制冷性。加装的制冷设备与货柜连通并源源不断地制冷，保证货柜的温度在货物允许的范围内。

（3）轻便性。冷藏车运输的货物通常为不能长时间保存的物品，虽然有制冷设备，但仍需较快送达目的地。

（4）隔热性。冷藏车的货柜类似集装箱，但由隔热效果较好的材料制成，减少了热量交换。

我国专用汽车主管机构将冷藏车细分为保温汽车、冷藏汽车和保鲜汽车三种：只有隔热车体而无制冷机组的称为保温汽车；有隔热车体和制冷机组，且厢内温度可调范围的下限低于-18℃，用来运输冻结货物的称冷藏汽车；有隔热车体和制冷机组（兼有加热功能），厢内温度可调范围在 0℃ 左右，用来运输新鲜货物的称为保鲜汽车。

冷藏汽车按制冷方式又分为机械制冷、蓄冷板制冷、液化气体制冷（常用的如液氮和液体二氧化碳）等类型，以前还用过冰制冷和干冰制冷。制冷装置则又有既可制冷又可加热的和仅可制冷的两种，保鲜车则必定是前者。隔热厢体一般为一室（一个空间），也有二室和三室的，以便运输不同储藏温度要求的货物。还有就是如所有运输用专用车一样按底盘吨位分类，主要分为重型、中型、轻型、微型四个种类。不同型号底盘就构成不同型号的冷藏汽车品种，通俗地称为纵向分类，按专用设备功能分类则为横向分类，纵横交叉就构成冷藏汽车的品种。我国现在冷藏汽车（包括保温车、保鲜车）品种已接近 500 种，发达国家则有 1000 余种。

我国现有的冷藏汽车和保鲜汽车基本上均采用机械方式。冷藏车由专用汽车底盘的行走部分、隔热保温厢体（一般由聚氨酯材料、玻璃钢组成，有彩钢板、不锈钢等）、制冷机组、车厢内温度记录仪等部件组成，对于特殊要求的车辆，如肉钩车，可加装肉钩、拦腰、铝合金导轨、通风槽等选装件。

任务 5　车辆运行和到达交接

1. 鲜活易腐货物的车辆运行

装有鲜活易腐货物的车辆在运单、编组单上都应盖上三角形（△）红色印章（快速作业的标记）。鲜活易腐货物因为容易腐败变质，所以在其整个运输过程中，装车、取送、卸车等环节均应环环紧扣，尽量减少等待和停留时间，即突出一个"快"字。为此应尽量做到以下两点：

（1）快速取送。发货站装车完毕应及时将冷藏车由装车地点开出，然后迅速编入指定车次。

（2）冷藏车监督。我国加冰冷藏车使用率较低，因此有必要建立冷藏车监督制度，对正在区间运行的冷藏车逐一进行追踪管理，将从装车至卸车全程都置于监控之中。

2. 鲜活易腐货物的到达

一般货物卸下后要通过短途运输，因此接货点必须特别注意短途运输工具的衔接问题。对于不能落地的冻结货物来说，常常会发生冷藏汽车数量不足、周转时间长，而使卸车工作发生等待的情况。在接货点与收货单位和汽车运输公司之间应相互保证下列条件：接货点必须保证指派必要数量的强劳动力卸车；收货单位必须保证及时联系好仓库容量、准备好库内装卸劳力，或联系好销售点的进货安排；运输公司必须保证供给足够数量状态良好的汽车和搬运劳力，并保证对鲜活易腐货物随托随运。

卸车单位卸完鲜活易腐货物后，应负责将车辆清扫干净。装过鱼、肉及被鲜活易腐货物污染的车辆，必须彻底洗刷，做到车内没有残留的污水和秽物，必要时还应进行消毒。机械冷藏车洗后须经乘务员检查、验收。

鲜活易腐货物在到站卸车时如有腐烂变质情况，接货点应会同收货单位检查确认腐烂程度，并编制货运记录，以作为调查事故、判定责任的根据。货运记录的内容必须包括下列各项资料：

（1）货物卸车时的质量状态、温度、腐坏程度及性质。

（2）货物包装状态。

（3）货物在车内的装载方法和卸车时的状态。

（4）车体的技术状态。

（5）车内设备的状态及附加设备的情况。

（6）货物的运送服务方法（冷藏、保温、防寒或加温）。

（7）其他有关情况。

在货运记录内应添附各种证明货物质量的证明书及冷藏车作业单、换装记录等文件。

▲相关知识

一、鲜活货物的运输特点

1. 季节性强，运量波动大

鲜活货物大部分是季节性生产的农、林、牧、副、渔产品，例如水果集中在每年的第三季度、第四季度，水产品集中在春秋汛期，南菜北运集中在冬、春两季。目前人们还不能有效地控制自然气候环境，主动地把握收成丰欠，这造成鲜活货物运量时多时少，运输计划难于掌握，产地集中、销地分散，给运输组织工作带来一定难度。

2. 品种多，运距大，组织工作复杂

鲜活货物大多数是有生命的物质，受客观环境影响很大，对外界温度、湿度、卫生条件、喂食和生活环境都有一定的要求。冷了会冻坏，热了会腐烂，干燥会干缩，碰伤及卫生条件不好易被微生物污染而发生变质，要求以最短的时间、最快的速度及时运到。

我国出产鲜活易腐品有几千种，性质各不相同，运距长，加之南北方气温相差大，不仅同一地区在不同季节需要不同的运输条件，就是在同一季节，当车辆行驶至不同地区时，也要变换运输条件。在一次运送过程中，可能兼有冷藏、保温和加温三种运送方法。因此，鲜活易腐品的组织工作与普通货物相比要复杂得多。

3. 某些鲜活易腐品必须配备专门的运载设施

运输途中需要特殊照料的一些货物，如活口在运输过程中还要饮水、喂食，活物要换水，蜜蜂要放蜂，不少动物热天还要冲凉。同时要考虑押运人的安全和餐茶供应等。加之我国地域辽阔，南北方温差悬殊（最大平均温差高达47℃），鲜活货物运距可长达2000~3000千米，需采用的运输组织方法各有不同，这就要求我们必须十分注意搞好运输服务工作，提高组织管理水平。例如对鲜活货物运输坚持"四优先"原则，即优先安排运输计划、优先进货装车、优先取送、优先挂运，各级调度部门加强对鲜活货物车辆的调度指挥，防止在运输途中出现积压等，切实做到快速、优质运输。这些都需配备专用车辆和设备，沿途专门照料。

二、鲜活货物的运输要求

1. 运输过程中保持一定的温度、湿度

运输过程中温度、湿度对鲜活货物的质量有很大影响。如运送的鲜活易腐货物的车辆内不能保持一定的温度、湿度要求，货物质量就不能保证。例如冻肉运输要求加冰冷藏车车内温度在-6℃以下，湿度在95%~100%；蔬菜运输时要求加冰冷藏车车内温度在3~8℃，湿度在80%~95%。

2. 要有相应的运输服务设备

为了安全地运输鲜活货物，除了要求配备有适宜货物性质的、装运鲜活货物的各种类型的专门货车外，还要求在有关站点配备为鲜活易腐货物运输服务的制冰设备和加冰、加盐设备；为活动物服务的上水、供料设备等。

3. 要有良好的卫生条件

运输鲜活货物的全过程还必须具有良好的卫生环境，以避免或减少鲜活货物的腐坏、变质、掉膘或生病、死亡。

4. 组织快速运输

鲜活货物都是有生命或营养价值的货物，随着运输时间的增长，货物的质量降低程度也随之增大，货物的腐烂变质或掉膘、病残死亡的可能性也随之增大，因此鲜活货物应组织快速运输。

三、鲜活易腐货物的收运条件

1. 基本条件

鲜活易腐货物应该具有必要的检验合格证明和卫生检疫证明，还应该符合有关到达站国家关于此种货物进出口和过境规定。

2. 包装

包装必须要适合此种货物特征。要注意避免因为在运输过程中包装破损或有液体溢出而污损车辆。

凡怕压的货物，外包装应该坚固抗压；需通风的货物，包装上应该有通气孔；需冷藏冰冻的货物，容器应该严密，保证冰水不致流出。

带土的树种或植物苗等不得用麻袋、草包、草绳包装，应该用塑料袋包装，以免土粒、草屑等杂物等散落，破坏其他设备。

为了便于搬运，鲜活易腐货物每件重量以不超过 25 千克为宜。

3. 标签

除识别标签外，货物的外包装上还应该拴挂上"鲜活易腐"标签和"向上"标签。

项目二　危险品货物运输业务操作

凡具有爆炸、易燃、毒害、感染、腐蚀、放射性等危险特性，在运输、储存、生产、经营、使用和处置过程中，容易造成人身伤亡、财产损毁或环境污染而需要特别防护的物质和物品，均属危险货物，也称危险物品或危险品。按照国家标准《危险货物分类和品名编号（GB6944－2012）》的规定，按危险货物具有的危险性分为九个类别：第一类是指爆炸货品；第二类是指压缩气体和液化气体货品；第三类是指易燃液体货品；第四类是指易燃固体、易于自燃的物质、遇水放出易燃气体的物质；第五类是指氧化性物质和有机过氧化物；第六类是指毒害物质和感染性物质；第七类是指放射性物质；第八类是指腐蚀性物质；第九类是指杂项危险物质和物品，包括危害环境物质。

危险品货物运输中，安全尤为重要，所以装运危险货物一定要谨慎操作，即操作人员必须严格按照危险品货物运输的作业要求执行，并能够处理各种应急情况。

危险品货物运输作业流程如图 6-6 所示。

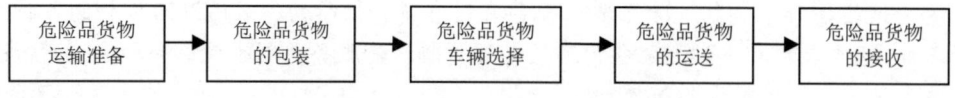

图 6-6　危险品货物运输作业流程

任务 1　危险品货物运输准备

1. 运输计划的提报

要托运整车危险品，除按普通货物提报要车计划的程序办理外，还应该按照公路营运限制规定，根据流向查清到站营运范围，并查明到站办理危险物品类项，结合待运物品类项，组织申报计划。

2. 货物运单的填写

危险品运单除按照普通货物要求填写外，还应该在货物名称栏内正确填写《危险货物品名索引表》内列载的品名编号，正确的填写方法是填记《危险货物品名索引表》所列名称及其编号，并在运单右上角用红色标明类项。

托运《危险货物品名索引表》中没有列载的危险品时,应在托运前向发站提出经省(市)主管部门审查同意的"危险货物技术说明书"一式五份,发货站会同有关单位共同商定,认为符合要求时,承运人才能受理承运。

托运进口原包装的危险品,需要在货物运单上注明"进口原包装"字样。

小贴士

办理危险货物托运时注意事项

危险货物托运人在办理托运时必须做到以下几点:

(1)向已取得道路危险货物运输经营资格的运输业户办理托运。

(2)在托运单上填写清楚危险货物品名、规格、件重、件数、包装方法、起运日期、收发货人详细地址及运输过程中的注意事项。对有特殊要求或凭证运输的危险货物,必须附有相关单证,并在托运单备注栏内注明。

(3)托运下列危险货物,应当持有关证件。

1)爆炸物品和需凭证运输的化学危险物品,应当持有公安部门签发的爆炸品准运证或化学危险品准运证。

2)放射性物品,应当持有指定的卫生防疫部门核发的包装表面污染及辐射水平检查证明书。

(4)货物性质或灭火方法相抵触的危险货物,必须分别填写托运单,以防止混装而引发重大事故。

(5)托运未列入《汽车运输危险货物品名表》的危险货物新品种,需提交生产或经营单位主管部门审核的《危险货物鉴定表》,经省公路运输管理局批准后办理运输。

凡未按以上规定办理危险货物托运,由此发生运输事故的,由托运人承担全部责任。

任务2 危险品货物的包装

1. 危险品货物运输包装的作用

危险品货物运输包装是保护产品质量不受损坏和数量完整,防止在正常运输过程中发生燃烧、爆炸、腐蚀、毒害、放射性核辐射等事故的重要条件之一,也是安全运输的基础。

危险货物运输包装的作用表现在以下方面:

(1)防止因接触雨雪、阳光、潮湿空气和杂质使产品变质或发生剧烈的化学反应而造成事故。

(2)减少货物在运输过程中所受的碰撞、滚动、摩擦和挤压,使其在包装的保护下处于完整和相对稳定的状态,从而保证安全运输。

(3)防止因货物撒漏、挥发以及性质相互抵触的货物直接接触而发生事故或污染运输设备及其他货物。

(4)便于运输过程中的装卸、搬运和保管,做到及时运输。

2. 危险品货物包装的一般要求

(1)包装应与所装危险货物的性质相适应。由于危险货物的性质不同,因此对包装以及

容器的材质有不同的要求。如浓硫酸和盐酸都属于强酸，都是腐蚀品，但包装容器材质的选择却不相同。浓硫酸可用铁质容器，而盐酸则需用玻璃容器，氢氟酸可用塑料、橡胶质容器装运，而不能用玻璃容器；硝酸是一种强酸，对大多数金属有强腐蚀性，并可引起有机材料如木材、棉花及其纤维产品的燃烧。因此，硝酸可用玻璃瓶、耐硝酸腐蚀的塑料瓶或金属制成的桶来盛装。

压缩气体和液化气体处于较高压力的状态下，应使用耐压的钢瓶来装运。

包装与所装物品直接接触的部分，不应受某些物品的化学作用或其他作用的影响，必要时，制造包装的材料可采用惰性材料或涂上适当的内涂层，以防止发生危险反应。

（2）包装应具有一定的强度。一般来说，性质比较危险、发生事故造成危害较大的危险货物，其包装强度要求就高。同一种危险货物，单位包装重量越大，危险性也就越大，因而包装强度的要求也越高。质量较差或用于瓶装液体的内容气包装强度要求应较高。同一种类包装，运输距离越大，倒载次数越多，包装强度要求也应越高。所以在设计危险货物运输包装时，应考虑其构造能否在正常运输条件下，不受温度、湿度和压力等方面变化的影响，使包装不发生损坏和所装物品无任何渗漏。如盛装低沸点液体的包装强度，必须具有足够的安全系数，以承受住包装内部可能产生的较高的蒸气压力，因此这类包装强度要求较高。

（3）包装的封口应符合所装危险货物的性质。对于危险货物的包装，一般来讲，封口均应严密，特别是易挥发和腐蚀性强的各种气体，封口应更严密。但也有些危险货物其封口则不要求密封，还要求设有通气孔。因此，如何封口，要根据所装危险货物的特性来确定。

根据包装性能的要求，封口可分为气密封口（不透蒸气的封口）、液密封口（不透液体的封口）和牢固封口（关闭的程度应使所装的干燥物质在正常运输过程中不致漏出）三种。

（4）内、外包装之间应有适当的衬垫。内包装（容器）应装在外包装内，以防止内包装（容器）在正常运输的条件下发生破裂、戳穿或渗漏，而使内容器中所装物品进入外包装，特别是对于易破裂或戳穿的内包装（容器），如玻璃、陶瓷或某些塑料等制成的内包装（容器），应采用适当的减震衬垫材料固定在外包装内。防震材料有瓦楞纸、泡沫塑料、塑料袋等，吸收性材料有矿土、陶土等。

（5）包装应便于装卸、运输和储存。包装的外形尺寸应与汽车的容积、载重、装卸机具相配合，以利于装卸、积载、搬运和储存。

3. 危险品包装的类型

按照国家标准《危险货物分类和品名编号》（GB6944—2012）的规定，危险货物按其危险程度可划分为三类包装类别。

Ⅰ类包装：货物具有高度危险性，包装强度要求高。

Ⅱ类包装：货物具有中等危险性，包装强度要求较高。

Ⅲ类包装：货物具有轻度危险性，包装强度要求一般。

4. 危险货物运输包装标志

（1）标志的种类及式样。根据危险货物的危险性质和类别，危险货物运输包装标志可分为主标志和副标志两部分。主标志为表示危险货物危险特性的图案、文字说明、底色和危险货物类别号等四个部分组成的菱形标志；副标志与主标志的区别在于没有危险货物类别号。当某一危险货物具有两种或两种以上危险性时，需同时采用主标志和副标志。危险货物运输包装标志如图6-7所示。

图 6-7 危险货物运输包装标志

危险货物包装标志的底色尽量与所表示货物的危险性相对应。

我国危险货物包装标志中的文字一般采用中文。考虑到外贸运输的需要,也可采用中外文对照或外文形式,外文一般采用英文。

(2) 危险货物包装标志的尺寸。危险货物包装标志的尺寸一般不得小于100mm×100mm;集装箱和可移动罐柜上危险货物包装标志的尺寸一般不得小于250mm×250mm。

(3) 危险货物包装标志的材质和粘贴。危险货物包装标志的材质和粘贴应满足运输的要求。考虑到实际情况,作为最低标准,危险货物包装标志要求在储运期间不脱落,不褪色,图案文字清晰。

(4) 危险货物包装标志的标用方法。危险货物标志应标贴在包装件的明显部位上。集装箱和罐(槽)体应在显著部位标有相应加大的危险货物包装标志。

危险货物包装标志粘贴的位置如下:

1) 箱状包装:应位于包装两端或两侧的明显处。

2) 袋状包装:应位于包装明显的一面。

3) 桶状包装:应位于桶盖或桶身。

4) 集装箱包装:应位于箱的四侧。

任务3 危险品货物车辆选择

装运危险货物只要符合一定的技术条件并辅以谨慎操作,就可以达到安全运输的目的。若危险货物的包装、标志、积载、隔离均符合"危规"的要求,那么运输工具本身的构造、设备是否也达到装运危险货物的要求,就成为能否确保运输安全的重要条件了。运输工具既需要符合运输安全的基本条件,又必须适应装载危险货物的特殊要求。

1. 装运危险货物车辆的基本要求

(1) 对机动车的基本要求。

1) 车厢、底板必须平坦完好,周围栏板必须牢固,铁质底板装运易燃、易爆货物时应采取衬垫防护措施,如铺垫木板、胶合板、橡胶板等,但不得使用谷草、草片等松软易燃材料。

2) 机动车辆排气管必须装有有效的隔热和熄灭火星的装置,电路系统应有切断总电源和隔离火花的装置。

3) 车辆左前方必须悬挂黄底黑字"危险品"字样的信号旗。

4) 根据所装危险货物的性质,配备相应的消防器材和捆扎、防水、防散失等用具。

(2) 对槽(罐)车的基本要求。

1) 装运危险品货物槽(罐)体的材质必须与所装货物性质相适应。通常情况下:浓硫酸、碱性液体等危险品可用碳钢槽车;硝酸应用铝槽(在槽盖处衬垫密封以防泄漏);盐酸、次氯酸、废硝酸等应用玻璃钢或不锈钢材料制作的槽车。

2) 装运危险品货物槽（罐）体应具有足够强度，并根据不同货物需要配备如双道阀门泄压闸、防波板、遮阳物、压力表、液位计等相应的安全装置，以保证所装货物不泄露。以上装置不是全部都装，而是根据实际需要配备，如易燃液体（汽油、苯等）就必须配置导静电的安全装置。因为易燃液体在运输中的运动会产生静电，所以在车尾应装上接地特制橡胶拖地带，以导除静电；又如在夏令高温季节，怕日晒或高温的危险品货物，须在槽（罐）上搭棚或加盖相应的遮阳物等。

3) 装运液化石油气槽（罐）车的设备及使用，必须符合国家劳动总局颁发的《液化石油汽车车槽安全管理规定》的要求。

4) 装运集装箱、大型气瓶、可移动罐（槽）等的车辆，必须设置有效的紧固装置。

（3）应定期对装运放射性同位素的专用运输车辆、设备、搬动工具、防护用品进行放射性污染程度的检查，当污染量超过规定的允许水平时，不得继续使用。

（4）各种装卸机械、工具要有足够的安全系数，装卸易燃、易爆危险货物的机械和工具，必须有消除产生火花的措施。

2. 危险货物车辆出车前作业要求

（1）出车前运输危险货物车辆的有关证件、标志应齐全有效，技术状况应为良好，并按照有关规定对车辆安全技术状况进行严格检查，发现故障后应立即排除。

（2）运输危险货物车辆的车厢底板应平坦完好、栏板牢固，对于不同的危险货物，应采取相应的衬垫防护措施（如铺垫木板、胶合板、橡胶板等），车厢或罐体内不得有与所装危险货物性质相抵触的残留物。

（3）检查运输危险货物的车辆配备的消防器材，发现问题应立即更换或修理。

（4）驾驶人员、押运人员应检查随车携带的道路运输危险货物安全卡是否与所运危险货物一致。

（5）根据所运危险货物特性，应随车携带遮盖、捆扎、防潮、防火、防毒等工属具和应急处理设备、劳动防护用品。

（6）装车完毕，驾驶员应对货物的堆码、遮盖、捆扎等安全措施及对影响车辆启动的不安全因素进行检查，确认无不安全因素后方可起步。

任务 4　危险品货物的运送

1. 危险货物的运输作业要求

（1）运输危险货物的过程中，押运人员应密切注意车辆所装载的危险货物，根据危险货物性质定时停车检查，发现问题及时会同驾驶人员采取措施妥善处理。驾驶人员、押运人员不得擅自离岗、脱岗。

（2）运输过程中如发生事故，驾驶人员和押运人员应立即向当地公安部门及安全生产管理部门、环境保护部门、质检部门报告，并应看护好车辆、货物，共同配合采取一切可能的警示、救援措施。

（3）运输过程中需要停车住宿或遇有无法正常运输的情况时，应向当地公安部门报告。

（4）运输过程中遇有天气、道路路面状况发生变化时，应根据所装载危险货物特性，及时采取安全防护措施。遇到雷雨时，不得在树下、电线杆、高压线、铁塔、高层建筑及容易遭到雷击和产生火花的地点停车。若要避雨，应选择安全地点停放。遇到泥泞、冰冻、颠簸、狭窄及山崖等路段时，应低速缓慢行驶，防止车辆侧滑、打滑及危险货物剧烈震荡等，确保运输安全。

2. 危险货物运输车辆的运行要求

（1）车辆在高速公路上运输危险品货物时，必须严格遵守交通、消防、治安等法规。应根据道路的实际状况控制车速，保持与前车的安全距离。严禁违章超车，随意停车，并尽量避免紧急制动，确保行车安全。

（2）运输危险品的车辆在经过高速公路收费站、匝道、大型桥梁、互通立交时要注意保持与前车的安全距离、减速慢行。

（3）对在夏令高温季节限制运输的危险品货物，应按照高速公路交警部门的有关规定进行运输作业。

（4）装载危险货物的车辆不得在居民聚居点、行人稠密地段、政府机关、名胜古迹、风景游览区停车。如必须在上述地区进行装卸作业或临时停车，应采取安全措施并征得当地公安部门同意。运输爆炸品、放射性物品及有毒压缩气体、液化气体时，禁止通过大中城市的市区和风景游览区。如必须进入上述地区，应事先报经当地县、市公安部门批准，按照指定的路线、时间行驶。

（5）运输爆炸品、放射性物品及有毒压缩气体、液化气体时，禁止通过高速公路服务区；如必须进入服务区，应事先报请高速公路交警部门批准，并按照指定的路线、时间行驶。

（6）运输危险品货物必须有专人随车押运；运输爆炸品、烈性的易燃、剧毒物品，托运单位必须派熟悉货物性质的人员指导操作、随车押运。

（7）运输危险品货物的车辆严禁搭乘无关人员；中途应经常对各类仪器进行检查。发现问题要及时采取措施，如无法解决时，则应选择适当地区停止行驶，并及时向高速公路交警部门和高速公路经营管理单位报告。

（8）危险品货物在运输途中如发生丢失、被盗等情况，应立即报告高速公路交警和高速公路经营管理单位查处。这是由于危险品货物的丢失、被盗将有可能造成严重后果，因此必须及时报告，绝不能隐瞒不报。一旦造成严重后果，将追究有关人员的法律责任。

任务5 危险品货物的接收

1. 装卸危险货物前的准备工作

（1）明确危险货物的性质、积载位置及应采取的安全措施，并申请监装，取得适装证书。

（2）应将审签的货物积载图交当地法定机关进行审定。

（3）在装卸货现场，备妥相应的消防设备，并使其处于随时可用状态。

（4）夜间作业应备好足够的照明设备；装卸易燃易爆危险货物必须使用防爆式或封闭式安全照明设备，严禁使用其他不安全灯具。

（5）起卸放射性物品或能放出易燃、易爆、有毒气体的危险货物前，应进行充分通风。应有防止摩擦产生火花的措施，经有关部门检测后才能开始卸货作业。

2. 危险品的接收检查

（1）查验货物运单及其有关运输单证。验证工作的基本点是应认真执行车票同行，坚持先验单后作业。在作业现场持票员与货运员共同检查车身、封印，启封后共同组织作业。在作业同时要认真检查核对运单类项，如品名、件数、包装、托运人记载事项栏申明的事项，并注意检查所附的各种单证。如发货票、保险单、货物性质说明书等。

（2）检查车辆及货物状况。按照危险品接收的有关规定，对车辆和施封进行检查。启封打开车门后，还要检查货物装载状况，检查有无湿损、污染和损坏。

3. 装卸危险货物的作业要求

（1）装卸作业现场要远离热源，通风良好；电气设备应符合国家有关规定要求，严禁使用明火灯具照明，照明灯应具有防爆性能；易燃易爆货物的装卸场所要有防静电和避雷装置。

（2）运输危险货物的车辆应按装卸作业的有关安全规定驶入装卸作业区，应停放在容易驶离作业现场的方位上，不准堵塞安全通道。停靠货垛时，应听从作业区业务管理人员的指挥，车辆与货垛之间要留有安全距离。待装卸的车辆与装卸中的车辆应保持足够的安全距离。

（3）装卸作业前，车辆发动机应熄火，并切断总电源（需从车辆上取得动力的除外）。在有坡度的场地装卸货物时，应采取防止车辆溜坡的有效措施。装卸作业前应对照运单，核对危险货物名称、规格、数量，并认真检查货物包装。货物的安全技术说明书、安全标签、标识、标志等与运单不符或包装破损、包装不符合有关规定的货物应拒绝装车。

（4）装卸作业时应根据危险货物包装的类型、体积、重量、件数等情况和包装储运图示标志的要求，采取相应的措施，轻装轻卸，谨慎操作。同时应做到以下几点：

1）堆码整齐，紧凑牢靠，易于点数。

2）装车堆码时，桶口、箱盖朝上，允许横倒的桶口及袋装货物的袋口应朝里；卸车堆码时，桶口、箱盖朝上，允许横倒的桶口及袋装货物的袋口应朝外。

3）装载平衡。堆码时应从车厢两侧向内错位骑缝堆码，高出栏板的最上一层包装件，堆码超出车厢前挡板的部分不得大于包装件本身高度的二分之一。

4）装车后，货物应用绳索捆扎牢固；易滑动的包装件，需用防散失的网罩覆盖并用绳索捆扎牢固或用毡布覆盖严密；需用多块毡布覆盖货物时，两块毡布中间接缝处须有大于15厘米的重叠覆盖，且货厢前半部分毡布需压在后半部分的毡布上面。

5）包装件体积为450升以上的易滚动危险货物应紧固。

6）带有通气孔的包装件不准倒置、侧置，防止所装货物泄漏或混入杂质造成危害。

（5）装卸过程中需要移动车辆时，应先关上车厢门或栏板。若车厢门或栏板在原地关不上时，应有人监护，在保证安全的前提下才能移动车辆。起步要慢，停车要稳。装卸危险货物的托盘、手推车应尽量专用。装卸前，要对装卸机具进行检查。装卸爆炸品、有机过氧化物、剧毒品时，装卸机具的最大装载量应小于其额定负荷的75%。

（6）危险货物装卸完毕，作业现场应清扫干净。装运过剧毒品和受到危险货物污染的车辆、工具应按车辆清洗消毒方法洗刷和除污。危险货物的撒漏物和污染物应送到当地环保部门指定地点集中处理。

小贴士

危险品货物的应急处理

危险货物运输行业是一个专业技术性强的行业，假如从业人员对有关专业技术性知识不了解的话，事故发生就较为频繁，而一旦发生事故，影响往往就极其恶劣。因此，从业人员懂得相关专业技术知识,如发生事故时的应急处理措施,对事故的控制及防止扩大就显得尤为重要。有关危险货物运输事故应急处理的方法如下。

1. 爆炸品

(1)灭火方法:用水冷却达到灭火目的,但不能采取窒息法或隔离法。禁止使用砂土覆盖燃烧的爆炸品,否则会由燃烧转为爆炸。扑救有毒性的爆炸品火灾时,灭火人员应佩戴防毒面具。

(2)撒漏处理:对爆炸物品撒漏物,应及时用水湿润,再撒以锯末或棉絮等松软物品收集后,保持相当湿度,报请消防人员处理,绝对不允许将收集的撒漏物重新装入原包装内。

2. 压缩气体和液化气体

(1)灭火方法:将未着火的气瓶迅速移至安全处;对已着火的气瓶使用大量雾状水喷洒;火势不大时,可用二氧化碳、干粉、泡沫等灭火器扑救。

(2)撒漏处理:运输中发现气瓶漏气时,特别有毒气体,应迅速将气瓶移至安全处,并根据气体性质做好相应的防护措施,人站在上风处,将阀门旋紧。大部分有毒气体能溶解于水,紧急情况时,可用浸过清水的毛巾捂住口鼻进行操作,若不能制止,可将气瓶推入水中,并及时通知相关部门进行处理。

3. 易燃液体

(1)灭火方法:消灭易燃液体火灾的最有效方法是采用泡沫、二氧化碳、干粉等灭火器扑救。

(2)撒漏处理:及时用砂土或松软材料覆盖吸附后,集中至空旷安全处处理。覆盖时,要注意防止液体流入下水道、河道等地方,以防污染环境。

4. 易燃固体、自燃物品和遇湿易燃物品

(1)灭火方法:根据易燃固体的不同性质,可用水、砂土、泡沫、二氧化碳、干粉灭火剂来灭火,但必须注意:遇水反应的易燃固体不得用水扑救,如铝粉、钛粉等金属粉末应用干燥的砂土、干粉灭火器进行扑救;有爆炸危险的易燃固体如硝基化合物禁用砂土压盖;遇水或酸产生剧毒气体的易燃固体,如磷的化合物和硝基化合物(包括硝化棉)、氰化合物、硫磺等,燃烧时产生有毒和刺激性气体,严禁用硝碱、泡沫灭火剂扑救,扑救时必须注意戴好防毒面具;赤磷在高温下会转化为黄磷,变成自燃物品,处理时应谨慎。

扑灭自燃物品火灾时也要注意:此类物品灭火时,一般可用干粉、砂土(干燥时有爆炸危险的自燃物品除外)和二氧化碳灭火剂灭火。能与水发生反应的物品如三乙基铝、铝铁溶剂等禁用水扑救;黄磷被水扑灭后只是暂时熄灭,残留黄磷待水分挥发后又会自燃,所以现场应有专人密切观察,同时扑救时应穿防护服,戴防毒面具。

扑灭遇湿易燃物品时也应注意:此类物品发生火灾时,应迅速将未燃物品从火场撤离或与燃烧物进行有效隔离,用干砂、干粉进行扑救;与酸或氧化剂等反应的物质,禁用酸碱和泡沫灭火剂扑救;活泼金属禁用二氧化碳灭火器进行扑救,应用苏打、食盐、氮或石墨粉来扑救;锂的火灾只能用石墨粉来扑救。

(2)撒漏处理:上述三类货物撒漏时,可以收集起来另行包装。收集的残留物不能任意排放、抛弃。对与水反应的撒漏物处理时不能用水,但清扫后的现场可以用大量水冲刷清洗。

5. 氧化剂和有机过氧化物

（1）灭火方法：有机过氧化物、金属过氧化物只能用砂土、干粉、二氧化碳灭火剂扑救；扑救时应佩戴防毒面具。

（2）撒漏处理：在装卸过程中，由于包装不良或操作不当，造成氧化剂撒漏时，应轻轻扫起，另行包装，但不得同车发运，须留在安全地方，将撒漏的少量氧化剂或残留物清扫干净。

6. 毒害品和感染性物品

（1）灭火方法：扑灭毒害品及感染性物品火灾时应注意：氰化物发生火灾时，不得用酸碱灭火器扑救，可用水及砂土扑救；灭火人员扑灭毒害品的火灾时应根据其性质采取相应的灭火方法。扑救时尽可能站在上风方向，并戴好防毒面具。

（2）撒漏处理：固体毒害品及感染性物品可在扫集后装入容器中；液体毒害品及感染性物品应用棉絮、锯末等松软物浸润，吸附后收集，盛入容器中。

7. 腐蚀品

（1）灭火方法：无机腐蚀品或有机腐蚀品直接燃烧时，除具有能与水发生反应的特性的物质外，一般可用大量的水扑救。但宜用雾状水，不能用高压水柱直接喷射物品，以免飞溅的水珠带上腐蚀品灼伤灭火人员。

（2）撒漏处理：液体腐蚀品应用干砂、干土覆盖吸收，扫干净后，再用水洗刷。大量溢出时可用稀酸或稀碱中和。中和时，要防止发生剧烈反应。用水洗刷撒漏现场时，只能缓慢地浇洗或用雾状水喷淋，以防水珠飞溅伤人。

▲小案例

辽宁远通物流有限公司：危化品运输管理平台

一、远通物流业务简介

辽宁远通物流有限公司（以下简称"公司""远通物流"）是辽宁省最大的从事危险品运输、仓储的物流企业，注册资本为1000万元，营业范围包括化学危险品仓储、运输业务，承接2、3、6、8类危险品特种运输业务。公司现有车辆235辆，以东风天龙375为主要车型。到目前为止，公司有两个独立的分公司，六个直属分公司，初步形成了危险品运输的网络布局，业务遍布全国各地。近年来，公司除了加大对市场开发的力度以外，更注重强化公司内部管理工作，吸引并培养了一批熟悉危险化工品物流市场开发和业务运作的人才，同时也打造了一支具备危险品运输资格的驾驶员队伍。

二、远通物流业务发展中的瓶颈

在业务发展初期，人员少、车辆少，企业内部管理都能一眼看穿，凭借员工的业务经验和与老板同甘共苦的创业精神，业务管理不会发生什么问题，但随着人员和车辆的增加，管理难度呈几何倍数增长，老板没法完全把握所有业务情况，业务员无法完全掌握每个运单的执行状态，调度没法完全知道每辆车的状态和地理位置，队长没法及时了解每辆车的请款、罚款、燃油费路桥费等在途情况，财务无法及时获得回单并建立应收账款。每一项事务处理延迟或者处理失误，都会消耗大量的补救和纠正时间，由此严重影响企业的整体效率，阻碍了公司向更高层次的发展。

管理中的问题主要体现在以下几个方面。

（一）业务数据的规范化管理

业务数据的规范化管理主要体现在数据来源的规范化、数据格式的规范化和数据存储的规范化三个方面。

1. 数据来源的规范化

数据来源的规范化用于数据的归口管理，方便判断数据来源的合理性。比如，在受理运单上，没有统一的受理途径，业务员通过发微信、短信、电子邮件以及打电话等方式将业务信息发给调度；在队长向出纳请出车款时，也多通过打电话、发短信和留字条等方式。数据来源、数据传递的多种多样，虽然保证了传递的及时性，但多种数据获取渠道增加了接收人员处理和判断的难度，无法统一管理，追溯困难。以调度员接收订单为例，调度从各种纷杂的运单获取渠道中获得准确信息的难度很大，很容易遗漏或者记错运单信息。必须要建立一套统一的信息获取渠道，减少多渠道获取运单信息对调度造成的干扰，以提高调度的工作效率和准确度。

2. 数据格式的规范化

数据格式也就是描述数据的形式，如果没有规范格式，不同渠道描述的数据，其格式就不一样。即使是相同渠道描述的，因为不同的人理解不同，填写的内容也会有千差万别。仍然以运单为例，有的业务员会详细描述委托人、提货地（含联系人联系电话）、卸货地（含联系人联系电话）、货品、吨数、运输单价，这是一个运单成立的基本条件，但也有业务员因为对业务熟悉，可能只描述委托人、车数而省略了其他内容。业务员的这种省略，会造成后续工作人员的大量理解偏差，尤其是对新员工来说，信息的缺失对其工作会造成很大的障碍。传统的运输业务，一般是采取标准的纸质"委托运输单"格式，由客户或者业务员填写。但人工填写，随意性很强，比如填写客户名称时，"沈阳石蜡化工有限公司"是最标准规范的写法，但也有很多写成"沈阳蜡化""石蜡化工"或"蜡化公司"等，不一而足，最直接的后果，就是导致财务结算、发票开具等工作混乱。要想规范这些业务数据的写法，不是靠一份制度或者一份惩罚就能控制住的，必须要从根源上杜绝不规范的写法，采取建立客户基础档案的代码管理体系，将直接填写客户名称变成选择客户代码，填写不正确的就无法保存，以保证数据格式的一致性。

3. 数据存储的规范化

数据存储的规范化管理主要体现在统一存储上。在远通物流原有的管理模式中，车队是按照地域来分区管理的，分别为沈阳区域、大庆区域、吉林区域、西北区域等。通过分区管理，各个队长管理所辖区域的车辆，并用 Excel 表格维护所辖区域的主要路线信息，这样能达到简化管理的目的。但是随着业务量的增大，区域之间遇到业务交叉的情况也很多，A 区域的队长往往会要用到 B 区域的线路信息，队长之间需要经常交换线路信息，占用了大量的沟通时间。尤其是遇到线路信息更新的时候，如果沟通不及时，则会出现给司机发送过期线路甚至是错误线路的情况。

建立线路信息共享机制，统一保存线路信息，让不同区域的队长之间能够及时更新并获取最新线路信息，能最大限度地提高队长设定线路信息的准确性。数据存储的规范化实际上就是数据统一存储并实现数据的共享。数据共享是整个流程规范化管理的基础。远通物流原有的一个小软件，实现调度和财务之间数据的共享，但在数据的准确性、及时性以及共享范围上还无法达到管理要求。

(二) 业务流程规范化管理

分析远通物流原有的业务流程，设置了业务员/业务经理、调度/调度经理、队长/大队长、财务等岗位，这些岗位和流程设置基本上符合大中型运输企业的岗位设置要求。但是岗位和流程正确，不代表管理就会顺畅，最主要的问题就出现在岗位之间的业务沟通上，而业务的沟通主要包含数据传递的准确性和及时性。在整个流程中，每个岗位之间的沟通都会出现种种的问题，轻则影响业务效率，重则造成财产损失甚至影响员工之间的团结。"沟通基本靠吼"是流程规范化之前的典型写照。

完成一个运输订单，需要多个部门和岗位协同作业。一般传统的管理模式，业务信息都集中在各自对应的管理岗位上，不同岗位之间在信息获取上是不对称的。以"客户询问运单执行情况"为例，客户询问业务员，业务员先询问调度员派的是哪辆车，然后再问监控员车在哪个位置，然后再通过队长询问运单执行状态（是否已出发、已提货、已卸货等），队长再打电话给司机确认。这期间的一系列过程，任何一个阶段出现延迟或者理解偏差，都会大大影响向客户回馈信息的及时性和准确性，降低客户服务能力。所以，规范管理流程、提高信息透明度，让各个岗位之间的业务协同能够更顺畅、更准确是摆在远通物流业务管理上的最大难题。

远通物流原有业务流程中存在的主要问题如下：

(1) 业务员给调度下单采用的是电话、短信、口头等方式，这些方式没法留下明确的记录，并且可能存在描述不清、理解误差等情况；指令源内容无固定格式，无法追溯，可能产生调度遗漏，影响发车甚至导致调度失误。当遇到调度失误时，无法分辨失误的责任方，造成互相推卸责任的局面。

(2) 运单审核时没有明确的量化依据，并且对于审核不通过的运单，没有详细记录不通过的原因，无法为将来业务分析提供有效依据。实际上，站在公司发展角度看，审核未通过的运单是公司将来最大的潜在业务，不管它是因为车辆不足、价格太低或者其他原因。保留审核不通过的运单信息，并对其进行分析，可以为公司将来业务发展提供有力参考（是要增加车辆资源还是需要调整运营线路等）。

(3) 调度员指派车辆时，会按照基本的就近原则指派车辆。但因为没有明确的制度机制，完全是靠人为判断应该派哪辆车，调度员无法实现"平准化调度"。平准化调度是指平衡使用运输资源以达到资源利用的最大化。一方面能保证车辆资源的平均利用，防止因为有些车过度使用而提前报废，而有的车大量时间闲置到了报废时间车况很好却被强制报废，造成车辆资源的浪费；另一方面，平准化调度同时要考虑司机利益，尽量让运输业务平均分配到司机之间，提高业务的透明度和公平性。

(4) 在车辆监控上，监控员需要从调度获取在单车辆的清单。再根据清单来监控车辆运行情况。一方面，因为清单是随时变动的，监控员无法随时能获取变动内容；另一方面，监控员要将每辆车的最新位置信息发给调度，以让调度能获取车辆的最新位置；调度员和监控员之间无法实现所需信息的实时更新。

(5) 在线路确认上，由于司机流动性大，经常会有新司机加入，并且业务线路也时常会有调整，所以公司要求每趟运输任务队长都要给主驾司机发送线路信息。但是一方面每个队长管理的车辆很多，每天的出车任务也多；另一方面每条线路的内容比较多，队长很难真正做到每趟运输任务都给司机发送线路信息。

（6）在给司机申请出车款上，由队长代替司机向出纳申请出车款，原有申请方式是通过短信、QQ、打电话、留字条等。每天几十次的出车款申请，使得出纳穷于应付，并且很容易发生遗漏。由此也容易导致司机因为没有及时获得出车款而拒绝出车的情况，导致延缓交货、车辆使用率低，造成公司损失。

（三）其他

在抿顺业务管理的基础上，远通物流也提出了更高的管理要求：实现运输管理透明化。运输管理透明化，一方面是指能细化每一单运输业务的收入、成本和利润，其中最重要的是成本，要从不同口径获得成本数据（如路桥费、燃油费、修理费、住宿、补贴、罚款、绩效工资等），并将其分摊到对应的运输任务上；另一方面，要从不同角度分析各个业务主体的绩效情况，比如按照车辆、业务员、司机等分析其在指定时间段内的收入、成本和利润情况。远通物流原有的手工账加上 Excel 数据的记账方法，在实现透明化管理上显得力不从心，要花费大量的时间和人力，并且统计结果也很难达到及时、准确、标准。

三、信息化推进情况

（一）信息化的主要目标

通过信息化手段，实现提升业务管理水平的目标，主要体现在两方面：一方面规范数据格式，确保数据录入的准确性、及时性；另一方面，通过信息化软件来固化业务流程，保障业务流程中各环节岗位之间衔接畅通，明确不同岗位之间的职责范围，并建立起绩效考核机制。另外，通过统一的信息化管理模式，提高员工利用信息化手段管理业务的能力，从总体上能够降低员工工作量，提高业务管理效率。

（二）关键思路及技术方向

1. 解决数据规范问题

在数据来源上，所有的通过邮件、QQ、微信、电话等的数据，都统一成通过软件录入界面来管理，统一数据的获取和发布的途径。在规范数据内容上，建立代码化的数据档案管理，对上下游客户、公司部门、员工、车辆、司机等基础信息进行编码，以减少数据录入的工作量，保证数据录入的准确性。在统一存储上，采用大型关系型数据库软件，统一管理运输相关的基础信息和业务信息，实现资源信息的集中共享。

2. 建立规范的业务管理流程

通过完整的运输业务流程管理体系，实现岗位之间职责的相互约束，环环相扣，推动整体业务的健康稳定发展，形成整个业务体系的自动运转。为了保障业务流程的规范化运作，远通物流需要建立信息化操作规章制度，明确不同岗位在信息系统上的权限、职责、时效性，并且建立对业务信息化操作的奖惩机制。同时，信息部门要做好向不同岗位提供操作培训的准备，保证每个岗位都能理解信息系统的操作。

3. 通过技术手段，减少重复劳动，提高管理效率

通过将手机短信功能接入到软件系统，实现信息的自动发送，一方面司机能收到明确的业务信息和路线信息的短信，避免了以前通过电话通知有可能带来的描述不清、记录不全等麻烦；另一方面，可以大量减少队长在手机上输入路线信息短信的时间，同时也能保证司机获取线路信息的准确性。

通过实现与 GPS 平台接口，将车辆实时位置自动更新到车辆基础信息上，调度在指派车

辆的时候，直接就能看到每辆车的具体位置，因而减少了和监控员交互的时间，提高了调度效率和调度准确性。

通过开发使用手机端 App，实现对车辆在途状态和装卸报量的收集汇总，保证了车辆状态、保证信息获取的及时性和准确性，同时减少了调度直接打电话向司机确认状态和装卸报量的工作，调度员的工作量减少了，司机也能专心在路上开车。

四、信息化成果

整个远通物流危险品运输信息化项目，经历了将近一年的时间。初步建立了从运单登记、运单审核到车辆指派、确定线路，再到车辆在途管理，最后实现应收应付结算和各种绩效考核的一整套危险品运输信息化管理体系，实现了数据的录入和共享，保证了数据的准确性和及时性，解决了困扰远通物流发展的难题，即解决业务流程的规范化和透明化管理，问题提升了客户服务能力和客户满意度。信息化效果主要体现在以下几个方面：

（1）危险品运输业务流程管理体系的建立，实现了运输业务从最初的运单登记到最终的成本收益核算的全程透明化管理，有效防止了业务流程操作中的管理漏洞，提高了运输业务操作的效率。

（2）业务数据的录入、调车以及确定线路、请款等信息的及时、准确传递，减少了业务信息传递过程中的滞后和错误的发生，提高了准确率。

（3）调动了员工的工作积极性。通过信息系统的使用，形成了岗位之间相互约束、相互支持、互相监督的关系，形成了内在推动力，带动了业务健康稳定的发展。

（4）建立了有效的绩效考核机制。一方面实现了对办公室业务管理人员的操作时效性管控，能够对照公司制度，判断不同岗位员工处理业务是否及时；另一方面通过不同口径自动汇总业务员、司机、车辆、区域等的营收、成本和支出情况，核算其绩效。

（资料来源：http://www.chinawuliu.com.cn/xsyj/201501/21/297813.shtml）

 小贴士

危险货物的确认

为了加强危险货物运输的管理，在具体确认某一货物是否为危险货物时，不能仅凭定义，这不仅在具体操作上有困难，因承、托各方不可能对众多的危险品在需要运输时再进行技术鉴定和判断，而且有时还会引起歧义和矛盾，所以在各种运输方式中，在确认危险货物时，都采用了列举原则。各运输方式都颁发有适合本运输方式的危险货物运输规则。各危险货物运输规则在对各危险货物下定义的同时，都收集列举了本规则范围内各种具体品名，并加以分类。我国国家标准《危险货物品名表》（GB 12268—2005）开始实施。该标准仅对危险货物的品名进行了规定，而对各品名的具体防护措施未作统一规定，留给各运输方式另作具体要求。因此，危险货物必须是本运输方式《危险货物品名表》所列名的，才能确认运输。要运输《危险货物运输规则》中未列名的，而性能确实危险的某些货物，必须根据各种危险货物的分类分项标准，由托运人提出技术鉴定书，并经有关主管部门审核或认可后，才能作为危险货物。

不同类别危险货物及其特征如下所述。

1. 爆炸品

爆炸品指在外界作用下（如受热、撞击等），能发生剧烈的化学反应，瞬时产生大量的气体和热量，使周围压力急骤上升，发生爆炸，对周围环境造成破坏的物品，也包括无整体爆炸危险，但具有燃烧、抛射及较小爆炸危险，或仅产生热、光、音响或烟雾等一种或几种作用的烟火物品。

爆炸品按其危险性，又分为五类：

（1）具有整体爆炸危险（即实际上同时影响全部货物的爆炸）的物质和物品。

（2）具有喷射危险，但无整体爆炸危险的物质和物品。

（3）具有燃烧危险和较小爆炸危险，或者兼有此两种危险，但无整体爆炸危险的物质和物品。

（4）无重大危险的物质和物品。

（5）具有整体操作危险但极不敏感的物质。

爆炸品的危险特性主要有爆炸性、燃烧性、毒性或窒息性。

2. 压缩气体和液化气体

压缩气体和液化气体类货物系指压缩、液化或加压溶解的气体，并应符合下述两种情况之一者：

（1）临界温度低于50℃时，或在50℃时，蒸气压力大于291kPa的压缩或液化气体。

（2）温度在21.1℃时，气体的绝对压力大于275kPa，或在51.4℃时气体的绝对压力大于715kPa的压缩气体；或在37.8℃时，雷德蒸气压大于274kPa的液化气体或加压溶解的气体。

气体按其危险性可分为以下几类：

（1）易燃气体。这类气体自容器中溢出与空气混合，当其浓度达到爆炸极限时，如被点燃，能引起爆炸及火灾。

（2）非易燃气体。这类气体中有的本身不能燃烧，但能助燃，一旦和易燃物品接触，极易引起火灾；有的非易燃气体有窒息性，若处理不当，会引起人畜窒息。

（3）有毒气体。这些气体毒性很强，若吸入人体内，能引起中毒。有些有毒气体还有易燃、腐蚀、氧化等特性。

压缩气体和液化气体危险特性主要有以下表现：

（1）易燃性和爆炸性。一些易燃气体容易燃烧，也易于和空气混合形成爆炸性混合气体。

（2）窒息性、麻醉性和毒性。本类气体中除氧气和空气外，若大量溢出，都会因冲淡空气中氧气的含量而影响人畜正常呼吸，严重时会导致人畜因缺氧而窒息。

（3）污染性。一些气体对海洋环境有害，被认为是"海洋污染物"。

3. 易燃液体

易燃液体系指易燃的液体、液体混合物或含有固体物质的液体，但不包括由于其危险特性列入其他类别的液体。其闪点等于或低于61℃，但不同运输方式可确定本运输方式适用的闪点，而不低于45℃。

易燃液体的危险特性主要有以下表现：

（1）挥发性和易燃性。易燃液体都是含有碳、氢等元素的有机化合物，具有较强的挥发性，在常温下就易挥发，形成较高的蒸气压。易燃液体及其挥发出来的蒸气，如遇明火，极易燃烧。易燃液体与强酸或氧化剂接触，反应剧烈，能引起燃烧和爆炸。

（2）爆炸性。当易燃液体挥发出的蒸气与空气混合，达到爆炸极限时，遇明火会引起爆炸。

（3）麻醉性和毒害性。易燃液体的蒸气，大都有麻醉作用，如人畜长时间吸入乙醚蒸气会引起麻醉，失去知觉。深度麻醉或长时间麻醉可能导致死亡。

（4）易积聚静电性。大部分易燃液体的绝缘性能都很高，而电阻率大的液体一定能呈现带电现象。

（5）污染性。一些易燃液体被认为是对海洋环境有害的海洋污染物。

4. 易燃固体、自燃物品和遇湿易燃物品

易燃固体指燃点低，对热、撞击、摩擦敏感，易被外部火源点燃，燃烧迅速，并可能散发出有毒烟雾或有毒气体的固体，但不包括已列入爆炸品的物质。

易燃固体的危险特性：易燃固体燃点低，对热、摩擦、撞击及强氧化剂作用较为敏感，易于被外部火源所点燃，燃烧迅速。

易自燃物品指自燃点低，在空气中易于发生氧化反应，放出热量，而自行燃烧的物品。

易自燃物质的危险特性：本类物质不论是固体还是液体都具有自燃点低、发热以及着火的共同特征。这类物质自燃点低，受外界热源的影响或本身发生化学变化热量积聚而使其温度升高引起燃烧。

遇湿易燃物品指遇水或受潮时，发生剧烈化学反应，放出大量的易燃气体和热量的物品。有些不需明火，即能燃烧或爆炸。

遇湿危险物质的特性：本类物质遇水发生剧烈的反应，放出易燃气体并产生一定热量。当热量使该气体的温度达到燃点时或遇到明火时会立即燃烧甚至爆炸。

5. 氧化剂和有机过氧化物

氧化剂指处于高氧化态，具有强氧化性，易分解并放出氧和热量的物质，包括含有过氧基的有机物，其本身不一定可燃，但能导致可燃物的燃烧，与松软的粉末状可燃物能组成爆炸性混合物，对热、震动或摩擦较敏感。

氧化物质具有以下的危险特性：

（1）在一定的情况下，直接或间接放出氧气，增加了与其接触的可燃物发生火灾的危险性和剧烈性。

（2）氧化剂与可燃物质，诸如糖、面粉、食油、矿物油等混合易于点燃，有时甚至因摩擦或碰撞而着火。混合物能剧烈燃烧并导致爆炸。

（3）大多数氧化剂和液体酸类会发生剧烈反应，散发有毒气体。

（4）有些氧化剂具有毒性或腐蚀性，或被确定为海洋污染物。

有机过氧化物指分子组成中含有过氧基的有机物，其本身易燃易爆，极易分解，对热、震动或摩擦极为敏感。

有机过氧化物的危险特性：具有强氧化性，遇摩擦、碰撞或热后都极为不稳定，易于自行分解，并放出易燃气体。受外界作用或反应时释放大量热量，迅速燃烧；燃烧又产生更高的热量，形成爆炸性反应或分解。有机过氧化物还具有腐蚀性和一定的毒性或能分解放出有毒气体，对人员有毒害作用。

6. 毒害品和感染性物品

毒害品指进入肌体后，累积达一定的量，能与体液和组织发生生物化学作用或生物物理学变化，扰乱或破坏肌体的正常生理功能，引起暂时性或持久性的病理状态，甚至危及生命的物品。经口摄取半数致死量：固体 LD50≤500mg/kg，液体 LD50≤2000mg/kg；经皮肤接触24h，半数致死量 LD50≤1000mg/kg；粉尘、烟雾及蒸气吸入半数致死浓度 LC50≤10mg/L 的固体或液体，以及列入危险货物品名表的农药。

有毒物质的危险特性：几乎所有的有毒物质遇火或受热分解时都会散发出毒性气体，有些有毒的物质还具有易燃性，很多本类物质被认为是海洋污染物。

感染性物品指含有致病的微生物，能引起病态，甚至死亡的物质。

感染性物质的危险特性：对人体或动物都有危害性的影响。

7. 放射性物品

放射性物品指放射性比活度大于 $7.4×10^4$ Bq/kg 的物品。

放射性物品的危险特性：放出的射线有 α 射线、β 射线、γ 射线及中子流等四种。所有的放射性物质都因其放射出对人体造成伤害的看不见的射线而具有或大或小的危险性。

8. 腐蚀品

腐蚀性物质是指通过化学作用使生物组织接触时会产生严重损伤或在渗漏时会严重损害甚至毁坏其他货物或运载工具的物质。腐蚀性物质包含以下种类：

（1）使完好皮肤组织在暴露超过 60 分钟但不超过 4 小时之后开始的最多 14 天观察期内全厚度毁损的物质。

（2）被判定不引起完好皮肤组织全厚度毁损，但在 55℃试验温度下，对 S235JR+CR 型或类似型号钢或非复合型铝的表面腐蚀率超过 6.25 mm/a 的物质。

腐蚀性物质的危险特性：具有很强的腐蚀性及刺激性，对人体有特别严重的伤害；对货物、金属、玻璃、陶器、容器、运输工具及其设备造成不同程度的腐蚀。腐蚀性物质中很多具有不同程度的毒性，有些能产生或挥发有毒气体而引起中毒。

9. 杂类

杂类指在运输过程中呈现的危险性质不包括在上述八类危险性中的物品。如：

（1）其他类别不包括的危害环境物质。

（2）高温物质。

（3）经过基因修改的微生物或组织（不能满足感染性物质的定义，但可以非正常地天然繁殖结果的方式改变动物、植物或微生物物质）。

杂类危险物质和物品具有多种危险特性，每一杂类危险物质和物品的特性都载于有关该物质或物品的各个明细表中。

项目三 大件货物运输业务操作

大件货物运输也称为大件货物物流，属于"超宽、超高、超长"的货物运输。大件货物在体积和重量上超过了普通载货汽车容许的装载容积和重量，并超过了公路和桥涵通过能力的规定限界，运输时就要采取一定的工程技术和运输组织措施。承运人在大件运输接单后，应根据大型货物的外形尺寸和车货重量，在起运前会同托运人勘察作业现场和运行路线，了解沿途道路线形和桥涵通过能力，并制订运输组织方案；在设备吊装和运输过程中还需要经验丰富的专业人员跟踪车辆运行过程中的货物状态并安排和处理各种应急情况；涉及其他部门的应事先向有关部门申报并征得同意，方可起运。运输大型货物应按有关部门核定的路线行车。白天行车时，悬挂标志旗，夜间行车和停车休息时装标志灯。

依据大件货物运输的特殊性，其运输业务操作主要包括办理办理托运，理货装载，考察运输线路，制订运输方案，组织货物运送等工作内容。

大件货物运输作业流程如图 6-8 所示。

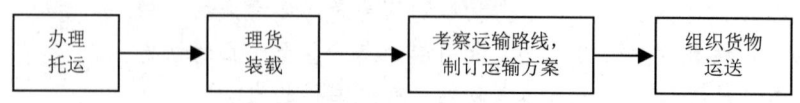

图 6-8　超限货物运输作业流程

任务 1　办理托运

托运人在办理托运时，必须做到向已取得道路大件货物运输经营资格的运输商或其代理人办理托运；必须在运单上如实填写大件货物的名称、规格、件数、件重、起运日期、收发货人、地址及运输过程中的注意事项。托运人还应向运输单位提交货物说明书；必要时应附有外形尺寸的三面视图（以"＋"表示重心位置）和计划装载加固等具体意见及要求。凡未按上述规定办理托运或运单填写不明确，由此发生运输事故的，由托运人承担全部责任。

大型货物的外形尺寸是受理托运的前提和依据，测量的数据尽量减少误差，若测量的尺寸大于实际，就会把一般货物误认为超限货物或将超限等级低的提级，提高了运输条件造成不必要的限速、误收运费等；若测得的尺寸小于实际，就可能将超限货物误认一般货物或降低超限等级，从而降低运输条件，易于酿成事故，造成损失。

1. 测量的基本要求

（1）测量前合理选择计划装载方案。

（2）装货物前按计划装载方案测量，根据超限车运行方向确定货物的左侧、右侧。

（3）高度严格按垂直距离，宽度按水平距离。

（4）装后要进行复测。

（5）配备质量良好的测量工具。

（6）测量尺寸均以毫米为单位。

2. 装车前测量

超限货物装车前的测量应按基本要求测量货物本身的有关尺寸，与托运超限超重货物说明书中的有关数据进行核对。主要目的是给确定能否经公路安全运送，为拟订装载方案提供资料。测量时应按计划的装载状态进行；以重心位置为准，顺车长为货长，顺车宽为货宽。如图 6-9 所示。

（1）长度的测量。

1）最大长度。

2）支重面长度。

3）重心距货物两端的距离。

4）其他影响超限程度的部位距重心的距离。

注："支重面长度"系指支撑货物重量的货物底面长度。使用横垫木或同时使用横纵垫木时，支重面长度为两横垫木中心线的距离。使用纵垫木时，支重面长度为垫木密贴于车地板部

分的长度。"负重面长度"系指货车车地板承担货物重量的长度。

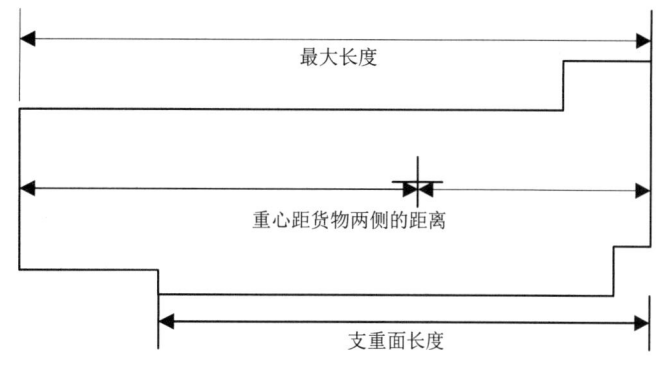

图 6-9 装车前长度的测量

（2）高度的测量。由底部支重面起，测量其中心高度和两侧高度。

在货物纵中心线与货物重心一致时，从货物支重面起至货物重心所在纵向垂直平面上的最大高度为货物的中心高。如其高度低于侧高时应以最大侧高为中心高。中心高度以下货物两侧不同宽度处的高度称为侧高度。以货物重心为标准（货物的重心应位于车地板的纵中心线上），按运输车辆运行方向分左、右侧进行测量。如有数个不同的侧高度，不分左右，由高到低依次编为第一侧高、第二侧高等，分别测出其不同的侧高度。如图 6-10 所示。

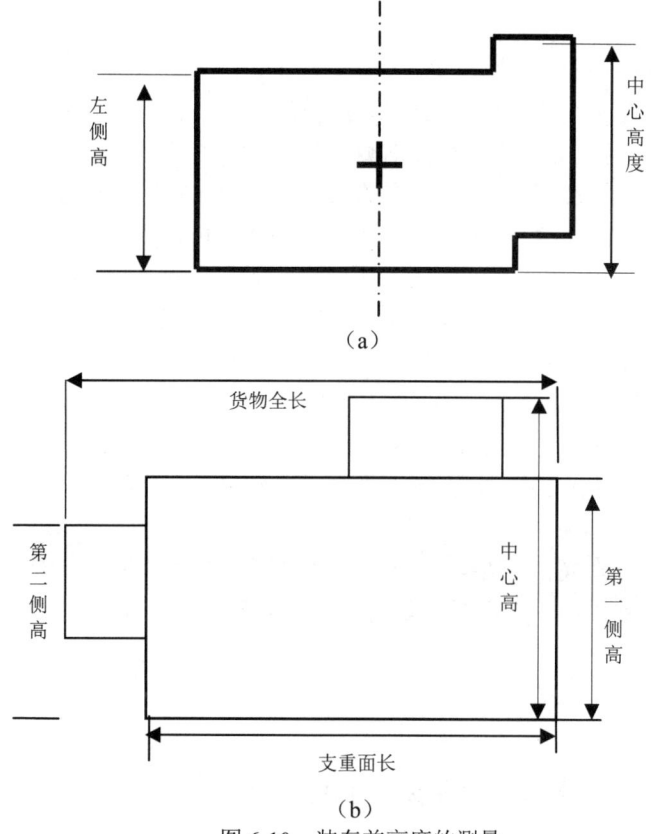

图 6-10 装车前高度的测量

1) 中心高度：最大高度，以中心所在截面为标准测量货物支重面起的中心高度。

2) 侧高度：货物两侧不同宽度处的高度。

（3）宽度的测量。测量中心高度处宽度和不同侧高度处的宽度。

1) 中心高度处的宽度。由货物重心所在的纵向垂直平面起，测量最大高度处的左侧和右侧的宽度。

2) 两侧不同高度处的宽度。分别测量其每一不同侧高度处的左侧和右侧的宽度。

若货物为圆形，中心高度为直径，中心高度处的左右侧宽度为零，最大宽度为半径，如图 6-11 所示。若货物上部为椭圆形，可选定几个高度分别测量其不同高度和宽度。

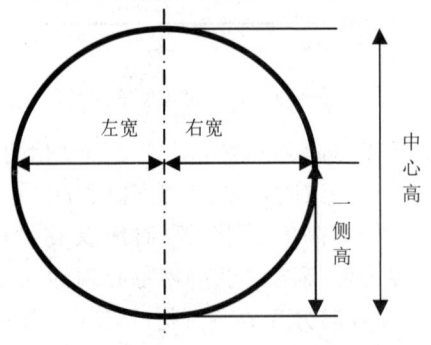

图 6-11　装车前宽度的测量

3. 装车后测量

（1）装车后长度的复测。货物装车后应按实际装载状态和基本要求进行复测，其主要目的是检查装载状态是否符合尺寸要求和正确填写超限超重货物运输记录。

1) 突出跨装时，测量支距的长度和分别测量两支点外方的长度。

2) 突出装载时，测量突出车辆端梁外方的长度；如两端突出不相等时，应分别测量。

（2）装车后高度的复测。由轨面起测量其中心高度和侧高度。测量高度时，应由中心高或侧高处垂直至钢轨平面。其测量方法是，用一根硬质木板条，一端置于高度处并用水平尺使其保持水平，另一端伸出车辆侧梁以外，系一吊锤，在地面上也放一根木板条，使其与钢轨面成水平位置，皮尺以吊锤线直接量至地面，其距离即为高度。

（3）装车后宽度的复测。装车后宽度的复测的测量方法如下：装车前先在车地板上标画车辆纵中心线，装车后在货物顶面两端先后用吊锤对准车辆纵中心线，依垂线竖直方向，在货物顶面确定甲、乙两点，两点之连线即车辆纵中心线。此时可在货物顶面测量每一高度处的水平宽度。

当货物某高度处大于车宽的一半时，也可以从该高度处系一吊锤，测量垂线与车地板边的水平距离，再加上车地板的一半，即为该高度处的宽度。

测量超限货物的常用工具

为了准确地测量超限货物的外形尺寸，必须备有质量良好的测量工具，并指定专人进行妥善保管和维修。常用的测量工具及计算用具有以下几种：

（1）钢卷尺及皮尺。

（2）水平尺。

（3）吊锤。

（4）辅助测量用的 3000～3500 毫米长的平直并有一定硬度的木权条。

（5）袖珍绘画垫板。

（6）小型电子计算器。

（7）具有广角镜性能的照相机或数码相机。

任务 2 理货装载

理货是大件运输企业对货物的几何形状、重量和重心位置先进行了解，取得可靠数据和图样资料的工作过程。通过理货分析，可为确定超限货物级别及运输形式、查验道路以及制订运输方案提供依据。

大件货物受理托运后，发货站须认真审查资料，必要时应组织有关部门共同研究以下内容：

（1）对照资料核查货物实际情况，复核货物重量，测量核对货物外形尺寸和重心位置；拟定使用货车的车种、车型及车数，以及货物装载加固方案。

（2）根据货物的外形、重量和结构特点，结合装运车辆的技术条件，综合考虑装车方案。

（3）必要时应采取改变货物包装、解体货物或某个部件的措施，以降低超限等级。

大型物件的装卸作业，由承运人负责的，应根据托运人的要求、货物的特点和装卸操作流程进行作业；由托运人负责的，承运人应按约定的时间将车开到装卸地点，并监装、监卸。在货物的装卸过程中，由于操作不当或违反操作规程，造成车货损失或第三方损失的，由承担装卸的一方负责赔偿。

超限货物的装卸加固

1. 装载加固材料和装置的重要性

加固材料和装置是装载加固方案的组成部分，也是实施装载加固方案、保证货物运输安全的重要物质条件之一。装载加固材料和装置选择与使用不当、质量达不到方案设计中的标准或实际要求，将会造成货物或车辆的损坏，直至引发行车安全事故。

2. 常用装载加固材料介绍

常用加固材料如下：支柱、垫木、三角挡（木制、铁塑制、铁制）、轮挡（铁塑制）、凹木、挡木、掩木、方木、支撑方木、隔木、木楔、绞棍、镀锌铁线、盘条、钢带、钢丝绳、钢丝绳夹头、紧线器、紧固器（钢丝绳制、棕麻绳制）、固定捆绑铁索、绳索、绳网、橡胶垫、草支垫、稻草垫、稻草绳把、钉子、U 型钉、扒锔钉、专用卡具、型钢等。

禁止使用菱苦土（菱镁砼）、水泥、砖、石等材料作为加固材料和制做加固装置。

3. 常用加固装置介绍

装载加固装置如下：普通型货物转向架、25 米钢轨六支点转向架及滑台、25 米钢轨两支承式转向架、货物支架、座架、车钩缓冲停止器等。

鉴于大件货物的特点，对装运车辆的性能和结构、货物的装载和加固技术等都有一定的特殊要求。

（1）为了保证货物和车辆的完好，保证车辆运行安全，必须满足一定的基本技术条件。

（2）除有特殊规定者外，装载货物的质量不得超过车辆的核定吨位，其装载的长度、高度、宽度不得超过规定的装载界限。

（3）支重面不大的笨重货物，为使其质量能均匀地分布在车辆底板上，必须将货物安置在纵横垫木上，或相当于起垫木作用的设备上。

（4）货物的重心尽量置于车底板纵、横中心线交叉点的垂直线上，如无可能时，则对其横向位移严格限制。

（5）重车重心高度应有一定限制，重车重心如偏高，除应认真进行装载加固外，还应采取配重措施以降低其重心高度。

（6）长大笨重货物装车后，运送长大笨重货物时，除应考虑它们合理装载的技术条件外，还应视货物质量、形状、大小、重心高度、车辆和道路条件、运送速度等具体情况，采取相应的加固捆绑措施。

任务3 考察运输路线，制订运输方案

大件运输的难度和风险远远高于普通货物运输，所以接单后进行运输路线的实地考察相当重要，实地考察工作的主要内容包括：查验运输沿线全部道路的路面、路基、纵向坡度、横向坡度及弯道超高处的横坡坡度、道路的竖曲线半径、通道宽度及弯道半径，测量桥梁承载，查验沿线桥梁涵洞、高空障碍，查看装卸货现场、倒栽转运现场，了解沿线地理环境及气候情况。根据上述查验结果预测作业时间，编制运行线路图，完成验道报告。

在充分研究、分析理货报告及验道报告的基础上，制订安全可靠、可行的运输方案。其主要内容包括配备牵引车、挂车组及附件，配备动力机组及压载块，确定限定最高车速，制定运输技术措施，配备辅助车辆，制订货物装卸与捆扎加固方案，制订和验算运输方案，完成运输方案书面文件。

根据托运方填写的委托运输文件、承运方进行的理货分析及验道、制订运输方案的结果，承运双方签订书面形式的运输合同，其主要内容包括明确托运与承运双方、大型物件数据及运输车辆数据、运输起讫地点、运距与运输时间、明确合同生效时间、承运双方的责任与权利、有关法律手续及运输结算方式、付款方式等。

任务4 组织货物运送

组织货物运送工作包括建立临时性的大件运输工作领导小组负责实施运输方案，执行运输合同和相应对外联系。领导小组下设行车、机务、安全、后勤生活、材料供应等工作小组及工作岗位，并组织制定相关工作岗位责任制。组织大型物件运输工作所需牵引车驾驶员、挂车操作员、修理工、装卸工、工具材料员、技术人员及安全员等，依照运输工作岗位责任及整体要求认真操作、协调工作，保证大件运输工作全面、准确地完成。

1. 装车前工作

装车前，应做好以下准备工作：

（1）应严格按照运单内容和要求选择车辆。装车前应通知车辆部门进行技术检查且确认合格，并经货运人员确认符合装车要求，方能使用。

（2）选择在平直的地面上进行超限车的测量。测量内容包括车地板的高度、长度和宽度。

（3）确认加固材料和加固装置的规格、数量及质量符合装载加固方案规定。

（4）在负重车上标划车辆纵横中心线。

（5）在货物上标明重心位置（投影）、索点。货物装车前应按货物重心的位置，在货物的两端或两侧，标画货物纵、横重心的垂直线。货物重心的垂直线是确定货物重心装载位置的主要依据。

2. 装车时指导

装车时，超限超重运输和装载加固主管人员须到装车现场进行指导。

3. 装车后检查

（1）货物实际装载位置符合装载加固方案。

（2）使用的加固材料（装置）规格、数量、质量和加固方法、措施、质量符合装载加固方案。

（3）垫木、支（座）架等加固装置，状态良好，完好无损坏。

（4）加固线（钢丝绳、镀锌铁线）已采取防磨措施，捆绑拴结牢固，拴结点无损坏。

（5）焊接处焊缝长度、高度符合规定，焊接质量良好，无虚焊现象。

（6）跨装车组连接处的提钩杆捆绑牢固，车钩缓冲停止器已按要求安装。

（7）带有制动装置、变速器和旋转装置的货物，制动装置全部制动，变速器置于初速位置，旋转部位锁定牢固。

（8）自轮运转货物的动力传动装置已断开（机车车辆除外），制动手柄在重联位置并固定良好。

4. 标记

装车完毕，确认要求后，在货物上书写（刷印）或拴挂超限超重货物检查表示牌。如在货物两侧标示"×级超限"。书写困难时，也可挂"×级超限货物检查牌"，用油质颜料在超限超重货车车地板上标划货物检查线。

5. 超限车运输过程中的检查

（1）货运检查主要内容。

1）货物列车中货物装载、加固状态。

2）货物是否倾斜、移位、窜动、坠落、倒塌和渗漏。

3）在设有超偏载仪的场所，还应检查货车是否超载、偏载。

4）加固材料、装置是否完好无损。

5）货物超限装载和特定区段装载限制是否符合有关规定。

6）加固绳索、铁线捆绑拴结是否符合规定。

（2）重点检查、确认的内容。

1）超限超重货物运输记录资料是否齐全、填写是否完整。

2）超限超重货物两侧明显位置是否书写或刷印有超限、超重等级，或者拴挂有超限超重货物检查表示牌。

3）负重车车地板上是否标划有明显的货物检查线。

4）货物是否位移。

▲ 相关知识

一、大件货物

1. 大件货物的概念

通常人们所指的大件货物包括长大货物和笨重货物两种。

（1）长大货物：凡整件货物，长度在 6 米以上，宽度超过 2.5 米，高度超过 2.7 米时，称为长大货物，如大型钢梁、起吊设备等。

（2）笨重货物：货物每件重量在 4 吨以上（不含 4 吨），称为笨重货物，如锅炉、大型变压器。

笨重货物可以分为均重货物与集重货物两种。均重货物是指货物的重量能均匀或近乎均匀地分布于装载底板上。集重货物是指货物的重量集中于装载车辆底板的某一部分，装载集重货物，需要铺垫一些垫木，使重量能够比较均匀地分布于底板上。

2. 公路超限货物的类型

公路超限货物的类型见表 6-3。

表 6-3　公路超限货物类型

超限货物级别	重量/吨	长度/米	宽度/米	高度/米
一级	40～（100）	14～（20）	3.5～（4）	3～（3.5）
二级	100～（180）	20～（25）	4～（4.5）	3.5～（4）
三级	180～（300）	25～（40）	4.5～（5.5）	4.0～（5）
四级	300 以上	40 以上	5.5 以上	5 以上

注：1. "括号"表示该项参数不包括括号内的数值。

2. 货物的重量和外廓尺寸中，有一项达到表列参数，即为该级别的超限货物；货物同时在外廓尺寸和重量达到两种以上等级时，按高限级别确定超限等级。

二、大件货物运输的基本技术条件

托运大件货物时，一般都要采用相应的技术措施和组织措施。

（1）使用适宜的装卸机械，装车时应使货物的全部支承面均匀地、平稳地放置在车辆底板上，以免损坏车辆。

（2）用相应的大型平板车等专用车辆，严格按有关规定装载。

（3）对于集重货物，为使其重量能均匀地分布在车辆底板上，必须将货物安置在纵横垫木上或相当于起垫木作用的设备上。

（4）货物重心应尽量置于车底板纵横中心交叉点的垂直线上，严格控制横移位和纵向移位。

（5）重车重心高度应控制在规定限制内，若重心偏高，除应认真进行加载加固以外，还应采取配重措施，以降低其重心高度。

三、大件货物运输的基本要求

（1）在办理托运手续时，除按一般规定外，托运人必须提交货物说明书，以及装卸、加固等具体要求，在特殊情况下，还须向有关部门办理准运证。承运人应根据托运人提供的有关资料进行审核，掌握货物的具体特征，选择适合的车辆，在具备安全运输条件和能力的情况下，再办理承运手续。

（2）承运人应根据大件货物的外形尺寸和车货质量，在起运前同托运人勘察作业现场和运行路线，了解沿途道路线形和桥涵通过能力，并制订运输组织方案。涉及其他部门的应事先向有关部门申报并征得同意，方可起运。

（3）制定货物装卸、加固等技术方案和操作规程，并严格执行，确保合理装载、加固牢靠、安全装卸。装卸作业由承运人负责的，应根据托运人的要求、货物的特点和装卸操作规程进行作业。由托运人负责的，承运人应按约定的时间将车开到装卸地点，并监装、监卸。

（4）运输大件货物，属于超限运输的，应按规定向公路管理机构申请办理"超限运输车辆通行证"，按照核定的路线行车。在市区运送大件货物时，要经公安机关和市政工程部门审查并发给准运证，方可运送。

（5）按指定的线路和时间运行，并在货物最长、最宽、最高部位悬挂明显的安全标志，白天行车时，悬挂标志旗；夜间行车和停车休息时装设标志灯，以警示来往车辆。特殊的货物，要有专门车辆引路，及时排除障碍。

（6）运输费用由承、托双方协商确定。因运输大型特型笨重物件发生的道路改造、桥涵加固、清障、护送、装卸等费用，由托运人负担。

四、大型特型笨重物件运输中的安全管理

1. 受理大型特型笨重物件运输时的安全管理

承运和装卸大型特型笨重物件时，承运人提供的车辆和装卸机械，必须能保证货物在长度、高度和单件重量方面的安全作业要求。承运大型特型笨重物件的级别必须与批准经营的运输类别相符，不准受理经营类别范围以外的大型特型笨重物件。受理大型特型笨重物件托运时，承运人除了按照特种货物办理承运手续外，还应再派对大型特型笨重物件装卸、运载操作有相当经验的人员，会同托运人到货物现场，对货物与装车场地及装卸方式方法等进行实地勘察，核对落实，决定能否受理或采取一定的安全加固措施后方可受理。若遇畸形的大型特型笨重物件，应向托运方索取货物说明书，同时应随附货物外型尺寸的三面视图（侧视、正视、俯视），以"+"表示重心位置，要事先拟订周密的装运方案和运行路线，必要时应让托运方报请公安机关或其他有关部门审查后再予受理。

2. 勘察现场时的安全要求

承运单位对大型特型笨重物件的装卸场地进行现场勘察核实时，要坚持安全第一、防范为主的原则。一般应注意以下几点：

（1）认真核实货物长度、宽度、高度、实际毛重、体形、重心、包装与标志，应用皮尺度量货物最高、最长、最宽部位，细致察看货物包装或底座的牢固程度是否符合机械吊装要求。

（2）仔细勘察装卸现场及周围环境，上下、前后、左右有无装卸障碍物与其他设置。如车辆能否靠近货物、能否适应装卸机械操作，机械设施是否良好，装车场地土质是否松软或地

面是否平坦，是否需要辅垫木板、钢板或方木等。

（3）车辆通过的路面、桥涵、港口、码头等的载重负荷能力及弯道、坡道等能否适应。

3. 装卸大型特型笨重物件时的安全操作

装卸大型特型笨重物件时，不论采用机械装卸还是人工装卸，都要严格按照装卸安全操作规程，还应特别注意检查装卸工具，装卸工人要明确分工，密切配合，专人发号，统一步调进行操作。如需机械操作，应先确认起吊跨度，检查机械负荷能力是否适应，并应留有一定的安全保险系数，严禁超跨度、超重作业和违章操作。配备司索、发号人员，司索人员要做到索套绑吊稳固、慢起稳落，不得将手脚伸到已吊起的货物下方，直接去取垫衬物；发号人员负责作业现场监督指挥的工作，确保装卸货物安全。装载不可解体的成组笨重货物时，应使货物全部支重面均衡地、平衡地放置在车厢底板或平板上，使其重心尽量位于车辆纵横中心线的交叉点。如不能达到此要求，则应对货物重心的横向移动，加以严格控制。一些特殊集重或畸形偏重的货物，下面应垫以一定厚度的木板，使其在运行中保持稳定。大型物件装车后必须用垫木、蚂蝗攀、铁丝或钢丝绳固定牢固，以防滑动。特别对一些圆柱体及易于滚动的货物如卷筒、轧辊等，必须使用座架或凹木加固；装运钢板长度超过车身时，应在后栏板用坚固木垫高成前低后高状，严禁用砖头、石块、朽木做垫隔。

4. 运输大型特型笨重物件时的安全操作

承运人运输大型特型笨重物件，应携带大型特型笨重物件运输标志牌和核准证，以备路检。须按有关部门核定的路线行车，白天行车时，悬挂标志旗；夜间行车和停车休息时装设标志灯。装载大型特型笨重物件的大型专用车辆的运输，应由托运方配备随车电工、勤杂工人，携带所需材料和工具，协助车辆行驶途中排除障碍。必要时，承运方需配备专门车辆在前引导护送，以便顺利通行和提示来往车辆注意。

车辆运行应按有关部门指定的时间、路线行驶。为保证所载货物的稳定，须低速行驶。必要时应邀请有关部门在通过有关路段和桥梁、涵洞时进行技术指导。

单元小结

本单元介绍了常见的三类特种货物运输作业流程，鲜活易腐货物运输业务操作、危险品货物运输业务操作、大件货物运输业务操作。运输特种货物时，安全性特别重要，运输操作的每一环节都应符合特种货物的性质要求和法律法规。

思考题

一、简答题

1. 鲜活易腐货物按温度状况分类有哪些？
2. 鲜活易腐货物运输的特点是什么？
3. 简述鲜活易腐货物运输的作业流程和需要注意的问题。
4. 简述危险品货物的运输组织过程和作业要求。
5. 简述大件货物运输组织过程和安全管理。

二、实训题

鲜活易腐产品的市内运输方案设计与优化

【学习情境】

北京盛达物流公司位于空港物流基地，现有载重量为1吨的冷藏车3辆，接到福隆连锁超市关于鲜肉制品的运输业务，10家门店共需要猪肉、牛肉、鸡肉、肋排、进口黄鱼、冷冻带鱼、南美熟虾等肉制品3000千克。

门店分布在北京市不同区县。门店位置（订单数量）如下：

方庄芳城园2区15号（230千克）
北京市中关村南大街甲56号方园大厦（280千克）
宣武区马连道11号（220千克）
昌平东小口镇立汤路186号（430千克）
朝阳区广顺北大街16号（260千克）
北三环东路乙6号国际展览中心（410千克）
崇文区东花市南里三区富贵园购物中心（260千克）
朝阳区广渠路31号（300千克）
通州区九棵树西路48号（340千克）
海淀区中关村广场（270千克）

【组织安排】

（1）分组，每组5人，分别负责托运、承运验货、调度、运送装卸、统计核算工作，要求在一天内圆满地完成此项运输任务。

（2）小组设1位组长，根据学习资源，自主学习讨论，分析整理信息。

（3）组长做好组内人员角色分配，头脑风暴法准备并确定作业方案。

（4）展开行动并完成工作任务。

（5）教师对每个小组及学生的工作过程进行监督。

【任务与要求】

（1）托运员自主分配各门店、各品类的要货数量，填写配送单。

（2）调度员设计运输线路，组织安排车辆和人员，开具派车单。

（3）承运验货员负责单货核对，对产品质量、包装和温度进行检查。

（4）运送装卸员负责货物在途及装卸安全，填写派车单等单据。

（5）统计核算员自行设计表格，统计此次运输成本和收益。

【成果与检验】

（1）托运员填写配送单，调度员填写派车单。

（2）统计核算员自行设计表格，统计此次运输成本和收益。

（3）确定运输工具，简单说明理由。

（4）运输路线的选择和优化，说明理由。

（5）单货核对和在途安全记录。

三、案例讨论

2012年5月19日19时40分，鲁H00293槽罐车，标记吨位15吨，实际装载液氯29.44吨，加上罐体的重量约35吨，在山东驶往上海的京沪高速公路淮安段，左前胎突然爆胎，车体向左突破中间护栏冲至反向车道，右前胎又爆裂，并与对方车道上一辆装载着瓶装液化石油气的解放牌货车相撞。解放货车司机当场死亡，液化石油气瓶散落在高速公路上；槽罐车阀门破损，液氯泄漏，祸及公路旁村民。到5月21日17时，中毒死亡者27人，送医院救治350多人，疏散村民近万人，受灾作物面积达20620亩（1374.67公顷），畜禽死亡约15000头（只），直接经济损失达2900多万元。

讨论：
1. 造成本案例事故的主要原因是什么？
2. 谈谈对危险货物运输的认识。

单元七　公路运输经营模式创新

通过本单元的学习,学生应了解信息时代公路运输常见的创新模式,熟悉专线整合平台和公路港物流平台的运作模式,理解快运企业推行加盟模式的优势和劣势,了解"互联网+物流"的发展趋势。

(1) 货运平台的发展阶段。
(2) 专线整合平台的运作模式。
(3) 常见的"互联网+物流"模式。

技能点

(1) 能够分析公路港物流平台的优势。
(2) 能够比较货运加盟模式的优点和缺点。
(3) 能够结合生活实例分析众包物流发展的问题和难点。

我国公路货运业的特征除了小、散、差、乱外,还有多。美国约有1000万辆货车,经营业户数是110多万户;中国约有1450万辆货车,经营业户数约为756万户,其中90%以上是个体户。在"十三五"时期,公路货运业要解决的最大问题就是资源整合问题,这也是公路货运业的发展趋势,即集约化、平台化、标准化、智能化。

近年来,全国的专线联盟和平台公司不断涌现。菜鸟网络、卡行天下等企业打造平台模式,整合物流资源。安能物流、德邦物流等企业优化加盟模式,强化干线管控。林安物流、传化公路港等企业复制基地模式,搭建"公路港"物流平台。据不完全统计,我国各类物流互联网平台超过200家,然而,联盟或平台之路并不好走,尚处于探索阶段。与此同时,一批跟不上时代发展步伐的货运企业被陆续淘汰。

案例导入

大恩物流:转型路上的探索

变革、探索,一直是2014年物流业的关键词。整车运输企业想转零担,专线企业想转第三方,第三方物流企业想转零担……企业都在探索适合自己的路。

成立于 1995 年的大恩物流，经历了从公铁联运到行包快运、从行包快运到第三方物流的两次发展转型。目前在以杭州为中心，辐射全国的网络运输体系基础上，依托信息平台技术，大恩物流决心做第三方与第四方结合的创新物流。

湖北有大道物流，山东有奔腾物流，但是在浙江省，还没有一家网络较全、名头较响的本土物流企业。而大恩物流正是看到了这个契机，在杭州推进建设"数字物流港"时，打造杭州发往全国定时、定班、定线的运输网络体系，并与各省市物流园区联盟合作，实现双边对跑，共同解决三方物流中较为突出的落地和省内分拨集约配送问题。通过资源的不断优化和整合，逐步与第四方物流业态结合，最终建成以杭州为集散交互中心，外联省际、内接省内的分拨、运输、配送的完整服务网络。

大恩物流打造这个网络化运输体系，具有以下优势：一是大恩物流有自主产权的"数字物流港"，可以提供配套的操作处理场地及仓储资源；二是大恩物流可以帮助合作伙伴提供整个浙江省内无盲区配送服务；三是大恩物流作为一个颇具规模的三方物流公司，可以提供稳定的回程货源；四是由大恩物流自主开发的物流综合服务信息平台，可以提供标准化和个性化的信息服务和辅助管理功能。

以上几个方面都能助力大恩物流与合作伙伴之间形成一种共享、共谋、共赢的合作模式。以大恩物流和河南黑豹物流合作为例，黑豹物流拥有整个河南省内的配送能力，大恩物流发往河南省的货物与黑豹到浙江省的货物可以相互交换满足双方干线运输和省内落地配送的服务要求。这样合作的好处是显而易见的，一方面黑豹不必再花大精力和不菲的资金在浙江布网，只要开一条到大恩数字物流港的专线把货交给大恩物流就可以了，同时还能配到大恩物流的回程货源。而大恩物流在河南拥有了一个紧密、稳定的合作伙伴，不用再担心运输时效和最后一千米的服务问题，可以推动大恩物流在第三方物流领域的发展。省际合作如此，省内合作也是如此。目前在杭州周边 150 千米范围内，大恩物流可利用自有车辆直接配送，确保了运作效率和服务品质。

可控的运输体系、行业经验和专业化服务能力始终是第三方物流所要坚持锻造的核心能力。大恩物流坚持一手抓打造网络化运输体系，将专线资源与第三方物流功能融合，一手抓提高专业能力，在深度合作的行业客户里选出一个做产品延伸，探索供应链物流。

（资料来源：http://www.chinawuliu.com.cn/xsyj/201407/17/291864.shtml）

项目一　货运平台模式

随着移动互联网技术的普及，共享经济理念的盛行，单个运输企业内部的成本与效率已经优化到一定高度，而企业之间的协同效率却有待提高。伴随着经济"新常态"的到来，实体经济发展放缓，我国公路货运中普遍存在的车辆利用率、运费结算、单货交接标准、零担货物配载等方面的问题，直接导致物流效率低下，物流成本高昂。"十二五"时期，我国物流企业通过技术创新、管理创新、组织创新，整合优化物流资源，电商、零担、快递等相互渗透，新的商业模式不断涌现。

任务 1　货运网络平台的发展

货运网络平台的发展一般要经过三个阶段：联盟阶段、网络阶段和平台阶段。

1. 联盟阶段

网络平台的联盟主要是以专线联盟或区域公司联盟为主,目前处于这一阶段的平台公司非常多。联盟主要由若干个志同道合的专线或者区域公司在一起,有的会配置一些主要线路,确保从一个城市发往全国的线路能够做到基本覆盖,合作可能会逐步增多,但并没有形成,只是从一个点向全国发散。2014 年 1 月,由武汉大道物流牵头,十堰市恒通物流、十堰亨运集团物流、西安华中快运、武汉鑫安达物流、武汉通宝货运、武汉北方鸿汉物流、京展物流武汉公司、武汉长洪物流、武汉佳运通物流、武汉双丰安捷物流等 11 家物流企业共同响应成立了华中大道快运联盟,一年时间已建 107 个网点。

在联盟的阶段,成员之间会有简单的运输交易,也就是相互换货、共同销售。比联盟销售更进一步的,就是有信息系统支持的交易,很多联盟做到交易都很顺利,但统一到信息系统的时候,因为每家公司使用的系统各异,就会出现排斥现象,这是联盟阶段的特征。

2. 网络阶段

在单点线路配置和信息统一完成之后,就会进入到网络化阶段。从单点配置到多点复制是网络化的基础。信息系统需要从简单的专线使用,变成可以跨联盟交易,整个的信息上下游全部打通,必须升级信息系统。在并网的过程中形成网络,所有的成员使用相同的系统,系统是可以自主选择在网络里交易的成员,而且跨联盟、跨区域。当一个成员或者一个加盟网点发货的时候,货物定单可以跨联盟、跨公司协同运作,而对客户而言,感受的货运服务却是一体化的。网络化后,可以实现专线货物到枢纽站点的共同配送,统一对接一个标准的配送网络,可以有效地降低配送成本。

3. 平台阶段

平台跟网络不同,平台更注重的是生态环境。从接单开始到装车、发车、在途,客户、上下游平台成员可以共享所有数据,平台上积累的数据结果就是时效排名、价格排名、质量排名、服务评价等。银行根据专线的运营数据以及交易数据,能够按照固定的比例配置贷款,平台因此可以延长应收货款结款周期,进而吸引更多的客户。

从区域的联盟,通过信息化形成一个区域网络,通过异地复制、数据收集,形成全国交易的平台,通过对接外部,让专线不具备的资源对接到平台上来,形成大的生态,应该是网络平台公司发展的基本路线,其发展势头被广泛看好。民营合同物流的领头羊——宝供物流在 2014 年 12 月正式宣布全面转型,同时启动快运平台和一站网两大平台,前者定位为多模式运营的公路快运平台,后者定位为 1000 亿级的车货匹配平台。

任务 2　专线整合平台

公路运输平台主要分为公路货运自营型和公路货运平台型两种,公路货运自营型是指货运企业自身参与并从事一系列货运活动,公路货运平台型是指经营公路货运平台的主体自身不从事或从事很少一部分货运活动,主要为入驻的货运及相关企业群体提供服务。

在当前中国的货运市场,"专线"物流公司数量巨大、规模微小、管理落后、利润微薄,但承担了全国 95%以上的公路货运量,在特定线路上运货速度比拥有全国网络的零担巨头更有优势。面对 4000 亿元规模的庞大市场,面对充满挑战和机遇的经济环境,卡行天下公司在整合专线资源等方面进行了积极的探索和实践。

1. 专线平台的代表——卡行天下

卡行天下是一家为中小物流企业提供服务的交易网络平台。在线上用信息系统连接物流需求主体，使成员在系统内交易、结算、监督、评价；线下建立城市物流节点，利用社会运力，建设全国运输网络，以线下网络支持线上交易，并融合手机 App、金融扶持、保险理赔、卡车服务、培训支持等产品，与物流各载体共同构建行业生态圈，推动中小微物流企业发展，担负起助力全产业链健康发展的社会责任。

公司的理念是通过卡行天下组织集合众多小微专线物流公司，实施完全信息化与标准管控，编织建设覆盖全国的公路集约化运输网络。为物流需求者提供标准化的、可视化的、高性价比的运输服务产品。目标就是致力于通过标准化、产品化、信息化，实现公路运输的集约化整合，建设中国最快、最稳、最透明的公路运输网络，全力打造中国物流服务第一品牌。

良好的发展势头吸引菜鸟在 2014 年 5 月入资卡行，这是继钟鼎创投之后卡行获得的又一轮融资，卡行平台模式顺应行业集约化、信息化发展的趋势快速布局全国。截至 2015 年 8 月，卡行天下的全国枢纽中心已经达到 47 个，枢纽园区 23 个，加盟网点和加盟专线公司接近 5000 家，城际直发线路约 5000 条，平台交易运单量和货量激增 10 多倍。

2. 专线平台的优势和运作模式

卡行天下商业运作模式如图 7-1 所示。

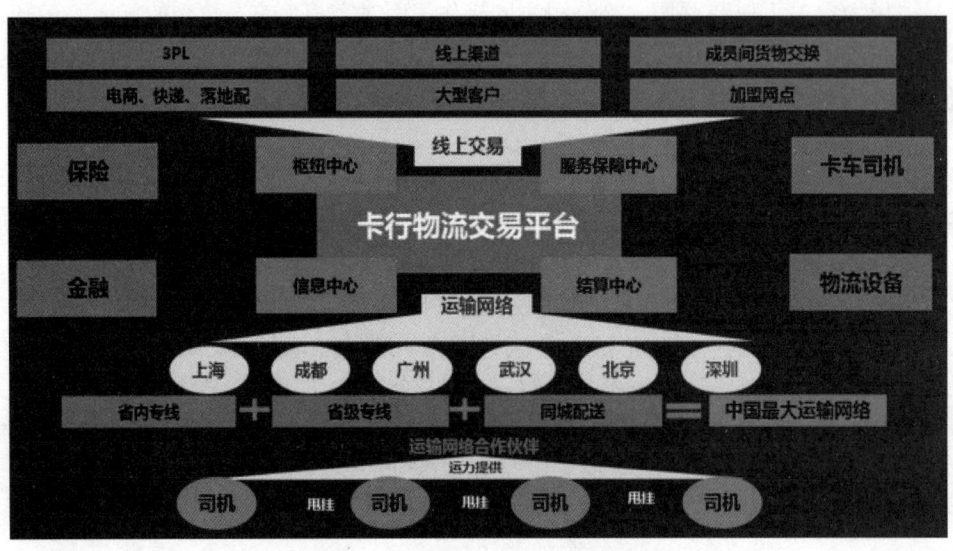

图 7-1 卡行天下商业运作模式图

卡行天下的运作优势在于以下几个方面：

（1）创造共同的物流品牌。卡行天下的商业模式是一种自下而上的整合，首先线路独家运营、共享服务品牌，进而打造产品品牌、执行服务标准，最终发展合作伙伴、销售服务产品。卡行直通车是卡行天下与专线公司共同打造的开放式品牌，为所有专线共同拥有，将物流服务标准化、产品化，强调运输服务的稳定、可靠，以及对客户的承诺。通过进一步细分用户需求，卡行直通车还分别推出标准系列和精准系列服务，其中，标准直通车定日到达，突出稳定、可靠，以区别其他专线；精准直通车定时到达，突出精准，以提高发车利润。卡行天下就是要把众多个体的、分散的、小规模的货运企业整合起来，形成一个统一的品牌。

（2）建立统一的信息平台。卡行天下致力于把供应链管理体系引入到标准化、信息化、集约化，运用领先的物流信息管理平台，把生产企业、物流企业、区域配送及货运代理企业进行完美的链接，按不同企业的需求串联起来，用同一信息系统把信息流、货物流、现金流在同一信息平台上管理实施，通过成员中推行标准化运营服务，使物流产品能够达到一个统一的标准，从而对客户的需求和运营资源进行完美的整合。

（3）建设点线结合的模式。卡行天下以枢纽园区为网络节点，选取最优秀的专线公司加盟，形成点和线的网络搭建，省内外的无缝对接。完美实现公路运输整合与运输节点管理。以成都为例：以成都为中心，建立枢纽节点——卡行直通车园区，形成标准产品，打造优质运输网络。在四川省内，拓展揽货网络，集货至成都枢纽节点，出港货物由省际卡行直通车运输网络完成运输。全国返川的回货，集货至成都枢纽节点。到港货物由省内卡行直通车网络班车完成运输。为物流需求者提供了一份既节省成本，又能保证准时、安全交付的高品质递送双向解决方案。

（4）制定规范的操作标准。卡行天下打造的是一个品牌共享、标准统一、整合销售的"标准化专线商城"，公司理念是"只做标准物流"。通过标准化管理和信息技术打造的产品，将千千万万不标准的小专线打造成大网络，给整个专线行业带来全新的标准体系和组织模式；通过输出品牌和管理，带动中小专线企业的服务水平、盈利能力的提高，最终形成一个共生多赢的商业生态系统。

卡行天下采用了聚沙成塔的理论对中小物流企业进行再整合，而整合后的成员则全部采用卡行直通车的运作标准，即统一的标准、统一的流程、统一的时效、统一的结算，用直通车的标准来提高所有成员的操作能力，打造一个优质的运输网络。运作标准具体包括形象标准化，即统一装修、统一制服，所有门店内外形象统一，为广大客户打造物流行业内便捷舒适的门店环境。服务标准化，即24小时客服在线服务，可通过网络、电话随时查单；流程标准化，指运用卡行天下统一的可视化网络管理平台，系统内完成下单、在途、末端配送全程跟踪，每个岗位员工按照卡行直通车岗位规范标准操作；价格标准化，指运价透明、末端配送费统一，无任何隐性费用，保护客户的利益，为中国物流企业树立了诚信经营的榜样。

任务3　公路港物流平台

中国卡车日行里程平均为300千米，只有欧美的1/3，平均下来相当于每个中国卡车司机每天只跑不到3个小时。但公路运输占整个中国物流运输的比例高达77%，由于公路枢纽共享平台和物流信息系统的缺失，整个公路物流运行效率低下。中国公路市场集中度低，德邦物流、佳吉快运、天地华宇、新邦物流排名前四位的第三方物流公司，所占中国物流市场份额不足2%，而在美国，排名前五位的物流公司所占市场份额超过60%；运力非常分散，拥有5辆车以上的企业数量仅占2.2%，拥有车辆的主体仍是个体司机，中小型车队还不是拥有车辆资产的主流，物流流通信息更加支离破碎。这意味着运力整合的难度更大。

1. 公路港平台的代表——传化公路港

传化物流是国内领先的公路物流平台集成服务商，紧紧围绕"物流价值链"与"增值服务价值链"，致力于构建"中国公路物流网络运营系统"，通过"互联网物流平台网络"和"公路港共享平台网络"的互联互通，系统性解决中国公路物流短板问题，提升公路物流效率，降低公路物流成本，打造以"物流+互联网+金融服务"为特征的中国公路物流新生态，成为公路货运平台的标杆企业。

早在 2003 年，仿照美国第一大公路运输企业罗宾逊"无车承运人"的运作模式，传化物流建成杭州公路港，在全国首创"公路港物流服务平台"模式，解决"货找车，车找货"等信息不对称问题，实现"物流+信息化"的创新；2005 年起，在成都、苏州等地进行模式复制。2013 年 6 月，国家发改委、工信部、国土资源部、住建部、交通运输部五部委肯定了"公路港"利用实体和信息平台的做法，要求推广传化"公路港"物流经验，成为传化物流全国布局的转折点。目前，已在全国 17 个省会城市，50 余个枢纽级地市，合计初步签约或接洽了 70 个左右的项目，在浙江、四川、山东、江苏、福建、重庆、天津、黑龙江、吉林、河北、贵州等 11 个省市进行了全省网络布局，以"物流+互联网+金融"的创新模式，再次引领行业发展新趋势。预计到 2022 年形成全国性的公路港网络，建成具有 10 个枢纽以及 160 个基地的全网布局，合计 170 个公路港。

2. 传化公路港的运作模式

（1）以构筑实体平台为载体，将物流企业和社会车辆纳入到平台，形成一个分工明确、组织化运作的大型物流"联盟体"，使"物流企业创业发展难、工商企业物流业务外包难、社会车辆停车配货难"等问题得到有效解决。

（2）以信息化为依托，通过实体平台和虚拟平台的有效结合，建立诚信体系，为物流供需双方提供便捷、安全、高效的"车货匹配"交易平台。

（3）以综合服务为保障，为物流企业、社会车辆提供一站式服务。公路港上搭建了三大网络平台：易配货、易货嘀和运宝网。其中，易配货是物流信息交易平台，打造以配货为功能核心、以支付为赢利点、以增值服务扩展功能的全国运力平台，是长途司机服务第一入口。易货嘀为同城货车店招平台，提高中国物流运输"最后一千米"的效率。运宝网则连接货主、承运人、实体平台，提高物流效率，降低物流成本和提升物流服务体验，构建物流生态圈。目前，这三个平台上注册的司机会员达 70 万人，开店会员即物流企业有 2400 家，发货社区运宝网运单流量超过 300 亿次，实现"人、车、货"高效对接。

公路港的盈利模式清晰，包括司机会员年费、竞价排名广告费、撮合交易提成、运单保险、小额贷款，团购收益包括保险团购、卡车团购、加油卡团购等。大数据增值盈利包括优化配载服务、运价指数应用、物流企业征信应用等。

3. 传化公路港的优势

传化公路港具有集散、配送和中转货物的功能，据测算，可整合、指挥、调度所在地区 85%以上的货运信息和 80%以上的运力需求资源，配货时间从 72 小时降低到 6~9 个小时，平均降低工业企业运输成本 40%，降低一半货车返程空载率，每年就可以减少空载里程 3.9 亿吨千米，节约柴油 5900 多万升，减少碳排放 19.2 万吨。以成都传化基地为例，集聚 2000 多家中小微物流企业，服务制造业和商贸企业 50000 多家，整合大西南 85%以上的货运信息，进行系统运营调度，最终为城市降低物流成本 25%以上，每年减少二氧化碳排放 10 多万吨。

除了交易大厅，公路港还包括停车场、仓库、司机旅馆、供车辆维护的加油站、汽车维修中心等设施，为货主企业、物流企业及个体货运司机等公路物流主体提供综合性物流及配套服务，共同形成"高效的货物调度平台""优质的货运生活服务圈"以及"可靠的物流诚信运营体系"，发展公路物流 O2O 全新生态。

在传化公路港平台上，每一个发货方、每一辆承运车辆、每一名货运司机都经过实名认证、资质审核；每一张承运订单的货物数量、运费金额、行驶路线、准点到达率、信誉度，甚至货运司机的住宿、饮食、购物习惯等消费痕迹都会产生数据标签。通过数据的积累和分析，不论是货主、物流公司，还是货运司机，其发货规律、运输能力、诚信度等信息都一目了然。随着物流大数据运营体系的构建，物流诚信运营体系自然形成。传化三大服务平台中都设立了生活服务选项，餐饮、住宿、休闲娱乐等各种信息一应俱全，能够为货运司机的运费担保、账务结算以及吃、住、行、购、娱等系列需求提供一卡通服务，为货运车辆的停靠、维修、加油提供一站式服务，实现专属于货运车辆和货运人的优质移动生活圈，催生一个以全国 3000 万货运司机移动消费为基础的万亿级移动消费市场，这是传化公路港平台的又一大优势。

项目二　货运加盟模式

传统物流企业近年来普遍面临市场竞争加剧、行业整合洗牌、互联网冲击等压力，而电商崛起引发的物流需求更是给行业带来挑战和机遇，迫使各大物流企业尝试转变经营模式，通过诸如特许经营、加盟连锁等方式加速扩张。2015 年，三大零担物流巨头天地华宇、德邦物流、佳吉快运开始布局加盟模式，虽然都在开展加盟，但零担物流与快递企业的加盟模式不同，在细节运作上也有所区别。

任务 1　特许经营模式

1. 特许经营的代表——天地华宇

华宇物流创立于 1995 年，是最早将网络覆盖全国的零担物流企业；2007 年被荷兰国际快递物流巨头 TNT 全资收购后，更名为"天地华宇"；2013 年，中信产业基金入主天地华宇，由此迈开了二次腾飞的步伐；2014 年，天地华宇集团对如风达进行并购，全面打造仓、干、配一站式综合物流平台。目前，天地华宇拥有中国最大的公路运输自有网络之一，覆盖全国约 600 个城市超过 2000 个网点，形成了运输网络通达全国的物流网络。

物流行业经过 20 年的发展，传统的直营开店拓展网络模式，已经跟不上市场竞争所需要的发展速度，应该通过社会化的力量快速布局市场，网络覆盖度将成为未来物流行业竞争的关键。从创立开始一直坚持走直营模式的天地华宇，在 2015 年 9 月，正式对外宣布将全面推进新特许经营战略，引入特许经营模式，计划未来 3 年新开 3000 家门店。

2. 开展特许经营的基础和挑战

顺应电商物流日益强烈的需求趋势，天地华宇的网络将以区域核心的直营店为中心，开始辐射区域周边的特许经营店。依托强大的股东背景、全国性网络、运输队、高端零担服务定等过硬的实力，并以品牌溢价为支撑提供良好的商业信誉等优势，天地华宇正通过特许经营开拓网络覆盖的宽度及深度。天地华宇的特许经营，是与直营并存的模式，这种创新的混合模式由天地华宇首创。

不仅仅是天地华宇，一向采用直营模式的佳吉物流也开放了特许加盟。在业内人士看来，这些物流公司经过数年发展，目前在一线城市已经牢牢控制，并且不断深耕，而在二三线城市，其布局偏弱，而二三线门店的放开，则是对其自身服务的延伸，也是换一种方式在对品牌进行宣传。此外，开放平台还可以缓解企业扩展带来的资金成本压力与现金压力，增加部分线路的货量，带来运力的满载和运力的扩张，实现运力的规模化。有分析指出，直营门店面对的主要成本就是不断上涨的租金，一旦单店产值达不到盈亏平衡，对于企业来讲就是致命的打击。现阶段来看，借助外力快速发展的是高效的，数据显示，近3年来，天地华宇的门店增速为10.3%，而走加盟模式的安能以及百世则分别达到了590%以及400%。

开放加盟会对物流企业带来新的挑战和影响，主要体现在三个方面：①增加了管理难度；②品牌价值或出现降低；③核心技术、管理模式或出现流失。值得一提的是，目前诸多加盟模式的发展，更多放开的是门店、揽货和到货服务，并未涉及放开线路的所有权和运营的所有权。这就意味着线路涉及的诸多利益、运力、枢纽的转运等还是掌握在企业手中。

龙头快运企业陆续开放加盟，将对行业里原有加盟模式的企业带来冲击。一方面，将压缩原本就是加盟模式企业的市场份额，直营物流企业一般信誉度较高，在其发展特许经营初期，具有较大优势；另一方面，或进一步加剧价格战，特许加盟模式能够降低快递企业的运营成本，不排除其出现降价可能。降价将对原本就是加盟模式、走低价路线的企业造成较大压力。

任务2 事业合伙人制度

1. 事业合伙人制度的代表——德邦物流

德邦创始于1996年，初期主营国内公路运输业务，致力于成为以客户为中心，覆盖零担、快递、整车、仓储供应链等多元业务的综合性物流供应商。经过19年的摸索，德邦建立了一整套完善的标准化制度，门店开设、店面环境、服务内容、运输管控、线路铺设等，建立了严密完善的标准化体系。这一套标准化管理体系，成为德邦重要的核心竞争力。

截至2015年9月，德邦已开设5 600多家标准化的门店，服务网络遍及全国，自有营运车辆有9 600余台，全国转运中心总面积超过121万平方米。德邦物流一直是以庞大且高效的直营系统区别于快运行业内的同行，而且直营系统一直被认为是管理更为高效、估值相对更高的模式，因而目前众多从加盟体系发展起来的快递公司纷纷转向加强直营体系，或采取"直营+加盟"的双重模式，恰在此时，德邦物流反其道而行，在即将上市前期突然宣布开始启动事业合伙人制度。

2. 推行事业合伙人制度的基础和挑战

2013年底德邦正式上线快递业务，明确定位于3~60千克的大件快递，且保证能送货上楼，与老牌快递巨头的另一个差异点在于服务，德邦快递员会在收货时主动询问客户是否需要加固包裹，在送货时则会先用随身携带的毛巾把包裹擦干净，再递给客户。面对快递市场的一片红海，德邦快递在网点数量、覆盖率等关键指标上与竞争对手相比仍有不小差距。

2015年8月，公司推出"德邦事业合伙人计划"。这项计划是以德邦快递为主导，以"蓝色梦想，创业在德邦"为理念，推出的面向员工、员工亲朋及社会意向合作者的全新创业模式。根据事业合伙人计划的战略部署，德邦将长远目光聚焦在目前网络暂未覆盖的中高潜力区域上，开放快递以及部分区域的快运双业务，以期实现互利共赢。德邦"事业合伙人"的模式创新，是基于对市场变化及客户需求的全新解读，全面响应政府"大众创业，万众创新"号召，通过德邦这个平台，让事业合伙人各展所长、各取所需，并进行正规、专业的培训管理，进而构建一个巨大快递物流生态圈。

为了计划的顺利实施，德邦将推出创业无忧支持，主动为事业合伙人提供三大支持：金融支持，德邦为合伙人提供贷款等全方位的创业资金支持；培训支持，从理论与实际操作方面进行免费的、最专业的培训支持；装修支持，提供多种门店装修标准及施工支持。

德邦"事业合伙人"制度，不是一般的加盟制。德邦招募事业合伙人是一种经营模式的创新与变革，也是德邦灵活的企业战略和经营方式的体现。稳健的直营模式再加上灵活的事业合伙人模式，不仅可以帮助德邦在保证服务品质的同时继续领跑市场，而且可以快速满足客户对于物流高效、精准的诉求，从而实现双赢。

随着行业的不断规范，市场竞争环境更加良性，直营加事业合伙人的组合能更快速适应当前国内的互联网经济时代。当前快递市场，并不是大鱼吃小鱼的时代，而是快鱼共同协作实现共赢的时代，通过德邦直营网点的骨干，带动遍布千县万村的点，为消费者提供一张"网"的服务，最终实现与事业合伙人的共赢。传统物流企业推出特许经营，同时也面临风险和考验。一是管理上能否达到统一标准，如果分店做得不好，可能会影响公司的口碑和形象；二是地方经销商做大后，容易产生脱离公司管理的倾向等。

项目三 "互联网+物流"模式

"十二五"时期，国务院出台"互联网+"行动指导意见，云计算、大数据、物联网等信息技术与传统物流业态深度融合，带来物流领域的深刻变革。云计算服务为广大中小企业信息化建设带来福音，嵌入物联网技术的物流设施设备快速发展，车联网技术从传统的车辆定位向车队管理、车辆维修、智能调度、金融服务延伸，大数据分析帮助快递企业预测运力需求，缓解"双11"等高峰时期的"爆仓"问题。2015年，由菜鸟网络牵头，国内主流快递企业全部普及使用电子面单，快递基础业务的信息化管理水平进一步提升。

任务1 众包物流

1. 众包物流的兴起

在智能手机和移动互联网普及、LBS定位服务成为基础、O2O商流大势汹涌之时，众包物流随之兴盛起来。

传统电商配送的都是标准化的物品，集中在仓库中统一发货，消费者对物流的时间要求并不太紧迫，一般都是以"天"为单位来计算，现在传统电商为追求物流的高时效，纷纷推出次日达甚至即日达。对于O2O电商来说，货品已不再是包装好的标准品，而是诸如外卖、生鲜、蛋糕、鲜花、药品等包装并不规整、库存分散（分布在不同的商家店铺内），并且具有即时消费特征的货品，这就对配送的时效性有更严苛的要求。一般来说，O2O货品的配送时间往往是以"分钟"来计算的，从这一角度看，O2O最大的痛点就在于物流，它甚至成为决定O2O成败的第一要素。

在O2O商流兴盛的前提下，消费者订单的高频、短距、优质，乃至个性化、定制化的要求，是顺丰速运、京东配送的自建自营模式，或者"三通一达"的加盟模式远远无法满足的，物流力量社会化成了一个不错的解决方法，众包物流因此兴起。

2. 众包物流的基本含义

众包物流最早由共享出行模式鼻祖Uber推出，Uber认为互联网专车的运输对象不应仅局限于乘客，应将物流也纳入业务范畴以内。众包物流，就是将原本需要职业快递员完成的工作，转交给大众群体来完成配送。其业务场景是通过众包平台联系众包配送员以及发件人，发件人通过手机App终端发布订单，并写明地址、联系方式、货品名称等信息，众包配送员可通过抢单并最终完成整个物流链来获得报酬。

众包物流跟基于传统电商而起的 C2C 物流或 B2C 物流在时效要求上有很大不同。所有涉及众包物流的创业公司都非常强调配送效率。比如人人快递宣称以最快速度"解决最后一千米的配送难题"，达达致力于快速解决"本地商户的最后 3 千米配送"问题，京东到家承诺 3 千米之内"实现 2 小时快速送达"等。

众包物流是共享经济产物，比较有代表性的是同城众包，如达达、人人快递、京东众包等众包物流企业。从市场份额来看，目前市场份额最大的为达达。达达成立于 2014 年 6 月，随着饿了么、美团等 O2O 外卖市场的兴起而高速发展，达达采用众包模式为商家提供第三方配送服务，将订单从商家送到用户手中。众包物流模式成本低，可复制性强，正处于野蛮生长的状态。2015 年有的企业自建配送队伍，如"风先生"，也有把每个人都变成快递员的达达、人人快递，同时还有 O2O 大公司的陆续入场，如饿了么、"蜂鸟"、京东众包、美团众包等。除了针对同城短距离间的外卖、生鲜、日化用品等品类的高频配送，众包物流模式现在也被越来越多地用在同城货运（包括大件货品，比如上门搬家、建材运送等）和跨区域长途货运上，比如试图打造同城货运供应链的云鸟配送。

3. 众包物流发展面临的难点

目前来看，众包物流的主要问题是信息不完整、服务缺乏标准化、资源浪费严重、效率低下等。众包物流的未来看似可观，但它所需要的大数据运算以及风险控制能力目前并没有一个有效的解决方案。火热一时的人人快递，因违反法规以及容易泄露用户信息等问题，导致多地快递业务被叫停。众包物流的发展之路，也少不了法律法规的规范。

从监管方面来看，快递人员从业资格门槛太低，资质参差不齐。绝大多数众包物流平台对于兼职快递人员，仅仅只是要求有一部智能手机，年满 18 岁，时间自由即可，培训后上岗并不能很好地保证物流过程中的服务质量。同时由于兼职快递人员人数众多、不固定、位置分散、没有合同的约束等问题，非常不利于统一管理，配送力的持续性无法得到保障。另外，面对没有统一着装和专门车辆的快递人，安全方面的担忧在所难免。众包物流模式由于监管力度不够，一些混迹在其中的不法分子完全有可能私拿顾客贵重物品，甚至在上门送货的时候，对收件人造成伤害。诸如此类问题会导致整个行业体系的混乱。

从企业管理方面来看，众包物流在运行中可能出现如下问题。第一，企业虽然可以利用一部分闲置的人力资源来进行快递配送，但是却没有做到合理配置。物流件轻重不一，配送要求也不相同，这样对于配送人员来说有失公平，容易流失配送的人力资源。第二，面对任务不同的物流件，也可能产生配送人员"挑货"的现象，长此以往就会失去客户。第三，闲置人力资源并没有一定的标准性，如果在一个空白时间段内，顾客的需求没有被满足，如何补救也是企业应该提前做好制度防范的。因此，众包模式虽然比较理想，但实施起来仍然有一定困难，处理好运行中的监管、安全、法律法规以及诚信体系等问题则是各大平台亟须努力的方向。

4. 企业实践推行众包计划

（1）国外众包项目。据了解，美国亚马逊为了减轻自身物流方面的成本压力，正在尝试开发新应用让人人成为快递员。它在美国的众包配送业务系统现已搭建完毕，现在或已启动。之前，亚马逊曾跟 Uber 合作，让司机们用自己的碎片化时间，顺手运送包裹，每件给 5 美元，但因 Uber 本身也着手做众包物流业务，合作很快就停止了。Uber 所推出的项目叫"Uber Everything"，该项目包含 Uber EATS 和 Uber Fresh，两者都是司机顺路向客户提供 10 分钟内送餐服务，它还同时提出一项名为 Corner Store 的众包配送业务，即向客户捎带一些包括紧急药物、尿片、牙刷等在内（超过 100 种）的便利店商品，目前这些服务已在美国和欧洲多个城市推行。

（2）国内专业众包项目。众包配送的好处就是利用社会人力资源，尽可能地降低物流配送成本，因为在理论上社会人力资源是取之不尽的。不过，这一模式的缺点在于服务质量不可控，尤其是在异常天气和异常量的订单情况下，社会众包配送员不能及时响应服务。

菜鸟网络 2016 年初宣布启动专业揽件众包计划，联合百世、天天、德邦、指尖、财神到家、快递兔 6 家速递服务企业达成众包合作，在北上广深杭 5 个城市提供服务。相比大量招募普通人成为快递员，6 家速递服务企业的 20 万名快递员将逐步注册菜鸟裹裹提供服务，更倾向于先让专业快递员提供众包服务。"正规军"兼职众包物流在服务质量、及时响应、准确性和安全性等方面会优于普通众包，但如何让专职快递员平衡快递公司与众包平台的派件，最终涉及如何平衡快递公司与菜鸟网络的利益，是尚需进行系统设计并在实践中进行修正的问题。

任务 2 货运 App

1. 货运 App 的产生背景

据交通部运输司最新数据显示，物流行业有 700 多万户小微物流公司和 2000 多万名货运司机，由于信息不对称，每年有高达 600 多亿元的信息费支出，大量时间浪费在等货、配货上，并且回程空放现象严重，车辆有效利用率不足 50%。

目前充斥市场的 200 多款货运 App 的涌现似乎为国内车货匹配的顽疾开出一味良药。与此同时，货运 App 的盛行在一定程度上预示着公路运输在发展之路上迈出了拥抱互联网的第一步。

2. 货运 App 的主要类型

目前国内各类货运 App 除了界面不同外，功能几乎没有太大差别。货运 App 的构建主体，从互联网跨界者，到物流园区经营者，再到快递物流运输人、车企，不同构建主体推出的货运 App 运营侧重点亦有所不同。有以车联网综合服务为重点，也有偏向于车货匹配，还有提出多维度货运匹配服务，体现出各自企业独特的管理运营思路。

（1）物流园区方推出的车货匹配软件。这类 App 主要依托园区资源优势将线下信息优化转移到网络，典型代表为传化的易配货、林安的我要物流、天地汇整合物流园区推出的 i 配货等。传化公路港的易配货平台已在上文阐述，此处不再赘述。

（2）网络科技公司推出的货运 App。比如货车帮、运满满、罗计物流、好多车、物流小秘等，它们所采用的都是平台策略，解决的也都是车货匹配问题，即将社会闲散的货运运力跟货主未能满足的运货需求结合起来。

罗计物流智慧平台的 App 由最初的骡迹物流衍生而来，是典型的由网络科技公司运营的货运 App，罗计物流在货物与车主之间属于多维度匹配，除了基于地理位置的距离匹配，还有路线、时间、载重等多维度匹配。

截至 2014 年 9 月底，货车帮拥有 16.7 万家物流企业用户，65 万台中长途货运车辆；截至 2015 年 1 月，物流小秘累积注册认证用户超过 8 万人，日均用车订单超过 4000 单；罗计物流 App 平台现有司机端客户 125 万人，货主端客户 112 万人，日货源数达到 12 万条；2015年，运满满呈爆发式增长态势，平台现已汇聚 350 万名司机、50 万名货主，是干线货运 O2O 第一品牌，并在第十三届中国互联网经济论坛上荣获"2015 年最佳货运 App 奖"。由此可见，市面现有的货运App汇聚的用户数还是远远低于全国范围内3000万名货车司机的数量的。

（3）车企依托运输车辆推出的货运App。例如陕汽的车轮滚滚，东风汽车推出的快召货车是较为典型的案例。

（4）快递物流公司打通线上线下推出的货运App。比如汇通天下发布的G7货运人等。G7货运人是以车库和人脉为核心的在线运力采购平台，帮助用户把线下外协运力、合作伙伴搬到线上。

由于物流行业范畴广，市场格局分散程度非常高，再加上整个流程比较长，流程的规范化程度不够，而且传统的物流企业信息化程度非常低，因此在货运App领域，一家独大基本上不大可能，未来市场或许会趋于细分化。

3. 货运App推广面临的问题

在物流行业，货源和货车司机是最基础的核心资源，而货源是公路运输中的最紧缺资源。要赢得用户，吸引更多车货资源，拥有市场主导权，需要解决的不外乎诚信与支付体系两个层面的问题。物流诚信包括货源、车辆、交易确认等方面的真实性和透明性，只有从这些环节保证真实有效的诚信度才能赢得用户的信赖并提升黏着度。支付是用户最根本的利益所在，目前最为常见的支付交易有打卡、头付30%、尾结清，货运App要确保支付安全，选择线上交易还是线下交易是关键，为终端用户提供一套合理、安全、可靠的支付交易体系才是根本途径。

在推广货运App时，公司可以选择从司机入手或者从货源入手。比如货车帮曾试图从货车司机端切入，但最终以亏损告终。因为无法抓住货源，货车帮将对司机失去价值。货车帮改变方向为由货源入手，先整合货源，再整合货车司机，最终通过互联网完成匹配。但在货源端，货车帮并非直接面对货主，而是各个地区物流公司的物流信息部门，这些物流信息部门是货车帮的会员。货主一般是先将货物送到物流公司，物流公司可以将不同货主而又运往同一或相近地点的货物整合成一车，然后将信息发布到货车帮的平台上。目前货车帮只是提供信息服务，并未介入交易环节。货车司机在平台上找到适合的货源方后，仍然需要通过电话等方式进行沟通，包括运费的定价、后续的结算也是在平台之外独立进行。对于平台而言，这种模式的风险是一旦出现货源方失约或者货车司机"跑单"（私吞货物）情况，平台的信用就将荡然无存。货车帮建立了一套完整的诚信体系，比如，一旦发生货源方失约，司机空跑情况，平台就将首先赔付司机500元，然后再向货源方追诉；如果是司机跑单，平台也是先赔付货源方30万元，然后向货车司机追诉。

货源信息真伪、支付信誉等安全问题是货运App难以打开终端用户心扉的症结所在，这说明货运需要解决的不仅是线上的信息对接，更需要完善的是市场监管机制。

▲延伸阅读

智能物流新时代

智能制造环境下，物流迎来了新时代。仓储系统实现了多元化和智能化，智慧机器人系统释放人的双手，出现很多创新，拣选系统主要是实现人机结合，智慧装车系统使装车环节实现智能化。

1. 智能仓储系统

自动化立体库由堆垛机、货架、输送线组成，现在智能制造项目要求具备80%的国产化率，因此需要民族品牌，要吸取国外先进经验和技术，自主研发核心设备。例如，很多小工厂需要上立体库，但建筑高度只有 7 米，很高的机器人不经济也不适合，可以由堆垛机配合穿梭板来实现，不用重新建库房，只需要原有的库房做升级。对于货架，很多企业只用于存储，不需要全自动，有很多移动式的货架，可以设计水平旋转货架、垂直水平货架，针对零部件等可以研发 MINILOAD 系统来做存储，实现高效进出。

2. 智慧机器人

智慧机器人中，AGV 是智慧工厂用得最多的产品，应用前景非常广，现在不只用来搬运，可以在 AGV 上放机器人，好处在于柔性，可以和其他设备共用线路，自动避让障碍，安全性强。

自动装箱机器人。在发货前需要大量装箱作业，自动装箱机器人就很好地解决了这一问题；自动码垛机器人，近几年，用得最多的是码垛机器人，现在 90%的客户实现了全自动码垛；分拣机器人拣选系统，线边库存储，一个机器人代替一个人，存储系统和机器人是自动关联的；在化纤行业应用比较广的是搬运机器人，机器人可以移动做全自动搬运。

3. 智能分拣系统

最早的分拣系统引用德国的较多，现在根据分拣效率不一样，产品重量大小不一样，选用的类型也不一样。摆臂式对箱子尺寸要求不那么严格，而且分拣准确性高，效率也很高，最大的可以做到 8000 件/小时，进口的可以做到 10000 件/小时；交叉带分拣机国内有很多成熟厂家，分拣效率在 10000 件/小时以上。

4. 智慧拣选系统

多层穿梭车在电商行业用得比较多，但实际上做智能工厂线边仓用得非常多，一般情况下效率至少可以达到 1000 件/小时；货到人拣选，实现全自动拣选，有些不可以用机器替代人，设置货到人拣选工作站由人操作，电商用得比较多，在制造业用这种拣选作业会更好，产线升级改造和变更灵活。

5. 智能装车系统

在欧洲，托盘是标准化的，整托装车一车两分钟就可以完成，但是国内每个厂家的托盘尺寸不一样，非标准化。新的解决方案是在装车区设计龙门机械手，通过龙门机械手，自动往车箱上码纸箱或产品，实现无人化装车。

单元小结

本单元主要介绍了互联网时代公路运输的创新经营模式，主要有平台模式、加盟模式、众包物流、货运 App 等。每种模式都有其产生的时代或市场背景，运作方法各有特色，具有良好的发展势头，同时面临发展中的一些难题。

思考题

一、简答题

1. 互联网时代公路运输的创新模式有哪些？
2. 画出专线整合平台的运作模式图。

3．简述公路港物流平台的运作模式。
4．简述快运企业推行加盟模式可能面临的风险。
5．众包物流发展面临的难点有哪些？

二、实训题

公路运输**模式创新分析

【实训目标】

通过实际调研和查阅资料的方式，了解当前我国公路运输中有代表性的经营创新模式，挑选一种创新模式，结合企业实践进行具体分析，找出该模式运作中存在的问题，并提出解决问题的思路。

【实训内容与要求】

1．描述公路运输中代表性的经营创新模式。

（1）经营创新模式产生的背景。

（2）经营创新模式的基本含义。

（3）经营创新模式的运作思路等。

2．分析经营创新模式推广面临的问题和原因。

（1）推广面临的问题。

（2）原因分析。

3．提出解决问题的思路和对策。

【成果与检验】

小组	创新模式总体分析（30%）	企业实践情况（20%）	问题和对策分析（40%）	分工合作情况（10%）	总分
1					
2					
3					
4					
5					

参考文献

[1] 付丽茹. 运输配送路线优化[M]. 北京：清华大学出版社，2011.
[2] 季永青. 物流运输管理：理论、实务、案例、实训[M]. 2版. 大连：东北财经大学出版社，2015.
[3] 高福军. 公路运输计划与调度实训教程[M]. 北京：北京大学出版社，2014.
[4] 付丽茹，解进强. 运输管理实务[M]. 北京：中国水利水电出版社，2011.
[5] 邓瑜. 物流运输与配送管理[M]. 2版. 北京：电子工业出版社，2011.
[6] 关善勇. 特种货物运输管理[M]. 北京：人民交通出版社，2008.
[7] 张旭凤. 物流运输管理[M]. 北京：北京大学出版社，2010.
[8] 白世贞. 冷链物流[M]. 北京：中国财富出版社，2012.
[9] 朱新民. 物流运输管理[M]. 大连：东北财经大学出版社，2014.
[10] 王长琼. 物流运输组织与管理[M]. 武汉：华中科技大学出版社，2009.
[11] 李文翎. 物流运输管理[M]. 北京：科学出版社，2014.

附录一 汽车货物运输规则

第一章 总 则

第一条 为保护汽车货物运输当事人的合法权益，明确承运人、托运人、收货人以及其他有关方的权利、义务和责任，维护正常的道路货物运输秩序，依据国家有关法律、法规，制定本规则。

第二条 在中华人民共和国境内从事营业性汽车货物运输及相关的货物搬运装卸、汽车货物运输服务等活动，应遵守本规则。

除法律、法规另有规定外，汽车运输与其他运输方式实行货物联运的适用本规则。拖拉机及其他机动车、非机动车辆从事货物运输的，可参照本规则执行。

第三条 本规则下列用语的含义：

（一）承运人，是指使用汽车从事货物运输并与托运人订立货物运输合同的经营者。

（二）托运人，是指与承运人订立货物运输合同的单位和个人。

（三）收货人，是指货物运输合同中托运人指定提取货物的单位和个人。

（四）货物运输代办人（以下简称货运代办人），是指以自己的名义承揽货物并分别与托运人、承运人订立货物运输合同的经营者。

（五）站场经营人，是指在站、场范围内从事货物仓储、堆存、包装、搬运装卸等业务的经营者。

（六）运输期限，是由承托双方共同约定的货物起运、到达目的地具体时间。未约定运输期限的，从起运日起，按200千米为1日远距，用运输里程除每日远距，计算运输期限。

（七）承运责任期间，是指承运人自接受货物起至将货物交付收货人（包括按照国家有关规定移交给有关部门）止，货物处于承运人掌管之下的全部时间。本条规定不影响承运人与托运人就货物在装车前和卸车后对承担的责任达成的协议。

（八）搬运装卸，是指货物运输起讫两端利用人力或机械将货物装上、卸下车辆，并搬运到一定位置的作业。人力搬运距离不超过200米，机械搬运不超过400米（站、场作业区内货物搬运除外）。

第二章 运输基本条件

第一节 承运人、托运人与运输车辆

第四条 承运人、托运人、货运代办人在签订和履行汽车货物运输合同时，应遵守国家法律和有关的运输法规、行政规章。

第五条 承运人应根据承运货物的需要，按货物的不同特性，提供技术状况良好、经济适用的车辆，并能满足所运货物重量的要求。使用的车辆、容器应做到外观整洁，车体、容器内干净无污染物、残留物。

第六条 承运特种货物的车辆和集装箱运输车辆，需配备符合运输要求的特殊装置或专用设备。

第二节 运输类别

第七条 托运人一次托运货物计费重量3吨及以下的，为零担货物运输。

第八条 托运人一次托运货物计费重量3吨以上，或不足3吨但其性质、体积、形状需要一辆汽车运输的，为整批货物运输。

第九条 因货物的体积、重量的要求，需要大型或专用汽车运输的，为大型特型笨重物件运输。

第十条 采用集装箱为容器，使用汽车运输的，为集装箱汽车运输。

第十一条 在规定的距离和时间内将货物运达目的地的，为快件货物运输；应托运人要求，采取即托即运的，为特快件货物运输。

第十二条 承运《危险货物品名表》列名的易燃、易爆、有毒、有腐蚀性、有放射性等危险货物和虽未列入《危险货物品名表》但具有危险货物性质的新产品，为危险货物汽车运输。

第十三条 采用装有出租营业标志的小型货运汽车，供货主临时雇用，并按时间、里程和规定费率收取运输费用的，为出租汽车货运。

第十四条 为个人或单位搬迁提供运输和搬运装卸服务，并按规定收取费用的，为搬家货物运输。

第三节 货物种类

第十五条 货物在运输、装卸、保管中无特殊要求的，为普通货物。普通货物分为三等。

第十六条 货物在运输、装卸、保管中需采取特殊措施的，为特种货物。特种货物分为四类。

第十七条 货物每立方米体积重量不足333千克的，为轻泡货物。其体积按货物（有包装的按货物包装）外廓最高、最长、最宽部位尺寸计算。

第四节 货物保险与货物保价运输

第十八条 货物运输有货物保险和货物保价运输两种投保方式，采取自愿投保的原则，由托运人自行确定。

第十九条 货物保险由托运人向保险公司投保，也可以委托承运人代办。

第二十条 货物保价运输是按保价货物办理承托运手续，在发生货物赔偿时，按托运人声明价格及货物损坏程度予以赔偿的货物运输。托运人一张运单托运的货物只能选择保价或不保价。

第二十一条 托运人选择货物保价运输时，申报的货物价值不得超过货物本身的实际价值；保价运输为全程保价。

第二十二条 分程运输或多个承运人承担运输，保价费由第一程承运人（货运代办人）

与后程承运人协商,并在运输合同注明。承运人之间没有协议的按无保价运输办理,各自承担责任。

第二十三条　办理保价运输的货物,应在运输合同上加盖"保价运输"戳记。保价费按不超过货物保价金额的 7‰ 收取。

第三章　运输合同的订立、履行、变更和解除

第一节　合同的订立

第二十四条　汽车货物运输合同采用书面形式、口头形式和其他形式。书面形式合同种类分为定期运输合同、一次性运输合同、道路货物运单(以下简称运单)。汽车货物运输合同由承运人和托运人本着平等自愿、公平、诚实、信用的原则签订。

第二十五条　定期汽车货物运输合同应包含下列基本内容:
(一)托运人、收货人和承运人的名称(姓名)、地址(住所)、电话、邮政编码;
(二)货物的种类、名称、性质;
(三)货物重量、数量或月、季、年度货物批量;
(四)起运地、到达地;
(五)运输质量;
(六)合同期限;
(七)装卸责任;
(八)货物价值,是否保价、保险;
(九)运输费用的结算方式;
(十)违约责任;
(十一)解决争议的方法。

第二十六条　一次性运输合同、运单应包含以下基本内容:
(一)托运人、收货人和承运人的名称(姓名)、地址(住所)、电话、邮政编码;
(二)货物名称、性质、重量、数量、体积;
(三)装货地点、卸货地点、运距;
(四)货物的包装方式;
(五)承运日期和运到期限;
(六)运输质量;
(七)装卸责任;
(八)货物价值,是否保价、保险;
(九)运输费用的结算方式;
(十)违约责任;
(十一)解决争议的方法。

第二十七条　定期运输合同适用于承运人、托运人、货运代办人之间商定的时期内和批量货物运输。一次性运输合同适用于每次货物运输。

承运人、托运人和货运代办人签订定期运输合同、一次性运输合同时,运单视为货物运

输合同成立的凭证。

在每车次或短途每日多次货物运输中，运单视为合同。

第二十八条　汽车货物运输合同自双方当事人签字或盖章时成立。当事人采用信件、数据电文等形式订立合同的，可以要求签订确认书，签订确认书时合同成立。

第二节　货物托运

第二十九条　未签订定期运输合同或一次性运输合同的，托运人就按以下要求填写运单：

（一）准确表明托运人和收货人的名称（姓名）和地址（住所）、电话、邮政编码；

（二）准确表明货物的名称、性质、件数、重量、体积以及包装方式；

（三）准确表明运单中的其他有关事项；

（四）一张运单托运的货物，必须是同一托运人、收货人；

（五）危险货物与普通货物以及性质相互抵触的货物不能用一张运单；

（六）托运人要求自行装卸的货物，经承运人确认后，在运单内注明；

（七）应使用钢笔或圆珠笔填写，字迹清楚，内容准确，需要更改时，必须在更改处签字盖章。

第三十条　已签订定期运输合同或一次性运输合同的，运单由承运人按第二十九条的规定填写，但运单托运人签字盖章处填写合同序号。

第三十一条　托运的货物品种不能在一张运单内逐一填写的，应填写"货物清单"（表略）。

第三十二条　托运货物的名称、性质、件数、重量、体积、包装方式等，应与运单记载的内容相符。

第三十三条　按照国家有关部门规定需办理准运或审批、检验等手续的货物，托运人托运时应将准运证或审批文件提交承运人，并随货同行。托运人委托承运人向收货人代递有关文件时，应在运单中注明文件名称和份数。

第三十四条　托运的货物中，不得夹带危险货物、贵重货物、鲜活货物和其他易腐货物、易污染货物、货币、有价证券以及政府禁止或限制运输的货物等。

第三十五条　托运货物的包装，应当按照承托双方约定的方式包装。对包装方式没有约定或者约定不明确的，可以协议补充；不能达成补充协议的，按照通用的方式包装，没有通用方式的，应在足以保证运输、搬运装卸作业安全和货物完好的原则下进行包装。

依法应当执行特殊包装标准的，按照规定执行。

第三十六条　托运人应根据货物性质和运输要求，按照国家规定，正确使用运输标志和包装储运图示标志。

使用旧包装运输货物，托运人应将包装上与本批货物无关的运输标志、包装储运图示标志清除干净，并重新标明制作标志。

第三十七条　托运特种货物，托运人应按以下要求，在运单中注明运输条件和特约事项：

（一）托运需冷藏保温的货物，托运人应提出货物的冷藏温度和在一定时间内的保持温度要求；

（二）托运鲜活货物，应提供最长运输期限及途中管理、照料事宜的说明书，货物允许的最长运输期限应大于汽车运输能够达到的期限；

（三）托运危险货物，按交通部《汽车危险货物运输规则》办理；

（四）托运采用集装箱运输的货物，按交通部《集装箱汽车运输规则》办理；

（五）托运大型特型笨重物件，应提供货物性质、重量、外廓尺寸及对运输要求的说明书；承运前承托双方应先查看货物和运输现场条件，需排障时由托运人负责或委托承运人办理；运输方案商定后办理运输手续。

第三十八条 整批货物运输时，散装、无包装和不成件的货物按重量托运；有包装、成件的货物，托运人能按件点交的，可按件托运，不计件内细数。

第三十九条 运输途中需要饲养、照料的有生动、植物，尖端精密产品、稀有珍贵物品、文物、军械弹药、有价证券、重要票证和货币等，托运人必须派人押运。

大型特型笨重物件、危险货物、贵重和个人搬家物品，是否派人押运，由承托双方根据实际情况约定。除上述规定的货物外，托运人要求押运时，需经承运人同意。

第四十条 需派人押运的货物，托运人在办理货物托运手续时，应在运单上注明押运人员姓名及必要的情况。

第四十一条 押运人员每车一人，托运人需增派押运人员，在符合安全规定的前提下，征得承运人的同意，可适当增加。押运人员须遵守运输和安全规定。

押运人员在运输过程中负责货物的照料、保管和交接；如发现货物出现异常情况，应及时作出处理并告知车辆驾驶人员。

第三节 货物受理

第四十二条 承运人受理凭证运输或需有关审批、检验证明文件的货物后，应当在有关文件上注明已托运货物的数量、运输日期，加盖承运章，并随货同行，以备查验。

第四十三条 承运人受理整批或零担货物时，应根据运单记载货物名称、数量、包装方式等，核对无误，方可办理交接手续。发现与运单填写不符或可能危及运输安全的，不得办理交接手续。

第四十四条 承运人应当根据受理货物的情况，合理安排运输车辆，货物装载重量以车辆额定吨位为限，轻泡货物以折算重量装，不得超过车辆额定吨位和有关长、宽、高的装载规定。

第四十五条 承运人应与托运人约定运输路线，起运前运输路线发生变化必须通知托运人，并按最后确定的路线运输。承运人未按约定的路线运输增加的运输费用，托运人或收货人可以拒绝支付增加部分的运输费用。

第四十六条 货物运输中，在与承运人非隶属关系的货运站场进行货物仓储、装卸作业，承运人应与站场经营人签订作业合同。

第四十七条 运输期限由承托双方共同约定后应在运单上注明。承运人应在约定的时间内将货物运达。零担货物按批准的班期时限运达，快件货物按规定的期限运达。

第四十八条 整批货物运抵前，承运人应当及时通知收货人作好接货准备；零担货物运达目的地后，应在24小时内向收货人发出到货通知或按托运人的指示及时将货物交给收货人。

第四十九条 车辆装载有毒、易污染的货物卸载后，承运人应对车辆进行清洗和消毒。因货物自身的性质，应托运人要求，需对车辆进行特殊清洗和消毒的，由托运人负责。

第四节 合同的变更和解除

第五十条 在承运人未将货物交付收货人之前，托运人可以要求承运人中止运输、返还货物、变更到达地或者将货物交付给其他收货人，但应当赔偿承运人因此受到的损失。

第五十一条 凡发生下列情况之一者，允许变更和解除：

（一）由于不可抗力使运输合同无法履行；

（二）由于合同当事人一方的原因，在合同约定的期限内确实无法履行运输合同；

（三）合同当事人违约，使合同的履行成为不可能或不必要；

（四）经合同当事人双方协商同意解除或变更，但承运人提出解除运输合同的，应退还已收的运费。

第五十二条 货物运输过程中，因不可抗力造成道路阻塞导致运输阻滞，承运人应及时与托运人联系，协商处理，发生货物装卸、接运和保管费用按以下规定处理：

（一）接运时，货物装卸、接运费用由托运人负担，承运人收取已完成运输里程的运费，退回未完成运输里程的运费。

（二）回运时，收取已完成运输里程的运费，回程运费免收。

（三）托运人要求绕道行驶或改变到达地点时，收取实际运输里程的运费。

（四）货物在受阻处存放，保管费用由托运人负担。

第四章　搬运装卸与交接

第五十三条 货物搬运装卸由承运人或托运人承担，可在货物运输合同中约定。

承运人或托运人承担货物搬运装卸后，委托站场经营人、搬运装卸经营者进行货物搬运装卸作业的，应签订货物搬运装卸合同。

第五十四条 搬运装卸人员应对车厢进行清扫，发现车辆、容器、设备不适合装货要求，应立即通知承运人或托运人。

第五十五条 搬运装卸作业应当轻装轻卸，堆码整齐；清点数量；防止混杂、撒漏、破损；严禁有毒、易污染物品与食品混装，危险货物与普通货物混装。

第五十六条 对性质不相抵触的货物，可以拼装、分卸。

第五十七条 搬运装卸过程中，发现货物包装破损，搬运装卸人员应及时通知托运人或承运人，并做好记录。

第五十八条 搬运装卸危险货物，按交通部《汽车危险货物运输、装卸作业规程》进行作业。

第五十九条 搬运装卸作业完成后，货物需绑扎苫盖篷布的，搬运装卸人员必须将篷布苫盖严密并绑扎牢固；由承、托运人或委托站场经营人、搬运装卸人员编制有关清单，做好交接记录，并按有关规定施加封志和外贴有关标志。

第六十条 承、托双方应履行交接手续，包装货物采取件交件收；集装箱重箱及其他施封的货物凭封志交接；散装货物原则上要磅交磅收或采用承托双方协商的交接方式交接。交接后双方应在有关单证上签字。

第六十一条 货物在搬运装卸中，承运人应当认真核对装车的货物名称、重量、件数是否与运单上记载相符，包装是否完好。包装轻度破损，托运人坚持要装车起运的，应征得承运人的同意，承托双方需做好记录并签章后，方可运输，由此而产生的损失由托运人负责。

第六十二条 货物运达承、托双方约定的地点后，收货人应凭有效单证提（收）货物，无故拒提（收）货物，应赔偿承运人因此造成的损失。

第六十三条 货物交付时，承运人与收货人应当做好交接工作，发现货损货差，由承运人与收货人共同编制货运事故记录（表略），交接双方在货运事故记录上，签字确认。

第六十四条 货物交接时，承托双方对货物的重量和内容有质疑，均可提出查验与复磅，查验和复磅的费用由责任方负担。

第六十五条 货物运达目的地后，承运人知道收货人的，应及时通知收货人，收货人应当及时提（收）货物，收货人逾期提（收）货物的，应当向承运人支付保管费等费用。收货人不明或者收货人无正当理由拒绝受领货物的，依照《中华人民共和国合同法》第一百零一条的规定，承运人可以提存货物。

第五章　运输责任的划分

第六十六条 承运人未按约定的期限将货物运达，应负违约责任；因承运人责任将货物错送或错交，应将货物无偿运到指定的地点，交给指定的收货人。

第六十七条 承运人未遵守承托双方商定的运输条件或特约事项，由此造成托运人的损失，应负赔偿责任。

第六十八条 货物在承运责任期间和站、场存放期间内，发生毁损或灭失，承运人、站场经营人应负赔偿责任。但有下列情况之一者，承运人、站场经营人举证后可不负赔偿责任：

（一）不可抗力；

（二）货物本身的自然性质变化或者合理损耗；

（三）包装内在缺陷，造成货物受损；

（四）包装体外表面完好而内装货物毁损或灭失；

（五）托运人违反国家有关法令，致使货物被有关部门查扣、弃置或作其他处理；

（六）押运人员责任造成的货物毁损或灭失；

（七）托运人或收货人过错造成的货物毁损或灭失。

第六十九条 托运人未按合同规定的时间和要求，备好货物和提供装卸条件，以及货物运达后无人收货或拒绝收货，而造成承运人车辆放空、延滞及其他损失，托运人应负赔偿责任。

第七十条 因托运人下列过错，造成承运人、站场经营人、搬运装卸经营人的车辆、机具、设备等损坏、污染或人身伤亡以及因此而引起的第三方的损失，由托运人负责赔偿：

（一）在托运的货物中有故意夹带危险货物和其他易腐蚀、易污染货物以及禁、限运货物等行为；

（二）错报、匿报货物的重量、规格、性质；

（三）货物包装不符合标准，包装、容器不良，而从外部无法发现；

（四）错用包装、储运图示标志。

第七十一条 托运人不如实填写运单，错报、误填货物名称或装卸地点，造成承运人错送、装货落空以及由此引起的其他损失，托运人应负赔偿责任。

第七十二条 货运代办人以承运人身份签署运单时，应承担承运人责任，以托运人身份托运货物时，应承担托运人的责任。

第七十三条 搬运装卸作业中，因搬运装卸人员过错造成货物毁损或灭失，站场经营人或搬运装卸经营者应负赔偿责任。

第六章 运输费用

第七十四条 汽车货物运输价格按不同运输条件分别计价，其计算按《汽车运价规则》办理。

第七十五条 汽车货物运输计费重量单位，整批货物运输以吨为单位，尾数不足 100 千克时，四舍五入；零担货物运输以千克为单位，起码计费重量为 1 千克，尾数不足 1 千克时，四舍五入；轻泡货物每立方米折算重量 333 千克。

按重量托运的货物一律按实际重量（含货物包装、衬垫及运输需要的附属物品）计算，以过磅为准。由托运人自理装车的，应装足车辆额定吨位，未装足的，按车辆额定吨位收费。统一规格的成包成件的货物，以一标准件重量计算全部货物重量。散装货物无过磅条件的，按体积和各省、自治区、直辖市统一规定重量折算标准计算。接运其他运输方式的货物，无过磅条件的，按前程运输方式运单上记载的重量计算。拼装分卸的货物按最重装载量计算。

第七十六条 汽车货物运输计费里程按下列规定确定：

（一）货物运输计费里程以千米为单位，尾数不足 1 千米的，进为 1 千米。

（二）计费里程以省、自治区、直辖市交通行政主管部门核定的营运里程为准，未经核定的里程，由承托双方商定。

（三）同一运输区间有两条（含两条）以上营运路线可供行驶时，应按最短的路线计算计费里程或按承托双方商定的路线计算计费里程。拼装分卸从第一装货地点起至最后一个卸货地点止的载重里程计算计费里程。

第七十七条 汽车货物运输的其他费用，按以下规定确定：

（一）调车费，应托运人要求，车辆调出所在地而产生的车辆往返空驶，计收调车费。

（二）延滞费，车辆按约定时间到达约定的装货或卸货地点，因托运人或收货人责任造成车辆和装卸延滞，计收延滞费。

（三）装货落空损失费，因托运人要求，车辆行至约定地点而装货落空造成的车辆往返空驶，计收装货落空损失费。

（四）排障费，运输大型特型笨重物件时，需对运输路线的桥涵、道路及其他设施进行必要的加固或改造所发生的费用，由托运人负担。

（五）车辆处置费，因托运人的特殊要求，对车辆改装、拆卸、还原、清洗时，计收车辆处置费。

（六）在运输过程中国家有关检疫部门对车辆的检验费以及因检验造成的车辆停运损失，由托运人负担。

（七）装卸费，货物装卸费由托运人负担。

（八）通行费，货物运输需支付的过渡、过路、过桥、过隧道等通行费由托运人负担，承运人代收代付。

（九）保管费，货物运达后，明确由收货人自取的，从承运人向收货人发出提货通知书的次日（以邮戳或电话记录为准）起计，第四日开始核收货物保管费；应托起运人的要求或托运人的责任造成的，需要保管的货物，计收货物保管费。货物保管费由托运人负担。

第七十八条 汽车货物运输的运杂费按下列规定结算：

（一）货物运杂费在货物托运、起运时一次结清，也可按合同采用预付费用的方式，随运随结或运后结清。托运人或者收货人不支付运费、保管费以及其他运输费用的，承运人对相应的运输货物享有留置权，但当事人另有约定的除外。

（二）运费尾数以元为单位，不足一元时四舍五入。

第七十九条 货物在运输过程中因不可抗力灭失，未收取运费的，承运人不得要求托运人支付运费；已收取运费的，托运人可以要求返还。

第八十条 出入境货物运输、国际联运汽车货物运输的运价，按有关规定办理。

第七章　货运事故和违约处理

第八十一条 货运事故是指货物运输过程中发生货物毁损或灭失。货运事故和违约行为发生后，承托双方及有关方应编制货运事故记录。

货物运输途中，发生交通肇事造成货物损坏或灭失，承运人应先行向托运人赔偿，可由其向肇事的责任方追偿。

第八十二条 货运事故处理过程中，收货人不得扣留车辆，承运人不得扣留货物。由于扣留车、货而造成的损失，由扣留方负责赔偿。

第八十三条 货运事故赔偿数额按以下规定办理：

（一）货运事故赔偿分限额赔偿和实际损失赔偿两种。法律、行政法规对赔偿责任限额有规定的，依照其规定；尚未规定赔偿责任限额的，按货物的实际损失赔偿。

（二）在保价运输中，货物全部灭失，按货物保价声明价格赔偿；货物部分毁损或灭失，按实际损失赔偿；货物实际损失高于声明价格的，按声明价格赔偿；货物能修复的，按修理费加维修取送费赔偿。保险运输按投保人与保险公司商定的协议办理。

（三）未办理保价或保险运输的，且在货物运输合同中未约定赔偿责任的，按本条第一项的规定赔偿。

（四）货物损失赔偿费包括货物价格、运费和其他杂费。货物价格中未包括运杂费、包装费以及已付的税费时，应按承运货物的全部或短少部分的比例加算各项费用。

（五）货物毁损或灭失的赔偿额，当事人有约定的，按照其约定，没有约定或约定不明确的，可以补充协议，不能达到补充协议的，按照交付或应当交付时货物到达地的市场价格计算。

（六）由于承运人责任造成货物灭失或损失，以实物赔偿的，运费和杂费照收；按价赔偿的，退还已收的运费和杂费；被损货物尚能使用的，运费照收。

（七）丢失货物赔偿后，又被查回，应送还原主，收回赔偿金或实物；原主不愿接受失物或无法找到原主的，由承运人自行处理。

（八）承托双方对货物逾期到达，车辆延滞，装货落空都负有责任时，按各自责任所造成的损失相互赔偿。

第八十四条 货运事故发生后，承运人应及时通知收货人或托运人。收货人、托运人知道发生货运事故后，应在约定的时间内，与承运人签注货运事故记录。收货人、托运人在约定的时间内不与承运人签注货运事故记录的，或者无法找到收货人、托运人的，承运人可邀请两名以上无利害关系的人签注货运事故记录。

货物赔偿时效从收货人、托运人得知货运事故信息或签注货运事故记录的次日起计算。在约定运达时间的30日后未收到货物，视为灭失，自31日起计算货物赔偿时效。

未按约定的或规定的运输期限内运达交付的货物，为迟延交付。

第八十五条 当事人要求另一方当事人赔偿时，须提出赔偿要求书（表略），并附运单、货运事故记录和货物价格证明等文件。要求退还运费的，还应附运杂费收据。另一方当事人应在收到赔偿要求书的次日起，60日内作出答复。

第八十六条 承运人或托运人发生违约行为，应向对方支付违约金。违约金的数额由承托双方约定。

第八十七条 对承运人非故意行为造成货物迟延交付的赔偿金额，不得超过所迟延交付的货物全程运费数额。

第八十八条 货物赔偿费一律以人民币支付。

第八十九条 由托运人直接委托站场经营人装卸货物造成货物损坏的，由站场经营人负责赔偿；由承运人委托站场经营人组织装卸的，承运人应先向托运人赔偿，再向站场经营人追偿。

第九十条 承运人、托运人、收货人及有关方在履行运输合同或处理货运事故时，发生纠纷、争议，应及时协商解决或向县级以上人民政府交通主管部门申请调解；当事人不愿和解、调解或者和解、调解不成的，可依仲裁协议向仲裁机构申请仲裁；当事人没有订立仲裁协议或仲裁协议无效的，可以向人民法院起诉。

第八章　附则

第九十一条 按法律、法规和规章的规定，对利用汽车货物运输合同危害国家利益、社会公共利益的，由县级以上人民政府交通主管部门及其所属的道路运政管理机构负责监督处理。

第九十二条 本规则由交通部负责解释。

第九十三条 本规则自2000年1月1日起施行。1988年1月26日交通部发布的《汽车货物运输规则》同时废止。

附录二　汽车运价规则

第一章　总　则

第一条　为规范全国道路运输价格计算办法，维护旅客、货主和道路运输经营者的合法权益，促进道路运输健康发展，依据《中华人民共和国价格法》和《中华人民共和国道路运输条例》的规定，制定本规则。

第二条　本规则是计算汽车运费的依据。

凡在中华人民共和国境内参与道路运输经营活动的道路运输经营者和旅客、货主，应当遵守本规则。

第三条　本规则规定的汽车运价包括汽车旅客运价和汽车货物运价。

第四条　制定汽车运价应当反映运输经营成本和市场供求关系，根据不同运输条件实行差别运价，合理确定汽车运输的比价关系。

第二章　旅客运价

第一节　计价标准

第五条　运价单位：

（一）计程运价：元/人千米

（二）计时运价：元/座位小时

（三）行包运价：元/千克千米

（四）国际道路旅客运输涉及其他货币时，在无法折算为人民币的情况下，可使用其他自由兑换货币为运价单位。

第六条　计费里程

（一）里程单位：旅客运输计费里程以千米为单位，尾数不足1千米的，四舍五入。

（二）里程确定：

1. 营运线路公路里程按交通运输部核定颁发的《中国公路营运里程图集》确定。《中国公路营运里程图集》应当每三至五年修订一次。《中国公路营运里程图集》中未标明的，由当地人民政府交通运输主管部门按照实际里程确定。

2. 城市市区里程按照实际里程计算，或者按照当地人民政府交通运输主管部门确定的市区平均营运里程计算，具体由各省、自治区、直辖市人民政府交通运输主管部门确定。

3. 国际道路旅客运输属于境内的计费里程以交通运输主管部门核定的里程为准，境外的里程按有关国家（地区）交通运输主管部门或者有权认定部门核定的里程确定。

（三）里程计算：

1. 班车客运的计费里程按旅客乘车出发地至到达地的区间里程计算。

2. 计程包车客运的计费里程，包括运输里程和调车里程。运输里程按客车驶抵载客地点起至下客地点止的实际载客里程计算；调车里程按客车由站（库）至载客点加下客点返回至站（库）的空驶里程的 50% 计算。

第七条 计时包车客运计费时间以小时为单位，起码计费时间为 2 小时；使用时间超过 2 小时的，按实际包用时间计算。整日包车，每日按 8 小时计算；使用时间超过 8 小时的，按实际使用时间计算。时间尾数不足半小时的舍去，达到半小时的进整为 1 小时。

第八条 行包计费重量以千克为单位。起码计费重量为 10 千克；计费重量超过 10 千克的按照实际重计费，尾数不足 1 千克的，四舍五入。轻泡行包按 3 立方分米折合 1 千克计重。

行包计费具体标准由省级人民政府价格、交通运输主管部门确定。

第二节 计价规定

第九条 旅客运价依据车辆类别、等级、车型等计算。
车辆类别的划分：
（一）座席客车按舒适程度和等级划分为：普通、中级、高一级、高二级、高三级五档。
（二）卧铺客车按舒适程度和等级划分为：普通、中级、高级三档。
如需按客车大小分类及其他计价类别进行定价的，可参照《营运客车类型划分及等级评定》（JT/T325），由省级人民政府价格、交通运输主管部门确定。

第十条 国际道路旅客运价按照双边或者多边汽车运输协定，根据对等原则，由经授权的交通运输主管部门协商确定。

第十一条 客运车辆通过收费公路、渡口、桥梁、隧道所发生的通行费用，按营运车辆平均实载率测算计入票价。

第十二条 成人及身高超过 1.5 米的儿童乘车购买全票。身高 1.2 米以下、不单独占用座位的儿童乘车免票，身高 1.2～1.5 米的儿童乘车购买儿童票，革命伤残军人、因公致残的人民警察乘车分别凭《中华人民共和国残疾军人证》《中华人民共和国伤残人民警察证》购买优待票。儿童票和优待票按照具体执行票价的 50% 计算。

第三节 旅客运费（票价）计算

第十三条 客运票价构成：
客运票价=客运车型运价（含 2% 的旅客身体伤害赔偿责任保障金）×旅客计费里程（营运线路公路里程+城市市区里程）+旅客站务费+车辆通行费+燃油附加费+其他法定收费。

客运车型运价是指对不同类型、等级的客运车辆所制定的每位旅客每千米的运输价格，由运输成本、合理利润、税金等构成。

实行政府定价或者政府指导价的客运车型运价，由县级以上地方人民政府及其价格、交通运输主管部门按照《道路运输价格管理规定》的规定合理确定。

燃油附加费是指各地按照价格管理权限，建立道路客运价格与成品油价格联动机制，用于补偿成品油价格上涨造成道路客运成本增支的费用。

第十四条 运费单位：
（一）旅客票价单位：每张客票起码票价 1 元。票价 1 元至 10 元的，尾数不足 0.1 元的四舍五入，尾数为 0.1、0.2 元的舍去，尾数为 0.3、0.4、0.5、0.6、0.7 元的变为 0.5 元，尾数为 0.8、0.9 元的进整为 1 元。票价超过 10 元，尾数不足 1 元的，四舍五入。

（二）行包运费单位：以元为单位，每张运单费用合计尾数不足 1 元的，四舍五入。

第三章　货物运价

第一节　计价标准

第十五条　运价单位：

（一）整批运输：元/吨千米；

（二）零担运输：元/千克千米；

（三）集装箱运输：元/箱千米；

（四）包车运输：元/吨位小时；

（五）国际道路货物运输涉及其他货币时，在无法折算为人民币的情况下，可使用其他自由兑换货币为运价单位。

第十六条　计费重量：

（一）计量单位。

1．整批货物运输以吨为单位。

2．零担货物运输以千克为单位。

3．集装箱运输以标准箱为单位。

（二）重量确定。

1．一般货物：无论整批、零担货物计费重量均按毛量计算。整批货物吨以下计至 100 千克，尾数不足 100 千克的，四舍五入。零担货物起码计费重量为 1 千克，重量在 1 千克以上，尾数不足 1 千克的，四舍五入。

2．轻泡货物：指每立方米重量不足 333 千克的货物。

装运整批轻泡货物的高度、长度、宽度，以不超过有关道路交通安全规定为限度，按车辆核定载质量计算重量。

零担运输轻泡货物以货物包装最长、最宽、最高部位尺寸计算体积，按每立方米折合 333 千克计算重量。

轻泡货物也可按照立方米作为计量单位收取运费。

3．包车运输按车辆的核定质量或者车辆容积计算。

4．货物重量一般以起运地过磅为准。

5．散装货物，如砖、瓦、砂、石、矿石、木材等，按重量计算或者按体积折算。

第十七条　计费里程：

（一）里程单位：货物运输计费里程以千米为单位，尾数不足 1 千米的，四舍五入。

（二）里程确定。

1．货物运输的营运公路里程按交通运输部核定颁发的《中国公路营运里程图集》确定。《中国公路营运里程图集》未核定的里程，由承、托运双方共同测定或者经协商按车辆实际运行里程计算。

2．货物运输的计费里程按装货地至卸货地的营运里程计算。

3. 城市市区里程按照实际里程计算，或者按照当地人民政府交通运输主管部门确定的市区平均营运里程计算，具体由各省、自治区、直辖市人民政府交通运输主管部门确定。

4. 国际道路货物运输属于境内的计费里程以交通运输主管部门核定的里程为准，境外的里程按有关国家（地区）交通运输主管部门或者有权认定部门核定的里程确定。

第十八条 计时包车货运计费参照第七条的规定执行。

第二节 计价类别

第十九条 载货汽车按其用途不同，分为普通货车、专用货车两种。专用货车包括罐车、冷藏车及其他具有特殊构造的专门用途的车辆。

第二十条 货物按其性质分为普通货物和特种货物两种。特种货物分为大型特型笨重物件、危险货物、贵重货物、鲜活货物四类。

第二十一条 集装箱按箱型分为国内标准集装箱、国际标准集装箱和非标准集装箱三类，其中国内标准集装箱分为1吨箱、6吨箱、10吨箱三种，国际标准集装箱分为20英尺、40英尺箱两种。

第二十二条 道路货物运输根据营运形式分为道路货物整批运输、零担运输和集装箱运输。

第三节 计价规定

第二十三条 运价：

（一）整批货物运价：指整批普通货物在等级公路上运输的每吨千米运价。

（二）零担货物运价：指零担普通货物在等级公路上运输的每千克千米运价。

（三）集装箱运价：指各类标准集装箱重箱在等级公路上运输的每箱千米运价。

第二十四条 在计算货物运价时，应当考虑车辆类型、货物种类、集装箱箱型、营运形式等因素。

第二十五条 运费计算：

整批货物运费=整批货物运价×计费重量×计费里程+车辆通行费+其他法定收费

零担货物运费=零担货物运价×计费重量×计费里程+车辆通行费+其他法定收费

重（空）集装箱运费=重（空）箱运价×计费箱数×计费里程+车辆通行费+其他法定收费

包车运费=包车运价×包用车辆吨位×计费时间+车辆通行费+其他法定收费

第二十六条 运费以元为单位。运费尾数不足1元的，四舍五入。

第二十七条 国际道路货物运输价格按双边或者多边汽车运输协定，根据对等原则，由经授权的交通运输主管部门协商确定。

第四章 附则

第二十八条 汽车客票由各省、自治区、直辖市道路运输管理机构统一印制管理。

第二十九条 本规则由交通运输部会同国家发展和改革委员会负责解释。

第三十条 本规则自2009年9月1日起执行。1998年交通部、国家发展计划委员会颁布的《汽车运价规则》（交公路发〔1998〕502号）同时废止。

附录三　北京市道路运输条例

第一章　总　则

第一条　为了维护道路运输市场秩序，保障道路运输安全，提高道路运输服务水平，保护道路运输有关各方当事人的合法权益，根据有关法律、法规，结合本市实际情况，制定本条例。

第二条　本条例适用于本市行政区域内从事道路旅客运输经营（以下简称客运）、道路货物运输经营（以下简称货运），以及场站经营、运输服务、机动车维修经营和机动车驾驶员培训等道路运输相关业务的活动。

公共电汽车客运和出租汽车客运不适用本条例。

第三条　道路运输是现代服务业的重要组成部分，应当遵循统筹规划、科学发展、节能环保、安全便捷的原则。

第四条　从事道路运输经营以及道路运输相关业务的，应当依法经营、诚实守信、公平竞争，为服务对象提供安全、便捷的服务。

第五条　本市道路运输管理应当公平、公正、公开和便民。

第六条　本市应当统筹道路运输发展，逐步建立符合国家首都和现代化国际大都市功能的道路运输体系。

通过调整、优化基础设施结构、运输装备结构和运输服务结构，逐步实现客运的城乡一体化、区域一体化以及与其他客运方式的一体化，货运的社会化、专业化和集约化。

第七条　本市应当完善道路运输标准体系和安全服务管理规范，建立道路运输信息化系统和共享平台，提高道路运输的管理和为社会提供公共服务的水平。

第八条　市交通行政管理部门主管本市道路运输管理工作。

市运输管理部门及其派出机构、市交通执法部门、区县运输管理部门（含机构）（以下统称道路运输管理部门）负责具体实施道路运输管理工作。

发展改革、规划、公安、财政、税务、工商行政管理、劳动和社会保障、质量技术监督、安全生产监督等行政管理部门，按照各自的职责，依法对道路运输进行管理。

第九条　市交通行政管理部门、市发展改革部门应当共同组织编制本市交通发展规划，确定道路运输发展目标、重点项目及其保障措施等，并向社会公布。

市运输管理部门根据交通发展规划，制定道路运输发展计划并组织实施。

第二章　道路运输服务

第一节　一般规定

第十条　市运输管理部门应当收集、整理、更新道路运输管理和服务信息，并通过道路运输信息化系统和共享平台向社会发布。

第十一条 本市道路运输实行经营许可制度。

从事道路运输经营的单位和个人，应当依据法律、法规规定的程序和条件取得相应的经营许可。

道路运输管理部门做出的行政许可决定应当符合法定的条件、程序和期限，符合本市交通发展规划和绿色环保标准要求。

第十二条 道路运输经营者应当遵守下列规定：

（一）按照许可的范围或者事项从事经营活动，接受道路运输管理部门和有关行政管理部门的监督检查；

（二）制定并执行服务标准和规程、收费管理、安全行车等规章制度；

（三）对从业人员加强法制教育、职业道德教育和专业技能培训；

（四）使用符合机动车污染物排放标准和燃料消耗限值标准的营运车辆；

（五）运营中携带车辆营运证件、驾驶人员资格证件以及其他规定的证件；

（六）不得超载、超限运输；

（七）按照国家和本市有关价格管理的规定，明码标价，合理收取费用；

（八）使用由税务部门监制的道路运输专用发票，不得伪造、涂改、倒卖、转借和转让专用发票；

（九）对服务对象提出的服务质量问题及时调查处理；

（十）按照规定向道路运输管理部门报送统计报表和信息。

第十三条 道路运输经营者应当对客运、货运驾驶人员、道路危险货物运输的驾驶人员、押运人员、装卸管理人员等专业人员进行岗前专业技能培训；对持有外省市核发的从业资格证件的驾驶人员，应当进行本市道路交通状况、道路通行条件、道路通行规定等专项培训，并向公安交通管理部门领取本市驾驶人员信息卡。

第十四条 旅客、货主以及其他有关当事人对道路运输经营者和从业人员侵犯其合法权益的行为，有权向道路运输管理部门投诉。道路运输管理部门接到投诉后，应当及时调查处理，并将处理结果告知投诉人。

第十五条 对在道路运输过程中发生的服务质量、费用等纠纷，双方当事人可以申请道路运输管理部门调解处理。

第二节 客运

第十六条 客运经营者应当遵守下列规定：

（一）保持车辆性能良好，服务设施齐全，不得擅自改装车辆。

（二）为旅客提供良好的乘车环境，保持车辆清洁、卫生。

（三）不得强迫旅客乘车；不得甩客或者转由他人运送。

（四）在车辆指定位置喷涂经营者名称或者标识，悬挂标志牌，放置服务监督卡片并张贴票价表。

（五）按照规定执行本市的班线客运统一售票制度，不得擅自在客运场站外组织客源。

（六）班线客运在许可的线路、场站内，按照核准的经营范围、班次和时间运营；不得站外上客或者沿途揽客。

（七）包车客运按照约定的起始地、目的地和线路运输；不得承运包车合同之外的旅客；不得变相从事班线客运。

（八）跨省市客运的运营线路一端在车籍所在地，但执行道路运输管理部门下达的紧急包车任务的除外。

第十七条　班线客运经营者取得经营许可证后，应当向公众连续提供运输服务，并不得少于90日。

班线客运经营者停业或者歇业的，应当经道路运输管理部门批准，并于停业、歇业之日前7日在班线线路各站发布公告。

第十八条　郊区县人民政府应当按照本市道路运输发展规划的要求，制定本行政区域内班线客运场站建设和车辆投入的保障措施以及边远乡村班线客运的扶持政策。

享受公交政策的郊区客运经营者应当执行城市公共电、汽车的服务标准和票价政策；经许可机关同意，可以采取区域经营、循环运行、设置临时发车停靠点等方式运营。

第十九条　市运输管理部门应当根据道路通行条件、客流分布、场站容量和公众出行需求，合理设置、调整班线线路的起止站和跨省市班线线路的中途停靠站，并在设置、调整之日前7日向社会发布公告。

第二十条　旅客应当持有效客票乘车，遵守乘车秩序，讲究文明卫生，不得携带国家规定的危险物品以及其他禁止携带的物品乘车。

第三节　货运

第二十一条　本市优先发展封闭、厢式、罐式货车运输和集装箱甩挂运输等专业化货运，鼓励货运、货运仓储、货运代理等行业向现代物流业发展。

第二十二条　市运输管理部门会同市商务、建设、农业、市政管理等相关部门建立协调配合机制，定期归集整理本市生产、生活等重要物资的货运需求信息并向社会公布，引导运输供给与需求的平衡发展。

第二十三条　本市城市中心区的货运实行夜运为主、昼运为辅的配送方式。市运输管理部门、市公安交通管理部门会同其他有关部门共同制定可以在城市中心区通行的运营车辆标准，确定可以全天通行的车辆的控制总量，并组织实施。可以全天通行的车辆应当符合专业化要求和绿色环保标准。

第二十四条　当维持城市正常运行所需物资的运输受到影响时，市运输管理部门可以会同有关部门采取应急运输保障措施，道路运输经营者应当配合并服从调度指挥。

第二十五条　货运经营者应当按照货物运输规则和作业规程受理、承运货物，遵守国家和本市禁运、限运、检疫控制进出境货物的管理规定，并采取必要措施防止运输中货物的脱落、扬撒或者泄漏。

货运经营者应当按照规定使用具有符合要求的密闭装置的车辆运输散装、流体货物；使用专用车辆运输集装箱、冷藏保鲜货物和危险货物。

第二十六条　外省市货运经营者在本市从事道路运输经营活动超过1个月的，应当向经营所在地道路运输管理部门备案，并接受备案部门的监督管理。

第二十七条　在货运经营者的责任期间，货物发生灭失或者损坏的，货运经营者依法承担赔偿责任。

第四节 相关业务

第二十八条 场站经营者应当维护场站内的市场秩序，与进入场站的道路运输经营者签订协议，明确双方权利、义务；不得允许非法的道路运输经营者和车辆进入场站经营。

客运场站经营者应当按照规定在明显位置公示站内运营的客运线路及其运输班次、经停站点、到发时间、票价和投诉举报电话；货运场站经营者应当按照规定在明显位置公示站内运营的运输服务经营者名称、经营范围、位置平面图和投诉举报电话。

第二十九条 客运场站经营者应当按照规定制定客流高峰期间的备班运力储备计划和加班运营计划。加班车辆的技术等级应当符合运营班线的要求。

第三十条 从事道路运输货运代理的经营者，应当依法办理工商、税务登记手续，并持相关登记证件到所在地的道路运输管理部门备案。国家另有规定的，按照国家规定执行。

第三十一条 运输服务经营者应当遵守下列服务规范：

（一）从事道路运输货运代理的，根据委托人的要求提供相关代理服务；受理的业务交由具有合法资格的货物运输经营者承运。

（二）从事道路运输信息服务的，向服务对象提供及时、准确的货物运输信息。

（三）从事道路运输仓储理货的，按照货物的性质、保管条件和有效期限，对货物分类存放，妥善保管。

（四）从事道路运输搬运装卸的，按照搬运装卸操作规程进行作业；从事危险货物、大型物件等特种、专项货物的搬运装卸作业，使用专用搬运装卸工具和防护设备。

（五）从事道路运输客票代售的，公平售票，不得擅自提价，不得倒卖车票。

第三十二条 本市引导机动车维修服务站点的网络化建设，鼓励发展综合性和连锁经营的机动车维修企业。

第三十三条 机动车维修经营者应当遵守下列规定：

（一）在维修接待场所的醒目位置公示相关服务制度、服务项目、服务承诺、价格标准和投诉举报电话等。

（二）将维修项目及其工时定额、收费标准等服务信息录入本市道路运输信息系统，并保证信息真实、有效。

（三）按照公示的标准收取修理费，分项计算工时费、材料费并将结算票据和结算清单交付托修方。

（四）对机动车进行大修和二级维护的，使用规范的合同文本与托修方签订维修合同，并建立维修档案。

（五）按照机动车维修技术标准、技术规范维修车辆。

（六）执行机动车维修质量检验制度。按照技术标准进行进厂、过程和竣工检验；机动车维修竣工出厂时，向托修方出具由出厂检验人员签发的机动车维修竣工出厂合格证。

（七）执行质量保证期制度。对保证期内发生的维修质量问题无偿返修；返修项目的质量保证期从返修的竣工出厂之日起计算；更换的配件存在质量问题的，其无偿返修责任不受质量保证期的限制。

机动车维修质量相关制度，由市运输管理部门制定并向社会公布。

第三十四条 机动车维修经营者应当执行规定的机动车配件采购、检验、使用和公示制度，分别标识原厂配件、副厂配件和修复配件并明码标价，供托修方自主选择；更换下的配件、总成未经托修方同意，不得擅自处理。

质量技术监督、工商行政管理等部门应当对生产、销售的机动车配件质量进行监督检查，依法查处生产、销售假冒伪劣配件的行为。运输管理部门在监督检查中发现有销售假冒伪劣配件行为的，应当移送工商行政管理部门依法处理。

第三章　道路运输安全

第三十五条　客运经营者应当遵守下列运营安全规定：

（一）按照有关标准和规定，建立并使用基于卫星定位的车辆运营安全管理系统，并保证与本市道路运输信息共享平台的实时连通；

（二）运营里程在400千米以上的，配备两名或者两名以上驾驶员；

（三）驾驶员的连续驾驶时间不得超过4小时；

（四）运营中保持车内通道的畅通，采取必要措施保证随车运输行李的平稳和固定。

第三十六条　道路危险货物运输经营者应当遵守下列运营安全规定：

（一）主要负责人和专职安全管理人员经法定主管部门考核合格；

（二）按照有关标准和规定，建立并使用基于卫星定位的车辆运营安全管理系统，并保证与本市道路运输信息共享平台的实时连通；

（三）按照公安机关依法批准的时间、路线、区域运输危险货物；

（四）采取必要的安全防护措施，防止危险货物在存储、运输、装卸过程中丢失、燃烧、爆炸、辐射；

（五）定期委托具有相应资质的中介机构开展安全评价，并向道路运输管理部门报告评价结果。

第三十七条　危险货物托运人应当委托具有道路危险货物运输资质的经营者运输危险货物，并向运输经营者说明危险货物的品名、性质、应急处置方法等情况。

危险货物托运人和发货人在交付危险货物前，应当查验、登记运输经营者、车辆和人员的资格证件。但购买家庭自用液化气、医用氧气的除外。

市运输管理部门应当向社会公布具有道路危险货物运输资质的企业名录及其可以承运的危险货物种类等信息。

第三十八条　道路运输场站经营者应当遵守下列安全规定：

（一）建立安全生产例会制度。定期研究安全生产工作，制定有效的安全生产措施，并对措施执行情况进行检查。

（二）建立从业人员的安全生产教育和培训制度。未经安全生产教育和培训合格的从业人员，不得上岗作业。

（三）建立生产安全事故隐患排查制度。制定并执行防范和应急措施，对容易发生事故的部位、设施明确安全责任人员。

（四）建立车辆安全检查制度。不得允许未经安全检查或者安全检查不合格、运营证件不齐全以及无效、超载、客货混装的运营车辆出场站。

（五）建立行包安全检查制度。客运场站按照规定配备安全检测仪器，对进入场站的行包进行安全检查；检查发现危险、违禁物品的，及时移交公安机关处理。

（六）设置覆盖场站所有区域的应急广播，并能够使用中英文两种语言播放。

第三十九条 客运场站候车大厅实际容纳的乘客人数不得超过设计容量。候车大厅内乘客人数接近设计容量或者人员相对聚集时，场站经营者应当采取有效措施控制和疏散人员，确保安全。

候车大厅的安全出口、安全标志、标识的设置以及疏散门和疏散通道的宽度应当符合相关标准。

第四十条 机动车维修经营者应当对废弃的机油、润滑油、制动液、维修油液以及其他危险废物进行归集、贮存，并交由有危险废物经营许可证的单位集中处置。

第四十一条 道路运输经营者应当依法制定生产安全事故应急处置预案。应急处置预案应当包括应急处置组织及职责、危险目标的确定和潜在危险性评估、救援预案的启动程序、紧急处置措施、救援组织的训练和演习，以及救援设备储备、经费保障等内容。

道路运输经营者应当至少每半年演练1次生产安全事故应急处置预案，并做好记录。

第四十二条 道路运输管理部门应当组织编制和完善突发公共事件的应急运输保障预案，并定期组织演练。

预案演练和发生突发公共事件时，道路运输经营者应当服从道路运输管理部门的统一指挥。道路运输管理部门应当给予参与预案演练和发生突发公共事件处置的道路运输经营者适当的补偿。

第四章 监督检查

第四十三条 市交通行政管理部门、道路运输管理部门及其他相关管理部门应当依法对道路运输活动实施监督管理，制止和纠正违法行为。

市人民政府批准设置的公路交通检查站应当对过往的道路运输车辆实施监督检查。

第四十四条 道路运输管理人员在执行公务时，应当着装上岗，出示执法证件，并保持仪容严整、举止得当、语言文明。

因查处道路运输违法行为确需向相关单位和个人调查、取证时，相关单位和个人应当如实提供有关情况和资料。

检查中涉及经营者的商业秘密的信息和资料，道路运输管理人员应当予以保密。

第四十五条 道路运输管理部门及其工作人员执行职务时，应当自觉接受社会和公民的监督。

道路运输管理部门应当建立道路运输举报制度，公开举报电话号码、通信地址和电子信箱。

第四十六条 任何公民、法人或者其他组织都有权对道路运输管理部门及其工作人员的违法行为进行申诉或者检举。对于申诉或者检举，道路运输部门应当认真审查，发现错误的应当主动及时改正。

交通行政管理部门以及其他有关部门接到申诉或者检举的，应当依法及时处理。

第四十七条 道路运输管理部门应当依法履行对行政许可事项的监管职责，定期核对行政许可登记事项。对行政许可登记内容发生变化的，依法及时变更；对不符合法定条件的，责令限期改正，逾期未改正的，吊销相应的行政许可；对自行终止经营或者具有其他法定注销情形的，注销相应的行政许可。

第四十八条　未取得道路运输经营许可或者车辆营运证件从事道路运输经营活动的，道路运输管理部门可以暂扣其违法经营使用的车辆或者机具设备，并告知当事人在规定的期限内到指定地点接受处理。

道路运输管理部门对无正当理由逾期未接受处理且经公告三个月后仍不接受处理的，可以对暂扣的车辆和机具设备采取措施依法处理。

第五章　法律责任

第四十九条　违反本条例的规定，道路运输管理部门的工作人员有下列行为之一的，依法给予行政处分；构成犯罪的，依法追究刑事责任：

（一）不按照法定条件、程序和期限实施行政许可的；
（二）没有法定依据或者不遵守法定程序实施行政处罚的；
（三）发现违法行为不及时查处的；
（四）参与或者变相参与道路运输经营以及道路运输相关业务的；
（五）索取、收受当事人及其家属的财物，或者牟取其他利益的；
（六）要求当事人承担非法定义务的；
（七）截留、挪用、私分或者变相私分查封、扣押、没收的财物的；
（八）对生产安全事故隐瞒不报、谎报或者拖延不报的；
（九）其他违法行为。

第五十条　违反本条例规定，未经许可擅自从事客运经营或者货运经营的，由道路运输管理部门责令停止经营；有违法所得的，没收违法所得，处违法所得2倍以上10倍以下的罚款；没有违法所得或者违法所得不足2万元的，处3万元以上10万元以下的罚款；构成犯罪的，依法追究刑事责任。

第五十一条　违反本条例规定，未经许可擅自从事道路运输场站经营、机动车维修经营、机动车驾驶员培训的，由道路运输管理部门责令停止经营；有违法所得的，没收违法所得，处违法所得2倍以上10倍以下的罚款；没有违法所得或者违法所得不足1万元的，处2万元以上5万元以下的罚款；构成犯罪的，依法追究刑事责任。

第五十二条　道路运输经营者违反本条例规定，有下列情形之一的，由道路运输管理部门责令改正，并可处200元的罚款：

（一）客运车辆在运营中未保持车内通道的畅通，或者未采取必要措施保证随车运输行李的平稳和固定的；
（二）客运、货运车辆不按规定携带车辆营运证件的；
（三）专业人员在运营中未携带专业资格证件的；
（四）未按照规定报送统计报表的。

第五十三条　道路运输经营者违反本条例规定，有下列情形之一的，由道路运输管理部门责令改正；逾期未改正的，处1000元的罚款：

（一）班线客运经营者未在停业或者歇业之日前7日连续在运输沿线各站发布公告的；

（二）外省市货运经营者在本市从事运输经营活动超过 1 个月，未向经营所在地道路运输管理部门备案的；

（三）货运代理经营者未按照规定向所在地道路运输管理部门备案的；

（四）未对专业人员进行岗前专业技能培训或者安排培训不合格的专业人员上岗的。

第五十四条　违反本条例的规定，客运经营者有下列情形之一的，由道路运输管理部门责令改正，处 1000 元以上 3000 元以下的罚款；严重影响客运市场秩序的，由原许可机关吊销道路运输经营许可：

（一）强迫旅客乘车、甩客或者转由他人运送的；

（二）班线客运经营者违反统一售票制度擅自在站外组织客源的；

（三）班线客运经营者不按照许可的线路、场站或者核准的经营范围、班次和时间运营的；

（四）班线客运经营者站外上客或者沿途揽客的；

（五）班线客运经营者未经批准擅自停业或者歇业的；

（六）包车客运经营者承运包车合同之外的旅客的；

（七）跨省市客运的运营线路一端不在车籍所在地的。

第五十五条　违反本条例的规定，道路运输场站经营者允许非法的道路运输经营者或者车辆进站从事经营活动的，由道路运输管理部门责令改正，处 1 万元以上 3 万元以下的罚款。

第五十六条　违反本条例的规定，道路运输场站经营者有下列行为之一的，由道路运输管理部门责令改正；拒不改正的，处 3000 元的罚款：

（一）客运、货运场站经营者未按照本条例规定公示的；

（二）客运场站经营者未按照规定制定客流高峰期间的备班运力储备计划和加班运营计划的；

（三）客运场站经营者安排的加班车辆的技术等级不符合运营班线要求的。

第五十七条　违反本条例的规定，机动车维修经营者出具虚假的机动车维修合格证的，由道路运输管理部门责令改正；有违法所得的，没收违法所得，处违法所得 2 倍以上 10 倍以下的罚款；没有违法所得或者违法所得不足 3000 元的，处 5000 元以上 2 万元以下的罚款；情节严重的，由原许可机关吊销其经营许可；构成犯罪的，依法追究刑事责任。

第五十八条　机动车维修经营者违反本条例规定，有下列情形之一的，由道路运输管理部门责令改正；逾期未改正的，处 2000 元以上 5000 元以下的罚款；严重侵犯消费者合法权益的，由道路运输管理部门处 5 日以上 15 日以下的停业整顿：

（一）未按照规定执行机动车配件采购、检验、使用和公示制度的；

（二）未按照规定分项计算工时费、材料费或者将结算清单交付托修方的。

第五十九条　道路运输经营者违反本条例安全管理有关规定的，由道路运输管理部门责令其限期改正；逾期未改正的，道路运输管理部门可以责令存在安全隐患的场所、车辆或者其他设施、设备停止使用；不符合安全条件的，依法吊销相应的行政许可。

第六十条　经许可的道路运输经营者在停业整顿期间仍从事道路运输经营活动的，由道路运输管理部门按照未经许可擅自从事道路运输经营活动的有关规定处理。

第六十一条　违反道路运输管理规定，但有下列情形之一的，道路运输管理部门可以减轻行政处罚：

（一）主动消除或者减轻违法行为危害后果的；

（二）受他人胁迫有违法行为的；

（三）配合行政机关查处违法行为有立功表现的；

（四）其他可以依法减轻行政处罚的情形。

第六十二条 违反本条例规定的其他行为，按照相关法律、法规、规章应当予以处理的，由有关部门依法处理。

第六章 附则

第六十三条 从事机动车驾驶培训经营的，适用国家和本市有关的规定。从事非经营性危险货物运输的，适用国家和本市有关经营性危险货物运输的规定。

第六十四条 本条例自 2009 年 12 月 1 日起施行。1997 年 7 月 18 日北京市第十一届人民代表大会常务委员会第三十八次会议通过，根据 2001 年 5 月 18 日北京市第十一届人民代表大会常务委员会第二十六次会议通过的《北京市道路运输管理条例修正案》第一次修订，根据 2002 年 3 月 29 日北京市第十一届人民代表大会常务委员会第三十三次会议通过的《北京市道路运输管理条例修正案》第二次修订的《北京市道路运输管理条例》同时废止。

附录四　教学方法总结

教学方法	实施	能力
关键词陈述法	适用：课上学习 1. 学生在5~10分钟内独立阅读500字左右的专业文章 2. 学生独立从文章中提取5个左右关键词，制成关键词卡片 3. 学生使用简短精练的语言口头陈述关键词的含义	1. 阅读书写能力和沟通演示能力 2. 能够独立阅读一篇500字左右的专业文章，提取关键词并进行口头解释
四角方式法	适用：课前导入，课尾总结 教室四角分别摆放白板，贴上不同颜色的纸条：白色、绿色、黄色和蓝色 不同颜色的含义：白色代表否定；黄色倾向于否定；蓝色倾向于肯定；绿色表示非常肯定	1. 沟通演示能力和职业态度 2. 能够清晰表达并阐述对某一事物或学习过程的态度和认识
扩展小组法	适用：课上学习 阶段一：独立工作，独立思考并写出答案 阶段二：两三人合作，和学伴讨论，对讨论结果进行筛选 阶段三：4~6人小组合作，和学伴讨论，对讨论结果进行筛选，找到共同答案 阶段四：8~10人小组合作，和学伴讨论，对讨论结果进行筛选，写出共同答案	1. 阅读书写能力、沟通演示能力和解决问题能力 2. 能够独立阅读理解某一专业文章要点并与同伴进行沟通交流；能够在交流沟通中吸纳他人观点并与他人达成一致
旋转木马法	适用：课上学习 阶段一：半数学员在内圈，半数学员在外圈，一对一面对面，内圈学员向外圈学员说明学习文本的体会。限时完成 阶段二：内圈学员逆时针移动5个位次，外圈学员向内圈学员说明学习的心得体会。限时完成 阶段三：外圈学员顺时针旋转3个位次，内外圈学员自由谈论学习心得体会。限时完成 教师点评：双方要进行眼神交流，不要仅仅是埋头讲，注意观察听者的反应，必要时可以做记录和总结	1. 阅读书写能力和沟通演示能力 2. 能够独立阅读专业文章，通读理解，找出关键词句，将内容复述给别人；在沟通交流中能够在倾听中理解他人陈述的内容并通过询问把握内容要点；能够在转述过程中把握要点并清楚表达
关键词卡片复习法	适用：课前回顾 1. 请学员（学员由老师决定）解释（复述而非照读，可以查阅资料）随机抽中的卡片上的关键词，每组抽取一张 2. 所有人对其评价并补充答案。学员对其他学员的总结进行补充，当其他学员补充不全面的时候，教师可对解释中的问题进行进一步说明 3. 教师在选取抽取卡片的学员时是带有倾向性的，教师会根据需要"刻意安排"某些学员抽取卡片 4. 教师对学员的行为做"激励式点评"。表扬学员的有益行为，使用"卡片"的作用在于让进行解释的学员有心理上的依赖感，能够有明确的目标和主题 5. 第一次使用这种方法的时候，教师要做出示范并给学员一定的准备时间	1. 沟通演示能力和解决问题能力 2. 能够对专业术语或概念进行理解和记忆；能够清楚简洁地表述对某一特定概念的理解

续表

教学方法	实施	能力
伙伴拼图法	适用：课上学习 第一步：阅读某段专业文章 第二步：领取关键词，再次阅读，使用关键词向其他人进行解释说明 第三步：同伴之间使用关键词进行讨论，分析关键词与文章内容之间的关系 第四步：合作学习－搭档拼图 ①要求学伴之间进行文章解释（A、B两组学员结对子，交换信息） ②学员站起来寻找非临近学伴 ③A把自己的关键词卡片依次交给B，向B解释文章内容，B依次返还关键词卡片，向A解释对A文章的理解，A在此过程中进行修正补充 ④B把自己的关键词卡片依次交给A，向A解释文章内容，A依次返还关键词卡片，向B解释对B文章的理解，B在此过程中进行修正补充	1. 阅读书写能力、沟通演示能力和解决问题能力 2. 能够独立阅读一篇500字左右的专业文章，提取关键词并进行口头解释；能够独立阅读专业文章，将内容复述给别人；在沟通交流中能够在倾听中理解他人陈述的内容并通过询问把握内容要点；能够在转述过程中把握要点并清楚表达
关键词海报法	适用：课上学习 1. 阅读并找出关键词，复读并找出关键词相关内容（教师分发小卡片） 2. 小组讨论，画出逻辑关系图，展示成可视化结果（有创造力，图画美观、简洁，图画中出现关键词）	1. 阅读书写能力、沟通演示能力和解决问题能力 2. 能够独立阅读一篇500字左右的专业文章，提取关键词；能够对学习内容进行可视化呈现；能够富于创造力地展现对某一知识点或某一知识结构的理解；能够与同伴协作共同实现对某一知识结构的条理化和逻辑呈现
小组拼图法	适用：课上学习 第一步：6人一组，每位组员从1～6编号，形成原始组 第二步：所有小组中的1号组成1组，2号组成2组，……6号组成6组——专家组 第三步：专家组小组讨论完成任务：讲义任务描述20分钟。六步法中的每一步都是十分重要的，请结合实例说明所在组代的"某一步"的重要性，并根据由易到难排列"某一步"工作的难度等级。同时思考学生在完成"这一步"工作时教师和学生之间的关系，以及他们各自起到的作用。此外还要思考"每一步"完成过程中需要学习者具备哪些非专业能力 第四步：学员回到原始组，在小组中报告自己在专家组的讨论结果。一人发言讲述最重要的内容，其他学员倾听，记录其他组员陈述的信息，如果没有理解一定要相互提问 实施要点：每个组员都要积极参与，发挥自己的责任感，充分发挥自己的思维特质，专家组中的组员们要互相协助，帮助每一个组员最后回到自己的原始可以进行交流教师要清楚解释学习过程的流程，防止学生忘记，可以发放号码卡片防止学生忘记自己的号码。这种方式不建议在学习初期阶段使用，它需要学生具有较好的学习能力基础	1. 阅读书写能力、沟通演示能力，解决问题能力、职业态度和工作方式友善（客户服务意识） 2. 能够独立阅读一篇1000字左右的专业文章；能够将内容复述给别人，在沟通交流中能够在倾听中理解他人陈述的内容并通过询问把握内容要点；能够在团队中准确把握自身责任，完成本职工作；能够通过集体协作完成对某一专业知识结构的全面理解，形成统一认识

续表

教学方法	实施	能力
团队海报法	适用：课上学习 团队建设内容：是什么将我们共同结合在一起？合作中我们应关注什么？我们有哪些共同的愿景？需要每个人贡献什么 尽可能有创意，用彩色、图片，文字要少	1. 阅读书写能力、沟通演示能力和解决问题的能力 2. 能够独立阅读一篇关于工作过程或方法步骤的 500 字左右的专业文章，提取关键词；能够对学习内容进行流程化、可视化呈现 3. 能够富于创造力地展现对某一知识点或某一知识结构的理解。能够与同伴协作共同实现对某一知识结构的条理化和逻辑呈现
博物馆法	适用：课上评价 将个人或本组的可视化成果进行展示，巡回观看他人或其他组的学习成果，评价并提问，对本组的成果进行解读并回答提问	1. 沟通演示能力 2. 能够分析评价其他学伴的学习成果，并提出专业性问题；能够精练概要性地口头陈述本组可视化成果的含义和要点，对他人提出的问题进行有针对性的回答
学习二重奏法（伙伴学习法）	适用：课上学习 1. 独立完成某一专业内容的学习 2. 完成者到"停车站"等候其他学伴 3. 完成个人学习的同学结成新的学伴小组，进行交流沟通，对某一专业知识进行深入研讨并形成共识 4. 2 人小组再依次拓展为 4 人小组、8 人小组，直至全体达成认知共识	1. 沟通演示能力 2. 能够独立阅读一篇 500 字左右的专业文章，在沟通交流中能够在倾听中理解他人陈述的内容并通过询问把握内容要点
卡片学习总结法	适用：课尾总结 按不同颜色（红、黄、蓝）重新组合小组，每一个小组拿到"某一工作"流程中的某一环节，学员排序后找到自己的位置，排成一排。其中一组作为样板，其他小组进行比照核对	1. 阅读书写能力 2. 能够理解工作流程并清楚认识每一步骤的工作内容和流程关系；能够与团队进行有效协作并完成工作任务
三人小组法	适用：课上学习 三人一组进行不同主题的相互介绍，通过阅读、讲述、倾听、转述、纠正达到同时理解三段不同专业文章内容的目的 初级阶段：大家看着图片表格进行讲述和倾听，图片表格事先分工好给每一个人 高级阶段：大家不看图片表格进行倾听，只有陈述者看着图片表格，图片表格的讲述也是随机抽取的 教学目的：训练学习者的倾听、讲述、理解能力和专注度 要求：实施期间学习者不要使用手机 技巧：图片表格中设置一些学习者不熟悉的内容，激活他们的思维和关注度	1. 阅读书写能力、沟通演示能力、职业态度和工作方式 2. 能够独立阅读专业文章，通读理解，找出关键词句，将内容复述给别人；在沟通交流中能够在倾听中理解他人陈述的内容并通过询问把握内容要点；能够在转述过程中把握要点并清楚表达

续表

教学方法	实施	能力
角色扮演法	适用：课上学习，实践训练 学生在实践过程中扮演企业特定工作岗位员工角色，根据工作情境完成模拟岗位工作	1. 沟通演示能力、解决问题能力、职业态度和工作方式友善（客户服务意识） 2. 能够以企业员工的身份与客户进行沟通；能够理解客户要求，有效规划工作任务，完成计划；能够具备时间计划能力，在现实时间内完成工作任务；能够根据工作情境安全、高效、合理、经济地完成工作任务
关键词问答卡片法	适用：课前导入，课尾总结 1. 学生在5～10分钟内独立阅读500字左右的专业文章 2. 学生独立从文章中提取5个左右关键词，制成关键词卡片 3. 在关键词卡片背面写清楚对关键词的解释 4. 向其他同学展示关键词卡片，提问关键词含义 5. 回答其他同学提出的问题 6. 出题人对回答结果进行评价并进一步进行解释	1. 阅读书写能力和沟通演示能力 2. 能够独立阅读一篇500字左右的专业文章，提取关键词；能够对专业术语或概念进行理解和记忆；能够清楚简洁地表述对某一特定概念的理解
你来出题我来猜（谁会成为百万富翁？）	适用：课后总结 各个小组分别就某一阶段学习内容出测试题，小组间轮换测试题完成测试，根据完成情况评价	1. 沟通演示能力和解决问题能力 2. 能够提炼某一阶段学习内容的要点并分析权重；能够完成某一阶段学习相关的专业知识测试
倒立法	适用：课上学习 "倒立法"遵循认知规律，先看到不良现象，再针对不良现象提出预防和避免的手段措施和制度。尤其适用于思维能力偏弱的学生，可以比较直观地帮助学习者学习	1. 沟通演示能力、解决问题能力、职业态度和工作方式 2. 能够尽可能多地列举造成问题或事故的可能性；能够形成安全生产的意识和观念；能够建立批判性思维
停车站法	适用：课上学习 1. 独立完成某一专业内容的学习 2. 完成者到"停车站"等候其他学伴 3. 完成个人学习的同学结成新的学伴小组，进行交流沟通，对某一专业知识进行深入研讨，并形成共识	1. 阅读书写能力和沟通演示能力 2. 能够独立阅读一篇500字左右的专业文章；在沟通交流中能够在倾听中理解他人陈述的内容并通过询问把握内容要点
关键词卡片抢答拍卖法	适用：课前导入，课尾总结 1. 学生在5～10分钟内独立阅读500字左右的专业文章 2. 教师从文章中提取关键词，制成关键词卡片，在关键词卡片背面写清对关键词的解释 3. 教师向其他同学展示关键词卡片，提问关键词含义 4. 学生进行抢答，答对者得到卡片，以得到卡片数目多少判定胜负	1. 阅读书写能力和解决问题能力 2. 能够独立阅读一篇500字左右的专业文章，提取关键词；能够对专业术语或概念进行理解和记忆；能够清楚简洁地表述对某一特定概念的理解

续表

教学方法	实施	能力
开心辞典法	适用：课前回顾，课尾总结 1．教师从专业知识中提取出一些专业知识测试题 2．学生回答问题，可以寻求帮助	沟通演示能力和解决问题能力
小声交谈法	适用：课上学习 在学习中进行小声交流沟通，保证音量只在沟通人之间能够听见的范围	1．沟通演示能力 2．能够在沟通交流中不打扰他人
彩带反思法	适用：课尾总结 使用红、黄、蓝、绿色的彩带表示学习后的情绪感受并说明学习体会	1．沟通演示能力和解决问题能力 2．能够对学习过程进行有效总结
情绪图片反思法	适用：课尾总结 学习后选择能够表达自身状态情绪的图片，并进行说明	1．职业态度和解决问题能力 2．能够对学习过程进行有效总结
扫码反馈法	适用：课尾总结 扫描二维码，回答对于课程评价的问题	1．职业态度 2．能够对学习过程进行简单评价
五指反馈法	适用：课尾总结 总结学习后5方面的感受：①我感觉今天很好的内容是什么？②我感觉今天应该引起注意的是什么？③我感觉今天不好的是什么？④我感觉今天有价值的是什么？⑤我感觉今天想要了解更多的是什么	1．沟通演示能力和解决问题能力 2．能够对学习过程进行有效总结
标靶反馈法	适用：课尾总结 总结学习后4方面的感受：学习内容、学习成效、学习积极性和小组学习氛围	1．沟通演示能力和解决问题能力 2．能够对学习过程进行有效总结
无领导小组讨论	适用：课上学习，无领导小组讨论 针对某一复杂问题进行讨论，形成对问题的共识，制订出富有创造性的解决方案	1．沟通演示能力、解决问题能力、职业态度和工作方式 2．能够小组协作创造性地解决复杂问题，能够在无领导的工作小组中发挥自己可能的作用
学习站法	适用：课上学习，实践训练 1．主要应用场景：自主学习阶段、巩固加深阶段、练习阶段和复习阶段 2．实施步骤：①将所有学习材料放在不同的桌子（学习站）上；②每个学习站上学习内容的先后顺序是无所谓的；③每个学习站上有不同的学习主题；④一个主题的多个工作页提供不同的学习难度；⑤每个学习者都拿到一份"任务传阅单"（标注了有多少个学习站，每个学习站上的任务的要求、难度）；⑥学习者必须完成标注的必学任务；⑦每个"学习站"上自认为做得较好的学习者可以自定义为本"学习站"的"专家"，把自己的名字写在另一张"专家表"上；⑧"专家"可以为其他学习过程有问题的学习者提供帮助；⑨教师在教学过程中仅仅提供解答建议；⑩在学生完成学习任务的过程中教师仅作为帮助者存在；⑪教师最终可能会提供一份建议性答案，在学生任务完成后给学生对比参阅；⑫教师可以根据学习内容设计不同学习站使用不同的学习方式（个人完成、2人完成、小组完成）	1．阅读书写能力、解决问题能力、职业态度和工作方式 2．能够完成针对某一专业项目的基本实践操作；能够根据自己学习能力和水平接受富有挑战性的任务并努力完成；能够帮助学习困难者完成工作，发挥带动作用

续表

教学方法	实施	能力
	注意：①实际实施的时候，学生拿取工作任务，每次只拿同一组的任务（例如 A 组、B 组、C 组、D 组）；②教师随时检查学生的传阅单，控制学生的学习进度；③本次下发的 A、B、C、D 四组题目，实际实施的时候需要多个工作日的课时，至少 4 到 6 节课；④这一方法需要在较高年级进行实施，对学生的自主学习能力要求很高，不建议在低年级采用；⑤教师可以根据需要，安排每组工作任务的工作形式（个人完成或小组完成）	
三人小组会谈法	适用：课上学习 实施策略：（1）三人小组中每位参与者找出自己最擅长、最愿意讲出来的关键词 （2）第一步是一人讲述、第二人记录关键词、第三人倾听；第二步是第二人复述关键词相关概念内容，第三人给予检查提示。依次轮换 （3）学习初期或针对学习能力较弱的学生或针对比较重要的基础概念，可以在同一个小组中将同一个关键词给三个学员，让学习能力较弱的学生多听几遍，让他能够在小组中陈述表达，继而让这个学生到全班面前进行陈述，锻炼学生的能力	1. 阅读书写能力、沟通演示能力、解决问题能力、职业态度和工作方式 2. 能够独立阅读专业文章，通读理解，找出关键词句，将内容复述给别人；在沟通交流中能够在倾听中理解他人陈述的内容并通过问问把握内容要点；能够在转述过程中把握要点并清楚表达
小组展示汇报	适用：课上学习，课尾总结 小组对本组制作的海报、流程图、问题解决方案进行集体汇报并回答教师和其他学习者提出的问题 展示规则：①音量：根据空间大小展示人需要调节自己的音量，使所有人听清楚；②语速：适中，不宜过快或过慢；③停顿：适当停顿，给予听众思考消化信息的机会；④发音吐字：清晰易懂；⑤语调：突出重点内容，适当变换语调使其具有吸引力；⑥表情姿态：亲切友好，面部表情明朗、不手插口袋、手指要点、关注观众，永远不要背对观众 评价表：①演示内容：信息完整、有解释说明、图文并茂、表达清晰；②演示语言：强调重点、措辞简洁、没有过多口头语；③行为举止：关注观众，有眼神交流；④演示媒体：PPT、实物投影、黑板板书等，图文并茂、直观易懂——每次演示可以根据主题不同，进行不同的权重设置	1. 阅读书写能力、沟通演示能力、解决问题能力、职业态度和工作方式 2. 能够独立阅读专业文章，通读理解；能够团队协作清晰简练地口头陈述自己的解决方案或认知成果；能够在汇报展示中达到规则要求
先行组织者图示法	适用：课上学习 1. 组织先行图（在德语心理学中称为"先导式组织辅助系统"）是一种在原本教学内容讲授之前所做的学习帮助系统，从根本上讲就是一种"Organizer in advance（预先的组织者）" 2. 它体现了内容在其专业逻辑上的关系，而并不深入细节 3. 形象地说，它就像一个人从很高的高度拍摄一张风景照（鸟瞰、航拍）	1. 阅读书写能力、沟通演示能力和解决问题能力 2. 能够独立阅读一篇 500 字左右的专业文章，提取关键词；能够对专业术语或概念进行理解和提炼；能够清楚简洁地表述对某一特定概念的理解；能够与同伴协作共同实现对某一知识结构的条理化和逻辑呈现

续表

教学方法	实施	能力
先行组织者图示法	4．先行组织者通过提供一个概括性的思维结构（组织者）让新知识易于与已有的（基础）知识联系或结合起来 5．让已有专业知识与新的知识产生结合或联系的学习辅助 6．这是一种指出（学习）路径的学习地图，通过关键词、符号等有目的地吸引学习者注意力，帮助学习者筛选重要的相关信息	
关键词分类讨论法	适用：课上学习 1．阅读专业文章，找出关键词 2．学习者个人将关键词分成两摞"我会"和"我不会"——学生剪下关键词卡片，个人自己分类 3．三人小组法讨论彼此会和不会的关键词，并讨论关键词卡片。请利用机会解答不明白的问题。 学生还可以自己制作超出教师所给的关键词以外的关键词卡片，然后进行交流讨论	1．阅读书写能力和沟通演示能力 2．能够独立阅读一篇500字左右的专业文章，提取关键词；能够对专业术语或概念进行理解和记忆；能够清楚简洁地表述对某一特定概念的理解
关键词连线复习法（Bingo）	适用：课前导入，课后总结 教师给出关于某一专业知识内容的数十个关键词，学员每人选取其中的16个，画在一个4×4的表格内。教师随机说出某一关键词的解释，学生在自己的表格中找出对应的关键词并画"√"，四个"√"首先连成一条直线的学生胜出	1．阅读书写能力和沟通演示能力 2．能够独立阅读一篇500字左右的专业文章，提取关键词；能够对专业术语或概念进行理解和记忆；能够清楚简洁地表述对某一特定概念的理解
图像化学习笔记法	适用：课上学习，课后学习 三个主要部分：图形、简明扼要的关键词、阐述性文字总结及资料来源（文献来源）	1．阅读书写能力、沟通演示能力、解决问题能力、职业态度和工作方式 2．能够独立阅读一篇500字左右的专业文章，提取关键词；能够对专业术语或概念进行理解和提炼；能够清楚简洁地表述对某一特定概念的理解；能够与学伴协作共同实现对某一知识结构的条理化和逻辑呈现
扑克牌法	适用：课前复习，课后总结 使用两张A4纸，分别裁成两半，得到4张卡片。将对教学内容的提问写在正面，把答案写在反面。还可以再多做一张卡片，获得更高奖励。请从非邻座的伙伴中找一位学伴，两位之间互相提问对方一个问题，回答正确得到卡片，回答不正确不得卡片，同伴需要对错误的答案进行纠正和讲解。赢家是获得卡片最多的学习者。手上没有卡片了就被淘汰	1．阅读书写能力和沟通演示能力 2．能够独立阅读一篇500字左右的专业文章，提取关键词；能够对专业术语或概念进行理解和记忆；能够清楚简洁地表述对某一特定概念的理解